神话、仪式与象征：

先秦儒家神道观研究

Myth,Ceremony,and Symbol:
A Study of the Ghosts-Gods Ideology of the Pre-Qin Confucian

刘书惠　著

中国社会科学出版社

图书在版编目（CIP）数据

神话、仪式与象征：先秦儒家神道观研究 / 刘书惠著. -- 北京：中国社会科学出版社，2024. 9

（中国社会科学博士后文库）

ISBN 978 - 7 - 5227 - 3461 - 3

Ⅰ. ①神…　Ⅱ. ①刘…　Ⅲ. ①儒家—哲学思想—研究—中国—先秦时代　Ⅳ. ①B222. 05

中国国家版本馆 CIP 数据核字（2024）第 079489 号

出 版 人　赵剑英
责任编辑　韩国茹
责任校对　张爱华
责任印制　李寡寡

出　　版　中国社会科学出版社
社　　址　北京鼓楼西大街甲 158 号
邮　　编　100720
网　　址　http://www.csspw.cn
发 行 部　010 - 84083685
门 市 部　010 - 84029450
经　　销　新华书店及其他书店

印　　刷　北京君升印刷有限公司
装　　订　廊坊市广阳区广增装订厂
版　　次　2024 年 9 月第 1 版
印　　次　2024 年 9 月第 1 次印刷

开　　本　710 × 1000　1/16
印　　张　15.25
字　　数　255 千字
定　　价　78.00 元

凡购买中国社会科学出版社图书，如有质量问题请与本社营销中心联系调换
电话：010 - 84083683

第十一批《中国社会科学博士后文库》编委会及编辑部成员名单

《中国社会科学博士后文库》
出版说明

为繁荣发展中国哲学社会科学博士后事业，2012 年，中国社会科学院和全国博士后管理委员会共同设立《中国社会科学博士后文库》（以下简称《文库》），旨在集中推出选题立意高、成果质量好、真正反映当前我国哲学社会科学领域博士后研究最高水准的创新成果。

《文库》坚持创新导向，每年面向全国征集和评选代表哲学社会科学领域博士后最高学术水平的学术著作。凡入选《文库》成果，由中国社会科学院和全国博士后管理委员会全额资助出版；入选者同时获得全国博士后管理委员会颁发的“优秀博士后学术成果”证书。

作为高端学术平台，《文库》将坚持发挥优秀博士后科研成果和优秀博士后人才的引领示范作用，鼓励和支持广大博士后推出更多精品力作。

《中国社会科学博士后文库》编委会

摘　要

本书从不同层面解析先秦儒家神道观的主要内容、表现形式和深刻意涵，探究神话传说、原始信仰和文化传统对于儒家神道观的影响，同时，也考察先秦儒家如何运用神道设教推动神话演变、仪式演化、象征演示，凸显先秦儒家在思维观念、文化心理、社会意识及精神信仰等方面的独特性。

第一章，先秦儒家神道观的生成及展现。三代及其之前的历史记忆、思维方式、神圣信仰、文化传统是儒家思想特质得以形成的重要基石，但它们很少在儒家学说中表现出本来的面貌，而是以神道观的形式展示其内容及对儒家的影响。神道观是神灵信仰与神道设教实践的结合体，需要通过一些可观可感的形式展现出来，而神话、仪式与象征便是极重要的载体和媒介。先秦儒家将神话传说包含的鬼神信仰、图腾崇拜、交感巫术、生死意识等发展为学说的组成部分，并通过神话历史化与神话实用化改造其形态，使之符合时代需求与民众心理，进而含蓄地表达自身对神秘存在的理解、对人神关系的感悟，同时潜移默化地给予人们精神上的引导。礼仪自原始宗教仪式发展而来，在儒家倡导、革新和推行的仪式中，原有的沟通天地、交流人神的意义得以保留，又增加了仁德、王圣等新的因素，这样的仪式系统比以往更灵活、更顺应历史潮流，也更能彰显神道设教的现实作用。象征将关于世界、关于自然、关于自我的理解和想象浓缩为具体而微的符号，表达更稳定而深刻的意义，抒发更充沛而鲜明的情感，并且获得更普遍的理解和认同。神话传说的留存和演变、仪式的变形和凝练、象征符号的选取和运用，影响了先秦儒家神道观的形成与发展，也表达了先秦儒家神道观的意义内涵。

第二章，天命信仰与天道观念。先秦儒者并不奢言“天”，但其论说以“天”为依傍，在天命信仰与天道观念的大背景下参与人事、关怀人生。“天”的意义经历了从“自然之天”到“神灵之天”，到“道德之天”，再到“法则之天”的发展历程，在与人的关系上也经历了从“独立于人”到“凌驾于人”，再到“沟通于人”和“指导于人”的转变。在对“天”的关注中儒家学说变得上通下达而圆融完整，在对“天”的仰赖中先秦儒家形成了具有贯通力量的神道观念。在继承前代思想与文化的基础上，既关注天的神格意义又不沉溺于虚妄信仰的先秦儒家形成了独特的天命信仰与天道观念。从孔子到孟子再到荀子，可以看到先秦儒家天命信仰与天道观念的演变历程，逻辑的、伦理的、理性的内容日趋增加，情感的、神灵的、宗教的内容逐渐减少。孔子主张知天命、畏天命、承天命，追求参天道；孟子进一步强调天命与天道中的道德因素并加以系统化，使天命与人心相连，天道与人性相通，又在天人关系问题上更加注重人的主观能动性；荀子则倡导天人相分和制天命，抬高人的相对地位的同时也保留天所蕴含的神灵意义与意志色彩。先秦儒家肯定天命的神秘性又强调人的作用，使天命变得可以被理解和顺应；主张天道的必然性又加入德的因素，使天道能呼应人道，“天人合一”由表层现象发展为内在机理。先秦儒者所崇之“天”的神圣性与神秘意义并没有彻底消逝，先秦儒家的天命信仰与天道观念也因之保持了其在神道观中的基础地位。

第三章，鬼神观念与神道设教。先秦儒家没有无视灵魂与生死，鬼神是其论说的武器，也是其神道观念的核心。先秦儒者很明确地将神灵世界的主体分为鬼神和灵怪两部分，对二者表现出不同的态度：对于鬼神且信且敬且畏，当不能实现有效沟通时“敬而远之”；而对于精怪则是很少言及，“子不语怪力乱神”应被重新解释，孔子抵触的是不处于神谱体系的神或不符合祭祀体制的神。这正适应了先秦儒家尊天神、重祭祀、信瑞兆的文化心理与斥灵鬼、远精怪的现实作风。孔子强调人之主观性的同时默认鬼神的存在，对鬼神保持一种恭敬的态度，并以鬼神信仰为手段推行自己的学说。发展到孟子时，更加认同“天”对鬼神的统领作用，弱化了鬼神观念之于儒家学说的影响，并推动了社会化的、世俗性的神道设教的进行，即无需多么虔诚的信仰就可利用鬼神观念宣扬并圣化学说，引导和教化民众。荀子用“先王”与“后王”之说疏通了人上升为神的路径，维系了先秦儒家以古帝圣王为核心的神系，并且延续了先秦儒家重视人神互动的思路，以人的感知作为体悟鬼神存在的前提。先秦儒家有意识地引导人们用虔诚的心态感受神异力量的存在，利用鬼神信仰规范人们的行为以维持社会秩序，并增强人们遵从儒家学说理念的紧迫感。所以，先秦儒者十分善于神道设教，将虚悬一格的神秘世界与人生现实联系在一起，用以说明和指导人们的认识和行为。无论是出于思维定式，或是出于维护既有统治秩序的需要，先秦儒者都没有真正走上完全否定鬼神的道路，与鬼神世界的疏离是逐步进行的。

第四章，仪式与儒家礼乐。不依托于文字书写的仪式利用程式化的行为展示与氛围环境的营造来表达内蕴精神和心理意识，对天地的尊崇、对鬼神的敬仰、对神秘存在的呼应蕴藏其中。仪式、礼与神话三者间有着十分复杂的关系：从文化制度的角度看，礼是仪式的日常化、凝练化与制度化；从精神意识的角度看，仪式是神话精神的映射与神话思维的具象化；从思想观念的角度看，礼是神灵信仰与神道观念的展现。先秦儒家通过礼仪郑重而有序地表达着自己的神圣信仰，演示着道德、理性等人文因素如何融入到天神、地祇和人鬼的世界里。礼与乐在初始阶段均与宗教仪式相关，含有神灵崇拜与神话思维的因子，因而是神秘而圣洁的；礼与乐又属于人间，是治世理民、兴观群怨的手段，因而是世俗而现实的。先秦儒家作为三代文明的继承者，有效融会了礼与乐的圣俗两面性：使得礼能够用仪式的、秩序的方式完成对社会和人际关系的协调和约束，并实现思想的净化和升华；也使得乐能以精神陶冶和情绪共鸣的形式对人的情感世界和意识形态施加影响，并进一步规范行为，礼乐由此和谐，人神得以交通。在先秦儒者的推动中雅乐从祭祀乐中发展起来，并且成为乐教的主旋律。乐教以充分展现情感又极具神圣色彩的音乐为手段，通过达至心灵的美感触动和驯化民情的教育来实现其掌邦国、施教化的职责。儒家的神道设教由此又增加了一种可供凭借的手段。

第五章，圣王与英雄神话。圣王之于先秦儒家是理想信仰，是精神寄托，是超人榜样，故而先秦儒家在崇圣、化圣、造圣诸方面用力最勤。先秦儒者所尊奉的圣人主要具备以下几点特征：人神两面，一方面圣人是人，有血肉身躯和情感意志，另一方面圣人能发挥超人的力量，具有与神相近的能力；道德圆满，圣人是品质尽善尽美的道德标杆，天德与人德于圣人处达到和谐统一；通达多智，圣人能体悟天道，也能抓住本质规律和开辟创造，他们以智者的身份积极参与人世社会的构建；圣王合一，这是社会历史功能与精神信仰本质的结合，先秦儒家在圣王身上找到了最能体现其政治理想和社会愿景的形象。从身份性质、实际作为、道德特征三方面，可以看到儒家推崇的圣王与神话英雄的相同、相通与相关之处。身份上，神话英雄是神之使者或承继着神的血脉，他们以超然的伟力和卓然的智慧创造令世人可望而不可即的功业，但他们又有七情六欲，并非不老不死；圣王是沟通圣俗的使者，既有凡人不可触及和觊觎的神圣，又有神祇难以达到的亲和与真实，圣王和英雄都高于现实又无法完全脱离现实，是半人半神、半神圣半世俗的存在。作为上，神话英雄与人世圣王有着相通的功业意识，伟大功绩主要体现在兴邦除患和文化创制两方面，他们都竭力改变现状、救民于水火，在一次次努力中为世人构建了生存的地域空间与秩序阈限。道德上，典范人伦的特性使得神话英雄与人间圣王更接近一步，在英雄的故事里，他们摒弃了战士的粗野与血腥，磨光了棱角之后便显出了圣人般的光环，在圣人的世界中，他们还存留着神话英雄斗争与征服的记忆，但却以德化的形式去诉说。在不失德的前提下，圣人可以变为神话英雄，以主人公的姿态叙述英雄的传说，从后者身上可以找到前者的文化原型；神话英雄又常以圣人的身份面对世人，从圣人的传说中总可以看到神话英雄的精神与命运。但当英雄德行有失无法脱胎为完美的圣人时，他们身上的缺陷与失败就被铭记和扩大化，最终被迫承担原不属于他们的罪责。

第六章，瑞兽与神圣象征。先秦儒家十分善于选择在公众信仰领域内被高度认同的象征形象并将其融入到学说体系中，这一方面拉近了与学说接受者的距离，另一方面又潜移默化地表达了自身的理念。龙、凤、麟是中国古代很有代表性的三种瑞兽，通过考察龙、凤、麟崇拜的基本形态和演变趋势，可以知晓先秦儒家如何将象征符号运用到神道观念的表达和阐释中。龙、凤、麟自产生以来，主要经历了动物崇拜、图腾崇拜、灵物崇拜三个阶段。动物崇拜阶段是最原始的阶段，源于对动物外形、习性和能力的观察和向往；图腾崇拜阶段则进一步升华，将对自然的敬畏与祖先崇拜、氏族历史、生殖力量联系在一起；灵物崇拜阶段是物象世界与现实世界相融合的产物，当人世道德标准被纳入其中，灵兽本性中恶的部分被抹杀，可能为乱的潜能被直接忽略，他们就发展成完美的瑞兽，化为美与力、礼与德的象征。龙、凤形象的最终完善是完整地走过了这三阶段发展历程的结果，并在适当的时机充当动物神的角色，而麟则直接由动物崇拜发展至灵物崇拜。当然这三个阶段并不是简单的前后更替，而是时有穿插、交叠，在曲折前进的过程中龙、凤、麟具有了明确的象征性，也带有复杂的意涵，既有图腾的基本特征，又有神灵的一般特性，还有圣王崇拜的意义等。在先秦儒者眼中龙、凤、麟是神的使者，是社会生活取法于自然的榜样，是人类道德模式投射到宇宙天地的载体，进而与之同气相求并笃信其瑞兆意义。先秦儒家将龙、凤、麟视为体现自己世界观、价值观、政治思想与审美理念的重要媒介。

第七章，流水与神秘隐喻。“水”以隐喻的形式和意象类比的原则进入先秦儒家的思维世界，表达着儒家对宇宙和人世的认知。从自然界中提取水的原型，将其抽象为概念系统中的一种重要喻体，是先秦儒家思维结构和哲学语言中极其重要的一环。儒者赞水、辨水、学水，一方面是因为水滋养万物的生命力、蕴藏天道至理的神圣性令其惊叹，从水的流淌涌动中，从水的形态变化里，可以感受到无限的生机与源源不断的力量；另一方面是因为水的自然属性与人类社会的诸多方面具有相通性，比照联系二者的特质，通过类比的方式将水所代表的自然世界的规律运用于人类社会的原则与道理的探讨之中，以水德比附人德，以水性寄托对国家统治者的政治忠告。河图洛书展现了水的告谕之能，在河图洛书的反复问世中，水复杂深邃的内在意义转化为具体实在的物象。先秦儒家正是肯定了水的万能的生发力与神圣性，才接受河图洛书神谕降世的观念，也才允许河图洛书成为自己论说中极具隐喻意义和象征价值的部分。走进先秦儒家营造的水世界，理解儒者如何将对水的感性认识转化为对水的哲学思辨和生命体悟，便也是认识先秦儒家的重要途径。

关键词：先秦儒家；神道观；神话；仪式；象征

Abstract

This book analyzes the main content, expression forms and profound meaning of the Pre-Qin Confucian ghosts-gods ideology from different aspects, and explores the influence of myths and legends, primitive beliefs and cultural traditions on the Confucian. At the same time, it also examines how the Pre-Qin Confucian used education through ghosts-gods ideology to promote the evolution of mythology, ritual evolution and symbolic demonstration, highlighting the uniqueness of the Pre-Qin Confucian in thinking concepts, cultural psychology, social consciousness and spiritual beliefs.

The first chapter, the generation and display of the Pre-Qin Confucian ghosts-gods ideology. The historical memory, the way of thinking, the sacred belief and the cultural tradition of the Xia-Shang-Zhou Dynasties are important cornerstones for the formation of Confucian characteristics, but they rarely show their original appearance in Confucian, more likely to show their content and influence on Confucian in the form of ghosts-gods ideology. The ghosts-gods ideology is a combination of the belief of gods and the practice of education through ghosts-gods ideology. It needs to be displayed in some visible forms, and myths, rituals and symbols are extremely important carriers and media. The Pre-Qin Confucian developed the belief of ghosts-gods, totem worship, sympathetic witchcraft, and the consciousness of life and death contained in myths and legends into parts of the theory, and transformed its form through the historicalization of mythology and the practicalization of mythology to meet the needs of the times and the psychology of the people, and then implicitly expressed its understanding of the mysterious existence and the relationship between people and gods. At the same time, it subtly gives people spiritual guidance. The rituals have developed from the primitive religious ceremony. In the rituals advocated, innovated and implemented by Confucian, the original meaning of communicating the world and communicating between people and gods has been retained, and new factors such as kind heartedness and sage have been added. Such a ritual system is more flexible and more in line with the historical trend than before, and can also highlight the practical role of education through ghosts-gods ideology. The symbol condenses the understanding and imagination of the world, nature, and self into specific and micro symbols, exressing more stable and profound meaning, expressing more abundant and distinct emotions, and obtaining more universal understanding and recognition. The preservation and evolution of myths and legends, the deformation and condensation of rituals, and the selection and application of symbolic symbols have influenced the formation and development of the Pre-Qin Confucian ghosts-gods ideology, and also expressed the significance of the Pre-Qin Confucian ghosts-gods ideology.

The second chapter, the belief in destiny and the concept of heavenly way. The Confucians in the Pre-Qin Dynasty did not speak of "heaven", but they took "heaven" as their base and participated in personnel and concerned about life under the background of the belief in the destiny of heaven and the concept of heavenly way. The meaning of "heaven" has undergone a development process from "natural heaven" to "God's heaven", to "moral heaven", and then to "law heaven", and the relationship with people has also undergone a transformation from "independent of people" to "above people", and then to "communicate with people" and "guide people". In the concern of "heaven", Confucian became connected and integrated, and in the reliance on "heaven", the Pre-Qin Confucian formed the ghosts-gods ideology with penetrating power. On the basis of inheriting the thought and culture of the previous generation, the Pre-Qin Confucian, which not only paid attention to the divine meaning of heaven but also did not indulge in false beliefs, formed a unique belief in destiny and the concept of heavenly way. From Confucius to Mencius to Xunzi, we can see the evolution of the Pre-Qin Confucian belief in destiny and the concept of heavenly way. The content of logic, ethics and rationality is increasing day by day, and the content of emotions, gods and religion is gradually decreasing. Confucius advocated knowing the destiny, fearing the destiny, inheriting the destiny, and pursuing the way of heaven. Mencius further emphasized and systematized the moral factors in the destiny and heavenly way, so that the destiny is connected with human mind, heavenly way is connected with human nature, and paid more attention to the subjective initiative of people in the relationship between heaven and man. Xun Zi advocated the division of heaven and man and the control of destiny. Enhanced the relative status of the man also retains the divine meaning and will color contained in heaven. The Pre-Qin Confucian affirmed the mystery of destiny and emphasized the role of human beings, so that destiny could be understood and conformed to it. It advocated the inevitability of the way of heaven and added the factor of virtue, so that the way of heaven could echo humanity, and the "unity of heaven and man" developed from the surface phenomenon to the internal mechanism. The sacredness and mysterious meaning of the "heaven" worshipped by the Pre-Qin Confucianists did not completely disappear, and the Pre-Qin Confucian belief in fate and the concept of heavenly way also maintained its basic position in the ghosts-gods ideology.

The third chapter, the concept of ghosts-gods and education through ghosts-gods ideology. The Pre-Qin Confucian did not ignore the soul and life and death. Ghosts and gods were the weapons of their theories and the core of their ghosts-gods ideology. The Pre-Qin Confucian scholars clearly divided the main body of the world of gods into two parts: ghosts-gods and monsters, and showed different attitudes towards the two: for ghosts-gods, they were believed and respectful and afraid, and "respected and far away" when effective communication could not be achieved; while for the monsters, it was rarely mentioned, and "Confucius don't talk the strange power of the gods" should be reinterpreted. Confucius resisted a god who is not in the divine system or does not conform to the sacrificial system. This is adapted to the Pre-Qin Confucian's cultural psychology of respecting the gods, worshiping sacrifices, and trusting the auspicious omen, and the realistic style of rebuking spirits and distant monsters. Confucius emphasized the subjectivity of human beings while acquiescing to the existence of ghosts and gods, maintained a respectful attitude, and promoted his doctrine by means of believing in ghosts-gods. When it came to Mencius, he more agreed with the role of "heaven" in the leadership of ghosts and gods, weakened the influence of the concept of ghosts and gods on Confucian doctrine, and promoted the development of socialized and secular education through ghosts-gods ideology, that is, the concept of ghosts-gods can be used to promote and sacred theory without devout religious beliefs. Xun Zi used the "previous king " and "later king" to dredge the path of human rise to god, maintained the Pre-Qin Confucian divine system which taking the sage-king as the core, and continued the Pre-Qin Confucian idea of attaching importance to the interaction between man and god, taking human perception as the premise of the existence of ghosts and gods. The Pre-Qin Confucian consciously guided people to feel the existence of divine power with a pious mentality, used ghost beliefs to regulate people's behavior to maintain social order, and enhance people's sense of urgency to follow the Confucian doctrine. Therefore, the Pre-Qin Confucian scholars are very good at educating people through ghosts-gods ideology, connecting the mysterious world with the reality of life to explain and guide people's understanding and behavior. Whether it is out of thinking or the need to maintain the existing ruling order, the Pre-Qin Confucians have not really embarked on the road of completely denying ghosts and gods, and their alienation from the world of ghosts and gods is gradual.

The fourth chapter, the ceremony and the Confucian Rites and Music. The ceremony that does not rely on writing uses stylized behavior display and the creation of an atmosphere environment to express the inner spirit and psychological consciousness, the respect for heaven and earth, the regard for ghosts and gods, and the echo of the mysterious existence. There is a very complex relationship between ceremony, rites and mythology. From the perspective of the cultural system, rite is the dailyization, condensation and institutionalization of ritual; from the perspective of spiritual consciousness, ceremony is the reflection of the mythological spirit and the embodiment of mythological thinking; from the perspective of ideology and concept, rite is the expression of the belief of gods and the manifestation of ghosts-gods ideology. The Pre-Qin Confucianism solemnly expressed their sacred beliefs in a solemn and orderly manner through the rite, demonstrating how moral, rationality and other humanistic factors are integrated into the world of ghosts-gods. In the initial stage, rites and music are related to religious ceremonies, which contain the factors of gods worship and mythological thinking, so they are mysterious and holy; rites and music belong to the human world, which is a means of governing the world and the people, so it is secular and realistic. As the successor of three generations of civilization, the Pre-Qin Confucian integrate the two aspects of rites and music effectively, so that rites can complete the coordination and restraint of social and interpersonal relations in a ritual and orderly way, and realize the purification and sublimation of ideas, and also enable music to treat people's emotional world in the form of spiritual cultivation and emotional resonance. Ideology exerts influence and further regulates behavior, so that rites and music are harmonious, and people and gods can be transported. In the promotion of the Pre-Qin Confucian, elegant music developed from sacrificial music and became the main theme of music education. Music education takes the music that fully shows emotions and is very holy and mysterious as a means, and realizes its responsibility of taking charge of the country and education through the aesthetic feeling of the soul and the educational way. As a result, Confucian education through ghosts-gods ideology has added another means to rely on.

The fifth chapter, the Sage-king and hero myth. The Sage-king is an ideal belief, a spiritual sustenance, and a role model of superman in the Pre-Qin Confucian. Therefore, the Pre-Qin Confucian is the most diligent in the sanctification. The saints worshipped by the Pre-Qin Confucians mainly have the following characteristics: both sides of man and God. On the one hand, they are a human being, with flesh and blood and emotional will. On the other hand, they can exert the power of the superhuman world and have the ability similar to God. Moral perfection, the saints are the moral benchmark of perfect quality. Heaven virtue and human virtue are both in the saints. To achieve harmony and unity, understanding and wisdom, the saints can understand the way of heaven, and can also grasp the essential laws and complete invention-creation. They actively participate in the construction of the human society as wise people. The unity of the Sage-king, that is the combination of social and historical functions and the essence of spiritual belief. The Pre-Qin Confucian find the image in the Sage-king who can best reflect Confucian political ideals and the social vision. From the three aspects of identity, actual behavior and moral characteristics, we can see the similarities between the Sage-king respected by Confucian and mythical heroes. In terms of identity, mythical heroes are messengers of God or inherit the blood of God. They create achievements that are beyond the reach of the human with transcendental great power and outstanding wisdom, but they also have emotions and desires, not immortality. The Sage-king is the messenger of communication with the scared and secular. There are not only heavenly that mortals can't touch and coveted, but also compatible and truth that different from gods. The Sage-king and mythical heroes are both higher than reality and cannot be completely separated from reality. They are half-human, semi-sacred and semi-secular existence. Behavioral aspects, mythical heroes and the Sage kings of the human world have a sense of consciousness of merit. The great achievements are mainly reflected in both the rejuvenation of the country and the elimination of troubles and the cultural creation. They have tried their best to change the status quo, save the people from disaster, and built a regional space and order threshold for survival for the human. Morally, the characteristics of the model human relationship make the mythical hero closer to the Sage-king. In the heroic stories, heroes abandon the roughness and blood of the warriors. After taking the edge off, they show a saint-like aura. In the world of saints, they still retain the memory of mythical heroes' struggle and conquest, but they tell it in the form of virtue. Under the premise of not losing virtue, the saint can become a mythical hero and narrate the legend of the hero in the posture of the protagonist. From the latter, the cultural prototype of the former can be found. Mythical hero often faces the world as a saint, and the spirit and fate of the mythical hero can always be seen from the legend of the saint. But when heroes can't become perfect saints, their defects and failures are remembered and expanded, and they are finally forced to bear the responsibilities that not belong to them.

The sixth chapter, the auspicious beasts and sacred symbol. The Pre-Qin Confucian is very good at choosing the symbolic image that is highly recognized in the field of public belief and integrating it into the theory system. On the one hand, it narrows the distance from the recipients of the theory, and on the other hand, it subtly expresses Confucian own ideas. Loong, phoenix and kylin are three representative auspicious beasts in ancient China. By investigating the basic form and evolution trend of loong, phoenix and kylin worship, we can know how the Pre-Qin Confucian applied symbols to the expression and interpretation of ghosts-gods ideology. Since their birth, Loong, Phoenix and kylin have experienced three main stages: animal worship, totem worship and spirit worship. The animal worship stage is the most primitive stage, which stems from the observation and yearning for animal appearance, habits and abilities; the totem worship stage further sublimates, linking the awe of nature with ancestor worship, clan history and reproductive power; the spirit worship stage is the product of the integration of the object world and the real world, when human moral standards were included, the evil part of the spirit beast's nature was erased, and the potential that might be chaotic was directly ignored. They developed into perfect auspicious beasts, turning into a symbol of beauty and power, rites and virtue. The final improvement of the images of loongs and phoenixes is the result of completely going through these three stages of development, and playing the role of animal gods at the right time, while kylin directly developed from animal worship to spiritual worship. Of course, these three stages are not simple back and forth, but sometimes there are interspersed overlapping. In the process of twists and turns, the loong, phoenix and kylin have clear symbolism and complex meaning, including the basic characteristics of the totem, the general characteristics of the gods, and the meaning of the worship of the Sage-king. In the eyes of the Pre-Qin Confucians, loong, phoenix and kylin are the messengers of God, the example of social life from nature, the carrier of the human moral model projected to the universe, and then seek the same spirit and believe in their omen significance. The Pre-Qin Confucian regarded the loong, phoenix and kylin as an important medium to reflect their own world outlook, values, political thought and aesthetic concepts.

The seventh chapter, the flowing water and mysterious metaphor. "Water" entered the thinking world of the Pre-Qin Confucian in the form of metaphor and the principle of image analogy, expressing Confucian cognition of the universe and the world. Extracting the prototype of water from nature and abstracting it as an important metaphor in the conceptual system is an extremely important part of the Pre-Qin Confucian thinking structure and philosophical language. Confucians praise water, distinguish water, and learn water. On the one hand, it is because water nourishes the vitality of all things and contains the sacredness of heaven's principles. From the flow and surge of water, from the change of the form of water, you can feel the infinite vitality and continuous power; on the other hand, it is because of the natural attributes of water and many aspects of human society are compatible with each other. Compared with the characteristics of the two, the laws of the natural world represented by water are applied to the discussion of the principles of human society. And the political advice to the rulers of the country is based on water virtue. The Hetu and Luoshu show the ability of water. In the repeated appearance of the Hetu and Luoshu, the complex and profound inner meaning of water is transformed into concrete and real objects. It was the Pre-Qin Confucian that affirmed the omnipotent vitality and sanctity of water, and accepted the concept of the birth of Hetu and Luoshu, and allowed Hetu and Luoshu to become a very metaphorical and symbolic part of its theory. Entering the water world created by the Pre-Qin Confucian and understanding how Confucian transformed the perceptual understanding of water into philosophical thinking and life understanding of water is also an important way to understand the Pre-Qin Confucian.

Key words: The Pre-Qin Confucian; Ghosts-gods ideology; Myth; Ceremony; Symbol

目　录

Contents

绪论

上古神话精神与神秘思维、原始宗教仪式与巫觋之道、古老心理映射与象征符号，诸多早期文化要素影响了先秦诸子思想意识与学说论见的形成，并使之以神道观念的形式展现出来。儒家是先秦诸子百家中颇具影响力的一派，汉代以后儒学独尊地位的确立更使其思想学说成为文化主流，影响了中国社会的方方面面。走进先秦儒家的精神世界不仅是对一派学说的解读，也是学理与文化的回溯，更是中华精神的寻根。以往对先秦儒家的研究主要集中在政治理念与社会、人性之说，较少对其进行信仰领域的探析，而“神道观”恰恰为世人打开了一扇深入理解先秦儒家学说体系与内在精神的大门。

“神道”一词语出《周易》。《周易·观》卦辞曰：“观，盥而不荐，有孚颙若。”《彖传》曰：“观天之神道，而四时不忒，圣人以神道设教，而天下服矣。”孔颖达疏：“神道者，微妙无方，理不可知，目不可见，不知所以然而然，谓之‘神道’，而四时之节气见矣。岂见天之所为，不知从何而来邪？盖四时流行，不有差忒，故云‘观天之神道而四时不忒也’。”[①]“神道”是“微妙无方”的规律和道理，是不可见、不可知而又贯通天地、彰于四时的存在。如果作具象化的解说，“神”就是鬼神，是超自然的存在，“神道”就是超自然的法则；如果从认知视角分析，“神”就是人类无法理解通晓的事物，“神道”就是人们对神秘事物本质和内在规律的认识及运用。由此生发出的“神道观”便可解释为人们对鬼神的态度、对神秘思维方式的掌控、对神圣信仰的皈依、对宇宙规律的认知和总结，以及在此基础上展现出来的思想特质。先秦儒家神道观颇有渊源且自成体系，内化于其学说理论的各个层面，对神话传说的解读、对宗教仪式

① （清）阮元校刻：《十三经注疏·周易正义》（清嘉庆刊本）卷3，中华书局2009年影印本，第1册，第72—73页。

的转化、对鬼魂神灵的敬畏、对天命天道的崇信、对圣王的向往，是所有先秦儒者的思想根基和行为基础。先秦儒家并未否认自身具备的某些原始宗教元素，也没有完全摒弃神秘观念，而是利用神道设教达到安民理政的现实目的，并实现沟通圣俗的精神追求。因而在阐释先秦儒家思想学说、解析其文化内涵时便不能对神道观漠然置之。对先秦儒家神道观的考察可以从多方面展开，其中儒者如何理解、改造和运用神话，继承、规范和展演仪式，选择、整合和使用象征符号，是互相关联又极为重要的三方面，可以作为研究先秦儒家神道观的三大切入点。

“原始神话是原始先民的伟大创造，是原始时代的神奇故事的传说，它以超自然的形象和幻想的形式表现人们对于自然现象和社会现象的幼稚理解，是对无意识的心理事件的不自觉的陈述。正是这种集体无意识的特征使神话成为人类历史上最古老的文化原型。”① 在“神话历史”视野中，一切文化成果都蕴含着神话的原型因子，除了本就神幻怪诞的神话情节与神祇形象以外，观察外部世界的超自然视角、体悟原始宗教的神圣意识、物我通感的神秘思想中也都有神话的影子，思维的演变、学术的兴起、文化的转型、历史的记述与社会的变革无不与神话相关。所以，探讨中国先秦时期的文化和学术就不能忽略神话发挥的重要作用，理解儒家的心理与观念也就不能避开神话这个话题。礼典仪式是彰显文化特质与风格的重要方式，“礼仪之邦”的称誉和“制礼作乐”的传统，更印证了礼仪之于中华文化的特殊意义。彭兆荣说：“仪式本身属于一个文化传统的‘贮存器’，包容了各种各样的知识，有宗教的、艺术的、时节的、农事的、宗族的、政治的、组织的、娱乐的等等。”② 该“贮存器”是一个半封闭系统，它既能通过程式化的行为与固定的意涵保持自身的独立性，也会随着贮存信息量的变化而与时代、社会产生更紧密的联系。先秦儒家借助仪式贮存器保留与提炼久远时代的文化信息，并根据自身的理想追求和现实需要改造其形态与意义，既延续了仪式勾连天地、交通人神的神圣性，又增加了“德”“圣”“命”“道”“仁”“孝”等等新的意涵。经儒家转化与改造新的礼典仪式系统比以往更灵活、更实用、更适应时代环境，也更能发挥神道设教的作用。当神秘思维发展为神圣思维，当神与神的关系演变为人与神的关系，当巫觋信仰被学术理性代替，自然产生又极度虚幻的原

① 赵沛霖：《先秦神话思想史论》，学苑出版社 2002 年版，第 20 页。
② 彭兆荣：《人类学仪式的理论与实践》，民族出版社 2007 年版，第 5 页。

始崇拜总要发生变化，提取其中的文化要素并浓缩为具体而微的象征符号和隐喻喻体，便成为承续文化精神的有效方式。当象征和隐喻反复出现在某种学说中时，既传递了固有的文化信息，又涵括了被该学说赋予的符合其学派属性的新意义，因而考察象征与隐喻出现的频率、环境及代表的意义，便是对其所属学说内在精神的再认知。神话传说、礼典仪式与象征隐喻在不同族群、派别、时代有不同的表现形式和文化意义，对先秦儒家来说它们既共同促进了其神道观的形成，也展现了其神道观的内容，理解和探究先秦儒家神道观就可以从这三方面着手。

一 先秦儒家神道观研究简述

一直以来人们对先秦儒家的探讨主要集中在它的政治理念与社会学说，却较少关注其思想中蕴含的超自然因素，更常常忽略他们精神领域的信仰，即以神道观为基础的对整个宇宙的理解。即便先秦儒家论说中存在天命鬼神的内容，人们仍不善于从神道观的角度进行解说，这一方面的研究就在一定程度上被忽视了。20 世纪以来对先秦儒家神道观的研究大致可分为三个阶段。

第一阶段，20 世纪上半叶，学者们主要围绕着“儒学是否为宗教”问题展开讨论。儒家擅长的“神道设教”有时被视为一种宗教表现形式。以康有为为代表的“孔教派”最先掀起儒学宗教化浪潮。《孔子改制考》径直提出儒教就是孔子为“托古改制”而创立的宗教，孔子则是神明教主。将儒家视为儒教者，肯定了儒学在治理国家、教化民众方面的精神导向作用，关注了儒家将神格意义上的“天”发展为哲理性的“天命”“天道”的过程，也注重了儒家仪典蕴含的宗教内涵，并且通过重新界定“儒”之意义而挖掘儒家的宗教性。随着中国学者对西方宗教文化了解的加深，梁漱溟、熊十力、冯友兰、钱穆等学者提出儒家思想虽具有宗教的作用但并不完全符合宗教的定义，肯定了儒家神道观的存在和价值但否定了儒家学派的宗教属性。还有学者通过探讨“儒”的身份和职业来研究儒家思想起源和内在精神。胡适《说儒》根据《说文解字》关于儒的解释，考论儒者的身份与社会作用，并在讨论儒服与殷服、儒生气质与殷商遗民气质之间的关系后，将殷商的巫祝视为儒的前身。此种观点无疑为人们从与神交通的视角认识儒家奠定了基础。此外，又有以丁山《中国古代宗教与神话考》为代表的神话与古史传说研究著作，将先秦儒家对神话传说的记述和改造视为神话传说演变的重要环节，从侧面印证了儒家神道设教的悠久历史以及儒者与神话传说的密切联系。这一时期中国思想史、哲学史、宗教史及神话史的研究者们，虽然没有对先秦儒家神道观念做系统讨论，但他们以宗教信仰、礼乐制度、偶像崇拜与神话传说等为核心论证儒家思想的信仰渊源，已大大突破了以往对于儒家的认知，人们开始从新的、形而上的方面分析两千年来一直被视为正统的入世、政论之说。

第二阶段，20 世纪 50—80 年代，研究者们受时代环境影响仍重在考察儒家怀德与怀刑的政治思想、仁与礼的人文思想、《春秋》之义的史学思想、有教无类的教育思想等，并且从反封建的角度批判盲从儒家经典之害，不过此阶段对先秦儒家神道观的讨论并未完全消失，还在一些方面有了新的发展。其一，以儒学研究为切入点，探寻中国文化的发展出路。以方东美、唐君毅、牟宗三、徐复观等为代表的新儒家学者在迁居港台后，主张返宗儒家，融合中西，力图通过重建儒家思想传统为中国文化正名。探讨内容涉及儒家之“道统”“学统”“政统”等诸多方面，对儒家神道观念的新理解也融入其中。其二，出于重新审视儒学属性的需要，学人进一步讨论儒家与宗教的关系，并有意识地将儒家神道观念作为独立的考察对象，解析儒家思想与鬼神之说及巫史文化的关联。任继愈《论儒教的形成》《儒家与儒教》《儒教的再评价》等都有对相关问题的论述。李申在《关于儒教的几个问题》中也对儒家学说与巫史文化、上古神话的关系问题做了一些阐释。其三，对“畏天命”“敬鬼神”“遵天道”等多种涉及神道观念的学说主张和文化理念进行深入分析。如指出孔子敬鬼神的前提就是承认有鬼神，否则没有敬畏之说，孔子对鬼神是既承认又回避的态度，并认为孔子对天道、天命的认识都是一种变形的精致的鬼神观念。其四，在思想史的视域下将文化—心理结构视为理解孔子和儒家的一条途径。李泽厚《中国古代思想史论》一方面主张儒学不是宗教，否定儒学的宗教性；另一方面又指出儒学可以替代宗教的功能，扮演准宗教的角色。认为孔子所倡导的礼是原始巫术礼仪基础上的晚期氏族统治体系的规范化和系统化。若干年后他又在《说巫史传统》中重申此观点，并说到当“礼”制已完全沦为仪表形式时，孔子大声疾呼，“要求追回原巫术礼仪所严厉要求的神圣的内心情感状态”①。这样的思考提示人们可以在内在精神层面理解先秦儒家。在此阶段，儒家神道观包含哪些方面、有怎样的特质、在思想体系中占有什么位置等一系列问题，虽然没有被学界热议，但在众多学者的积极努力下也发展为先秦儒学、社会思潮、神话传说与宗教文化等领域的重要研究内容。

第三阶段，20世纪90年代至今，对儒家神道观的研究出现了三大趋势。其一，引入新的概念和运用宏观理论，在比较的视野下，在历史的反思中，激发对于儒家鬼神信仰、神话叙事、神秘思维的研究热情，很多研究的盲点被发现，很多新的内涵被挖掘。叶舒宪、唐启翠《儒家神话》，谭佳《断裂中的神圣重构：〈春秋〉的神话隐喻》等著作从神话学出发，在“神话历史”的视野下探讨儒学，用文化人类学的理论和方法重新解读儒家经典中蕴藏的神秘观念、神鬼思想和神圣追求。其二，回归本源，通过探究儒学源流及核心理念，突出儒家由神秘思想转化为神圣信仰的内在的精神超越，并将之置于儒学发展体系中，强调信仰传统与文化基因对于儒家特质形成与延续的重要意义。季国清《儒家的当代阐释》从概念体系的建立和内涵方面考察儒学知识系统，强调了传统与信仰、儒术与孔教的关系。陈来《古代宗教与伦理：儒家思想的根源》《古代思想文化的世界：春秋时代的宗教、伦理与社会思想》从天命鬼神、巫觋卜筮、星象祭祀、天命天道、礼乐德行等方面对夏商周时代的神话传说、礼仪文化、宗教信仰、伦理观念作了综合研究，进而从客观上探究了以儒家思想为代表的先秦文化产生的文化前提和历史背景。其三，利用新出土资料考察先秦儒家的鬼神信仰及其对神话传说的传承和改造。20世纪中后期至今出土的简帛中包含了许多传世可见或早已散佚的儒家文献，其中郭店简、上博简、八角廊简、定州汉简、银雀山汉简等颇具代表性，它们为重新认识和深入解读儒家思想提供了珍贵资料。如上博简《子羔》篇通过孔子和子羔的对话书写了三代始祖的感生神话，《鲁邦大旱》展现了孔子对祈神求雨习俗的肯定，《容成氏》记载了古帝圣王的德政与禅让的传说，展示了儒家的古史观。李学勤、裘锡圭、李零、陈剑、陈伟、廖名春、曹峰、刘钊、黄德宽、李守奎、陈斯鹏等诸多学者或从古文字，或从古史，或从古文化的角度考论新出土儒家文献，先秦儒家神道观的研究在此基础上呈现出更繁荣

① 李泽厚：《由巫到礼 释礼归仁》，生活·读书·新知三联书店2015年版，第30页。

的景象。诸多学人在儒家经典诠释的背景下以神话学、历史学、文化人类学与思想史、学术史等为参照解析儒家的终极关怀、礼乐实践和叙述逻辑，论述儒家如何在神秘信仰传统与人文理性哲思中寻求平衡。

在新的历史时代与新的学术环境下，先秦儒家的精神领域得到了更多关注，经典的深入解读与新材料的支撑、学理的承续与新理论的借鉴、不懈的坚持与新视野的开拓，一切的一切都推动着先秦儒家神道观研究脱离旧窠臼、走向新征途。即便在这一过程中仍有很多难题需要解决、很多主张需要判别、很多材料需要梳理，但这并不影响学人的研究热情，毕竟人们已充分认识到探讨先秦儒家神道观的重要性。对先秦儒家神道观的表现形式、内在意涵和文化特质的研究，不仅是儒学框架体系内对儒家观念、心理、特质的探讨，也是华夏文明范围内对诸子研究范式、文化传承价值、思想变革路径的探寻，其意义不言而喻。

二　研究所据文献概况

本书既然以先秦儒家神道观为研究对象，对先秦儒家文献的选择和运用就是最先需要解决的问题，充分的、有效的、更为原始的文本文献是做出正确判断和诠释的前提。中国先秦典籍数量众多，不同的文献其主体思想和关注焦点不同，即便是可归为一类的文献其学说构架、论述重点和资料存录也不尽一致，这在一定程度上造成了选择和利用相关文献的难题，是接受这些差异，并从中探求思想的流变；还是拒绝这些差异，仅以公认的可信的内容立论；抑或是在承认差异的基础上完成去粗取精的资料筛选和深入讨论。这是需要仔细探究的问题，毕竟对待文献的态度和选择文献的结果，直接影响论证过程和最终结论。有鉴于此，我们采用博取广纳而集萃采精的方式，全面搜集相关资料并有重点地选择能集中体现儒家神道观的代表性文献。

中国先秦时期没有专门记载神话传说的典籍，即便是千古奇书《山海经》也不以整理神话传说为目的，所以记录神话传说，展示神圣崇拜与神秘思维的著作基本属于文学、哲学、历史、思想学说一类，要分析神道观只能从这些文献中探寻微言大义。从“量”的角度讲，对相关文献的利用多多益善，可用的被划分为文史哲一类的儒家资料具备一定的数量，这是有利条件，不容易形成研究信息的空白，也不易使理论探讨出现一叶障目的偏差。从“质”的角度讲，先秦儒家文献虽不像后世典籍那样浩如烟海，但内容信息量大，资料来源与流传路径也不完全清晰，需要进一步甄别和筛选，蕴含先秦儒家神道观精华的典籍和文本才是真正有价值的。从“度”的角度讲，有些文献是儒者所作，有些文献是儒者所宗，有些文献是儒者所汇，该利用这些资料中的哪些部分，利用到什么程度，也是确定这些文献资料神道观研究价值大小的关键。我们经过斟酌将能够反映先秦儒家神道观的文献典籍分为如下几类，并简要说明各类文献的属性和相应的利用价值。

第一类，由孔子、孟子、荀子等先秦儒者及其弟子或再传弟子编写，能够较为纯粹地代表先秦儒家观念的典籍。这是研究先秦儒家思想的第一手资料，或具实录性质，或言说颇成体系，直接记录先秦儒家学者的思想观点，是未经他人颠覆性转抄、故意修改或任意增损的材料，利用其研究早期儒家思想最为可靠。这类资料又可分为两种：

其一，自编写成书后一直流传至今的儒家著作，包括《论语》《孟子》《荀子》及《春秋》。《论语》是最早、最纯粹的儒家著作。《汉书·艺文志》载：“《论语》者，孔子应答弟子时人及弟子相与言而接闻于夫子之语也。当时弟子各有所记。夫子既卒，门人相与辑而论纂，故谓之《论语》。”[①] 该书由众弟子于孔子死后各言所记、各述所知，然后共同讨论商定并写成。关于纂辑者主要有孔子弟子、孔子再传弟子、孔子弟子及再传弟子三种观点，尤以第三种观点备受认可。杨伯峻通过细致考察，指出该书的最终编订者可能是曾参的学生，开始着笔在春秋末年，于战国初期编辑成书。[②]《论语》记载了孔子及其弟子们的思想和活动，是了解孔子及早期儒家的基础，也是研究先秦儒家精神理念最重要的资料。《孟子》以记载孟子师徒问答和活动为主要内容，包括许多战国中期史料，所述三代及尧舜时代的资料亦十分丰富。关于此书作者亦多异说，东汉赵岐，宋代朱熹，清代阎若璩、魏源、焦循等认为是孟子自作；唐代韩愈、宋代晁公武、清代崔述等则认为是孟子死后由弟子共同记述；汉代司马迁在《史记》中则言由孟子和其弟子共同完成。近世学者考察《孟子》本书再结合孟子生卒之年，多赞同司马氏之说。孟子晚于孔子约二百年，是先秦儒家又一代表人物，记载其言谈行事的《孟子》自然是研究儒家不可或缺的文

---

① （汉）班固撰，（唐）颜师古注：《汉书》卷30，中华书局1962年点校本，第6册，第1717页。
② 杨伯峻译注：《论语译注》，中华书局1980年第2版，第26—30页。

献资料。《史记·孟子荀卿列传》载："（孟子）退而与万章之徒序《诗》《书》，述仲尼之意，作《孟子》七篇。"① 《汉书·艺文志》则于"诸子略"列"《孟子》十一篇"。据赵岐《孟子题辞》可知他为之作注的是"内篇七篇"，另外又有《性善》《辩文》《说孝经》《为正》"外书四篇"弃而未注，此四篇后因无人整理而散亡，今日《孟子》即内篇七篇。《荀子》在《汉书·艺文志》中载录为《孙卿子》，三十三篇，刘向校雠、去重、编定该书，并于《叙录》中题为"《荀卿新书》三十二篇"。此三十二篇有荀子亲自撰写的篇章，也有弟子根据其言行记录的思想，还有荀子整理、纂辑的资料，以及弟子修改完善的部分，内容涉及哲学思想、处世之道、治学方法、学术论辩等诸多方面。荀子言性恶、法后王、兼霸道，虽与孟子持义有殊但不泯儒家宗师之名位。《荀子》不但记载了荀子的观念与阐论过程，也展现了先秦儒家思想演变的趋势，是了解先秦儒家的关键文本。《春秋》是我国现存最早的一部编年体史书，关于该书作者及资料来源，自古以来主要有两种说法：一说认为此书为孔子所作。如《孟子·滕文公下》云："世衰道微，邪说暴行有作。臣弑其君者有之，子弑其父者有之，孔子惧，作《春秋》。"② 另一种说法认为《春秋》是孔子根据周王室和鲁国的原有史记编纂而成，主要做修订工作。"是以孔子明王道，干七十余君，莫能用，故西观周室，论史记旧闻，兴于鲁而次《春秋》。"（《史记·十二诸侯年表》）相较之下，后者持论更符合实际，所谓"孔子作《春秋》"应是指孔子整理编订鲁国旧史，文字和体例大体沿袭旧史资料。无论如何，《春秋》最终成书都经过孔子之手，孔子于其中运用一些隐微的言辞暗示深远的意义，被后世儒者称为"微言大义"，可反映早期儒家思想。

其二，曾湮没于历史的洪流之中，后重现于世的先秦儒者著作。此类文献以出土简牍为主要代表，它们的发现为研究先秦儒家思想与学术提供了新的资料，并且"在竹简帛书严峻的考验下，许多被过去学者判定为伪造的古籍，都纷纷平反翻身"③。如，1993 年湖北省荆门市郭店一号墓出

① （汉）司马迁撰，（宋）裴骃集解，（唐）司马贞索隐，（唐）张守节正义：《史记》卷 74，中华书局 2014 年点校修订本，第 7 册，第 2847—2848 页。

② （清）阮元校刻：《十三经注疏·孟子注疏》（清嘉庆刊本）卷 6 下，中华书局 2009 年影印本，第 5 册，第 5903 页。

③ 郑良树：《诸子著作年代考》，北京图书馆出版社 2001 年版，第 3 页。

土的七百三十枚有字简被荆门市博物馆编成《郭店楚墓竹简》出版，内容包含多种古籍，其中两种是道家学派著作，其余多为儒家学派著作。[①] 李学勤将儒家作品划分为两组，“一组有《缁衣》、《五行》、《成之闻之》、《尊德义》、《性自命出》和《六德》六篇；另一组有《鲁穆公问子思》、《穷达以时》两篇。此外尚有《唐虞之道》、《忠信之道》，虽带有儒家色彩，但专讲禅让，疑与苏代、厝毛寿之流纵横家有关”[②]。又如，上海博物馆整理出版的《上海博物馆藏战国楚竹书》，其中的《孔子诗论》《缁衣》《子羔》《鲁邦大旱》等都是研究儒家思想的重要资料。另外，1973 年河北省定县八角廊 40 号汉墓出土的《儒家者言》与 1977 年安徽阜阳县双古堆汉墓出土的相关简牍证明了《孔子家语》并非伪书，使研究者能够更有效地使用其中资料。儒家思想的来源、孔子与“六经”的联系、儒学经典的成书、儒家与其他各家的关系……凡此种种，都在新出土文献的推动下得到更深入的分析讨论，以往一些无法厘清或曾被误解的问题，也有机会得到重新认识和解读。

第二类，孔子之后，由儒家后学编写的反映儒家文化、阐释儒家经义、记录先儒行事与言论的典籍。这些文献包含的思想学说很难说是属于某个人或某几个人的，只能归结为儒学一派在某一时期的观念和主张。这类文献是理解儒家学说传承和思想观念的重要依据。主要有如下几部：

《春秋》“三传”。因孔子影响了《春秋》的成书，连解释它的《左传》《公羊传》和《穀梁传》也都被奉为经典，后来被列于“十三经”之中。《春秋左氏传》，简称《左传》，旧说为与孔子同时的左丘明所著，《史记·十二诸侯年表》《后汉书·班彪传》即持此说，《四库全书总目》仍保留此观点。近现代学者如章太炎、钱穆、赵光贤、徐中舒和杨伯峻等人则根据《左传》中所述史事和语言提出它当成书于战国初期。《左传》提供了非常珍贵的史料，对当时社会变迁、权力更迭、学术演变都有记录，并且因出于儒者之手，可从中了解儒家的态度和观点，特别是书中对鬼神信仰和神话传说的保留，证实了先秦儒家并不避忌鬼神之说，是理解儒家神道观念的重要依据。《春秋公羊传》旧题战国时齐人公羊高作，此人相传为子夏弟子，最初只是口耳相传，后于汉景帝时由公羊寿与胡毋生

---

① 荆门市博物馆编：《郭店楚墓竹简》，文物出版社 1998 年版，第 1 页。

② 李学勤：《郭店楚墓文献的性质与年代》，载邢文编译《郭店老子与太一生水》，学苑出版社 2005 年版，第 1 页。

合著于竹帛，今本《公羊传》遂成书。董仲舒作为《公羊传》的传人借《春秋》之名宣扬天人感应、灾异谴告之说，进而维护汉朝的统治，所以在《春秋》“三传”中《公羊传》因符合统治者的政治目的而最先受到汉王庭的重视。《公羊传》对《春秋》所记史事进行褒贬评论，展现了西汉前期一些儒者的历史观、鬼神观和天道观，是颇具价值的思想史资料。《春秋穀梁传》传说是孔子弟子子夏将解说《春秋》的内容口头传给穀梁赤并由其汇总，几代相传后经后学增益写定的，其成书可能晚于《公羊传》。三者相较，《左传》侧重于记史和明礼，《公羊传》侧重于究天人和宣一统，《穀梁传》则专注于阐释经义，因而前两者更多地涉及了儒家神道观问题。三者的分歧既是明晰《春秋》本义的障碍，也是认知先秦儒家思想变化与复杂性的重要依据。

《礼记》为附“经”解“经”之作，“经”便是《仪礼》。“《礼记》大部分是孔子的弟子、门人和儒家后学传习《仪礼》的‘记’的汇集，即对《礼经》（包括汉以前已佚者）进行解说、补充和发挥的一些文献的汇集，包括孔子弟子所记孔子有关礼的言论和孔门相关的论文。”① 西汉戴德从汉以前礼记中选辑 85 篇，后世称之《大戴礼记》，现存 39 篇，其中记孔子、曾子的思想言论的篇章最多。戴德之侄戴圣则选编了 49 篇，即今之《礼记》。《礼记》的成文年代大多数在战国时代，西汉初编辑成书。作为一部儒家释礼资料汇编，《礼记》的内容与孔门传礼密切相关，释礼论仪几乎都以孔子言论与思想为依归，其范围又不限于狭义的礼仪制度与规则，教育理念、风俗习惯、巫觋信仰、祭祀传统等均涵盖其中。

《孝经》是儒家谈孝的专论，宣扬“孝，德之本也”，由讲孝进而劝忠。《孝经》在内容上摘录了《左传》《孟子》《荀子》等资料，有时筛取大意加以复述。关于《孝经》的作者和成书年代众说纷纭：班固《汉书·艺文志》认为《孝经》是孔子为曾子陈孝道所作，《史记·仲尼弟子列传》以为该书是曾参得孔子所传孝道后述写而成，晁公武《郡斋读书志》以为是曾子弟子所作，纪昀《四库全书总目》以为是七十子之徒之遗言于秦汉之际由汉人整理完成。此外还有齐鲁间陋儒作、孟子弟子作、孔子口述曾子及门徒整理等多种说法。无论《孝经》的作者是谁，均不出儒门，它反映的也都是战国时代的儒家孝道观念，应是儒家历经几代由数位弟子

① 王锷：《〈礼记〉成书考》，中华书局 2007 年版，第 3 页。

在战国后期共同编撰完成的，是先秦儒家孝道思想的集结和汇总，其中一些文句生动地展现了先秦儒家的祖先崇拜意识和鬼神信仰。

“《孔子家语》是专门记录孔子及孔门弟子思想言行的著作。该书汇集了孔子的大量言论，再现了孔子与弟子、时人谈论问题的许多场景，还有经过整理的孔子家世、生平、事迹以及孔子弟子的材料。”① 该书曾著录于《汉书·艺文志》，但至唐代颜师古提出《汉书·艺文志》中的《家语》“非今所有《家语》”，由此便产生了真伪之辩。宋代以后，随着疑古思潮的兴起《家语》越发被看作伪书，至明清时期，视此书为伪并将其摒弃在学门之外者大有人在。但随着定县八角廊汉简《儒家者言》、阜阳双古堆汉墓体例相近的木牍、上海博物馆藏战国楚竹书中与《孔子家语·论礼》类同的《民之父母》等出土简牍的发现，人们对《孔子家语》的真伪和其学术价值有了新的判定。更多研究证明《孔子家语》不是伪书，虽然该书在形成时经过了孔子学生的整理融汇，也在传抄中不乏损益，甚至出现排列次序、篇章分合的混乱，但种种变化不过是中国典籍形成与流传的缩影，并且正因为以往该书争议较大，没有被过分地解读和整合，因而保存了古朴的面貌，是研究儒家思想的重要资料。

《孔丛子》旧题为孔鲋所撰，自宋代开始，对其编纂时间以及作者等问题的质疑就未曾中断，明清时期基本将其视为伪书。事实上，《孔丛子》虽为托名之作，却是一部珍贵的“孔家杂记”，记录了孔子及其后人的言行，反映了孔门家学渊源，宣扬和阐发了孔子的思想，有非常重要的史料价值。该书很可能出于孔季彦以下孔氏子孙，经较长时间的编写、改动、增补后完成，资料并非凭空捏造和随意篡改，对于了解汉以前孔子世家的沿袭、发展以及孔氏子孙的言谈活动，探索儒学思想史具有一定意义。

第三类，是启迪儒家思想的文献。此类文献历史悠久，或早有文字书写文本，或久已口耳相传，它们启发了儒者之思，也在被整理、解说和运用的过程中融入了儒者的理念，其中尤为重要者更被列为儒家“经”的范畴，要了解先秦儒家的学说渊源、理论体系的构成基础就可以以这些文献为依据。此类文献代表有《尚书》《诗经》《周易》《周礼》《仪礼》等。

《尚书》为殷周时期的历史档案汇编，也有一些对更久远时代传说的

① 杨朝明、宋立林主编：《孔子家语通解》，齐鲁书社2013年版，第1页。

追述，形式上包括诰命文献、誓祷之辞、叙事文章三类。据传《尚书》原有一百多篇，但经过秦火亡佚甚多，至西汉初年，由伏生传授下来28篇用汉代通行的隶书抄写而成，被称为“今文《尚书》”。西汉中期以后，又发现先秦时期用古文字抄写的篇章，称之为“古文《尚书》”。受汉朝尊今文而抑古文倾向的影响，古文《尚书》没能立于学官，最终在西晋后期全部散佚。东晋时期，梅赜献出一部58篇《尚书》，将原本今文的28篇离析为33篇，又根据一些散佚的《尚书》文字编成伪古文《尚书》25篇。流传至今的就是这部真伪参半的58篇《尚书》。无论是原始的文献档案，还是追述古代历史的作品，《尚书》中都有前代政治理念、哲学思考和现实斗争的遗存，对于向来以弘扬周礼、继承周公思想为己任的孔子来说不啻于一部圣典。甚至有观点认为《尚书》是孔子删定编次而成，并为每篇写了“序”。司马迁说：“（孔子）追迹三代之礼，序《书传》，上纪唐虞之际，下至秦缪，编次其事。……故《书传》《礼记》自孔氏。”（《史记·孔子世家》）班固也持此论：“故《书》之所起远矣，至孔子纂焉，上断于尧，下讫于秦，凡百篇，而为之序，言其作意。”（《汉书·艺文志》）《尚书》的纂辑不可能出于一人一时，《论语》所引《尚书》文字也不多，所以很难断定孔子是否纂《书》序。但孔子出于教书育人的需要而整理《书》作为教材是很有可能的，后世所传《尚书》中或有孔子的手笔。《尚书》载事如此珍贵，言辞如此古奥，思想如此深邃，即便跳出经书的范畴，它仍旧体现了中国古代的文化精神和价值观念，因而在其浸润下生成的儒家学说和思想中必然会留下其痕迹。

《诗经》收录并保存了西周初期至春秋中叶大约五百年间的305篇诗歌作品。《诗经》中的诗歌贴近生活、反映社会风貌，也记录了众多礼乐活动，展现了汉民族的文化心理，给儒者许多启发。如《商颂》以祭祀乐歌的形式记录了商族历史，其中“天命玄鸟，降而生商”的商族起源神话无疑影响了孔子，上博简《子羔》篇所载孔子论三代始祖的诞生故事便继承此说。关于《诗经》的成书主要有“采诗说”“献诗说”和“删诗说”三种观点。采诗说认为有专人负责收集各地诗歌，整理之后上交王廷配乐演奏；献诗说认为当朝职官具有上呈诗歌以助天子听政的职责；删诗说认为《诗经》由孔子删定而成。虽然从唐代孔颖达开始就怀疑孔子删诗一说，历代学人又不断用证据证明在孔子之前《诗经》已有定本，但孔子与《诗经》关系密切却是不争的事实。《论语·子罕》载孔子语：“吾自卫返鲁，然后乐正，《雅》《颂》各得其所。”① 即便早有人做过《诗经》的去重工作，无须孔子大范围删减篇章，但孔子定然在一定程度上整理了《诗经》并以此本作为教导学生的教科书，为今本《诗经》的形成奠定了基础。因此，现今所见《诗经》中必然有儒家的痕迹。

《周易》为周朝的卜筮之书。“《易》之兴也，其当殷之末世、周之盛德耶？当文王与纣之事邪？是故其辞危。”（《周易·系辞下》）司马迁言：“昔西伯拘羑里，演《周易》。”（《史记·太史公自序》）很多学者也通过文辞比较和文献记载判断上述说法有一定的可信度，廖名春就说：“将《周易》本经的成书定在殷末周初，应最为可信”②。《周易》天然地带有神秘色彩，它起于巫术性的卜筮行为，又蕴含着原始的哲思，其博大精深的思想影响着包括儒家在内的先秦诸子。从孔子开始，《周易》就与儒家产生了联系，是孔子体道参世之书，也是儒家研习之文。《论语·述而》载孔子语：“加我数年，五十以学《易》，可以无大过矣。”在汉代又有《易传》（“十翼”）为孔子所作的说法。“孔子晚而喜《易》，序《彖》《系》《象》《说卦》《文言》。”（《史记·孔子世家》）后虽因其文辞浅近、有晚出痕迹，而有质疑孔子作《易传》者，但《易传》中确实包含孔子的若干遗说，其书写也不出孔门，故而必然涵括和展现了先秦儒家思想。

《周礼》初名《周官》，后在王莽时由刘歆奏请列入学官，更名《周礼》，到东汉末经由经学大师郑玄的注解而提高声望，成为“三礼”之首。全书分天官冢宰、地官司徒、春官宗伯、夏官司马、秋官司寇、冬官司空（《冬官》后亡佚，西汉时期以《考工记》补入）六部分，系统展现了西周宏大的国家体制和具体的官吏职掌。关于《周礼》的成书，过去古文经学家认为是周公所作，今文经学家则指斥为刘歆伪造，现在一般认为此书为战国时期儒家学者搜集整理周王室官制及春秋时期各国政治制度，并根据儒家的政治理想汇编而成的典籍。《周礼》所载官职体系非常详密严谨，六官分掌诸事，每官之内又有分工，职责明确而互补，很明显带有加工整合及美好设想的因素，与孔子崇尚周礼的理念相合，其成书凝结着儒者的汗水与思考。《周礼》又绝不是凭空创造的产物，官职名称、礼仪制度等的确源于西周时期，这对不遗余力地保存礼乐之制、倡导以礼治国的先秦

① （清）阮元校刻：《十三经注疏·论语注疏》（清嘉庆刊本）卷7，中华书局2009年影印本，第5册，第5409—5410页。

② 廖名春：《〈周易〉经传十五讲》（第二版），北京大学出版社2012年版，第173页。

儒家来说是十分重要的资源。

《仪礼》，即先秦儒家所传“六经”之一的《礼》，汉代又称《士礼》，至晋代才称《仪礼》，记载了周代所倡导和施行的礼节仪式与行为规范，总体上以士大夫的礼仪为主。商周时期仪典繁多、程序复杂，为了掌握、实践这些典礼，人们会将仪典的步骤内容记录在册并按此践行，还会根据已有变化和实际需要对记录的内容不断修改补充。孔子以“礼”教学，在《仪礼》中留下了他整理、编订的内容。《史记·孔子世家》言孔子：“追迹三代之礼，……故《书传》、《礼》记自孔氏。”《礼记·杂记下》记载：“恤由之丧，哀公使孺悲之孔子学士丧礼，《士丧礼》于是乎书。”① 不但有孔子记《礼》之说，更有孔子传《礼》的例证。另一方面，“礼”的观念早于儒学生成，对先秦儒家有着至关重要的影响。《庄子·天运》载孔子语：“丘治《诗》《书》《礼》《乐》《易》《春秋》六经，自以为久矣，孰知其故矣。”②《礼》作为“六经”之一，所记各种礼仪来源甚古，融于儒家的血脉成为其内在特质不可或缺的一部分。

因早期经典文本的成书和流传本就有许多问题有待确证，再加之疑古思潮的影响，遂产生了先秦并无“六经”、“六经”秦汉时期方成为儒家典籍的观点。但更多的学者仍坚信“六经”影响了儒家一派的学说生成和儒者特质的形成，并与孔子有着密切的关系。“古之儒者，博学乎《六艺》之文；六学者，王教之典籍，先圣所以明天道，正人伦，致至治之成法也。……（孔子）于是叙《书》则断《尧典》；称《乐》则法《韶舞》；论《诗》则首《周南》；缀周之《礼》，因鲁《春秋》，举十二公行事，绳之以文、武之道，成一王法，至获麟而止；盖晚而好《易》，读之韦编三绝而为之《传》。”③ 此类说法恒河沙数，自古至今不胜枚举。而郭店楚简《六德》和马王堆帛书《易传》中《诗》《书》《礼》《乐》《易》《春秋》“六经”并称情况的出现，更证明了“六经”早就存在并进入了儒家群经系统。这些历史悠久的文献滋养了儒学一派，并且经儒者改造发挥，又彰显了儒家气度。西汉以降，随着儒学一尊地位的确立以及文化的勃兴，许

① （清）阮元校刻：《十三经注疏·礼记正义》（清嘉庆刊本）卷43，中华书局2009年影印本，第3册，第3399页。

② （清）郭庆藩：《庄子集释》卷5下，王孝鱼点校，中华书局2012年第3版，中册，第533页。

③ 康有为：《新学伪经考》，中华书局2012年第2版，第125页。

多文献典籍或从《诗》《书》《礼》《易》《乐》《春秋》生发而来，或承袭了儒家观念，都以早期儒家经典的主旨与内容作为言论基础与评价标准。上文所列文献是承载儒家思想的重要载体，研究先秦儒家神道观、理解先秦儒者精神领域的神圣信仰、领悟儒家形而上的认知需要以这些典籍为文本基础。

除上述比较集中地展现先秦儒家思想观念的文献外，本书在论述的过程中还要运用许多其他类型文献，它们或者不属于儒家一派，或者并不局限于先秦时期，抑或具体篇章字句真伪有待考证，但其中记载的内容却是必不可少的旁证与参照。如，千古奇书《山海经》载录了大量神话和原始巫术，《楚辞》中的《天问》《九歌》记载了先代古史传说和楚人的神祇信仰，《国语》《逸周书》《史记》《汉书》等记录了汉以前的史事，《老子》《庄子》《韩非子》《墨子》《管子》《吕氏春秋》《淮南子》等诸子著作也反映了时代背景与文化风貌，有些甚至记录或评价了儒家的学说观点。这些资料或启发了先秦儒家对神人关系、鬼怪神异的认知，或载录了从春秋末年到汉代初年的神话传说梳理整合结果，或展现了当时的社会、政治、思想、学术风貌，是研究先秦儒家神道观念渊源和内涵的重要补充材料，也是在综合比较中突显先秦儒家神道观特征的关键证明。

充分收集文献资料是论证的基础，具体有效地运用是论证的关键，在论证过程中需要“适度”地将古籍的“数量”转化为可用的“质量”，从众多古籍中选择出有代表性的、更具价值的部分加以利用。具体涉及以下几个方面：

其一，选用文献的基本倾向与态度。掌握和分析文献资料，不仅关涉到具体论著、个中篇章及文辞语句的选用，亦涉及版本的甄选和佚文的辨伪、辑录。由于上述内容不是本书的研究核心，因而在论述过程中不对典籍做具体细致的辨伪考异，而是将其视为一个整体，按照学术界的一般理解加以运用，如有相异或特别之处再另加诠释说明。既充分利用前辈学者和当代学人的研究成果，又结合自身思考，尽量做到资料扎实、谨慎选择、大胆信任。部分早期典籍较好地保存了原始面貌，儒家经典更因儒学昌盛而较高程度地保持了原初形态，但历经长时间积淀而存留下来的文本文献还有很多不确定因素，与时损益、真伪杂糅、意义潜藏，这就要求小心择取文献，尽可能地运用被学界公认的可信性较高的资料，从文本的内在深度而非字句差异度去阐释其文化和思想内涵。不能要求早期文献所有内容都是真实的、未有丝毫变化的，这既不符合文献生成与流传的规律和实际，也无法获得支撑论证的充足资料。关键是保持正确的态度，从可信性高低上看待材料，而不是以“真”“假”作截然二分。当可信性占得绝高比例时，我们就可以大胆地运用它，而不必纠缠于某个细节的真伪；当著作中有些篇章明显为后学补入，或已经证明为伪，那就舍弃该部分，运用没有疑义的内容；而对于公认的伪书，除非已确证其中部分词句篇章的真实性并小心引证外，其他内容一般不用来做论据。这样既有助于从大视角看待问题，理顺思路，也有助于摒除杂说，正本清源。

其二，选用文献的时间限定。本书研究的是先秦儒家神道观，因此以先秦两汉时期成书的文献为基础资料，生成于该历史阶段的典籍距离先秦儒家形成时期最近，抑或是基本同时，最能真实地反映先秦儒家学术思想的实际情况，虽避免不了辗转相抄或有目的地改造，但其资料价值还是可以肯定的。时代再往后，文献所记不但从时间上远离先秦儒家而且异说纷出，很难从中得悉先秦儒学本貌，许多神话传说、礼典仪式、象征隐喻已经失去了最初的质朴意涵，成为人为编写的灵异故事和意象固化的权力符号了，以其为考察对象难免出现张冠李戴、意义误释的情况。因此我们在研究先秦儒家神道观时特别注重先秦时期的文献资料和时代较为接近的汉代典籍。另外，有一些文献虽然其成书的时间跨度相对较长，资料来源比较庞杂，但其所反映的儒家思想又很有共性或代表性，这类文献在使用中就尽量选择与先秦其他文献可相印证的部分，在保证资料有效性的基础上展开论述。以《孔丛子》为例，该书记载了从孔子至其二十代孙孔季彦的孔氏子孙后学的言行，时代跨越四百余年，初步成书于秦汉之际，在汉代又有编纂，其中诸多材料与先秦相同相近，“《孔丛子》记子思，与先秦其他典籍如《文子》《邓析子》《子华子》《慎子》《尸子》等皆有雷同；记载子高的材料，与三《礼》《孟子》《荀子》《韩非子》《吕氏春秋》等多有雷同”①。利用这些相关和近似的材料便可透过表面的差异性探寻共性，进而从中撷取精华以考察儒家思想。

其三，传世文献与出土文献的综合运用。随着考古事业的发展与学术关注度的不断提升，大量简牍和帛书的出土给众多研究领域提供了珍贵资料，在一定程度上助益了学术史的完善和改写，也为解决儒学公案做好了

① 孙少华：《〈孔丛子〉与秦汉子书学术传统》，中国社会科学出版社2015年版，第2页。

准备，其重要性自不待言。如，李学勤根据马王堆汉墓出土帛书《要》篇记载的孔子晚年研究《周易》的情况提出："孔子所述《易》道，由门弟子笔录、整理，不断补充发展，成为《易传》主要内容。" "孔子之于《周易》不只是读者，而是一定意义上的作者。"① 用出土文献进一步证实了孔子与《周易》的密切关系。又如，深入解读郭店楚简中的大批先秦儒家文献，有助于深度回溯儒家思想的来源，重新审视孔子与早期经典的关系，并进一步梳理先秦儒家的发展脉络。再如，上博简《鲁邦大旱》载孔子论鲁国大旱的症结在于当政者刑德失当，主张正刑德，并用玉帛向山川祷祝，这是对传统礼仪的承袭，也是对民众的安抚，还是对鬼神信仰的辩证运用。此篇所载内容可以作为孔子政治思想、鬼神观念的重要补充。值得注意的是出土文献虽然具有原始性、珍稀性、独立性等优势，但也有偶然性、断裂性、片段性等不足，因而它们所展现的只是历史与文化中被遗留的一部分，既不能代表当时整体的学术风气，也不能构建出全新的发展体系，所以在运用出土文献时不能无视和否定传世文献，应将二者结合考察。

总之，本书力求尽可能地甄选和运用好文献资料，从文献本身出发，做符合材料实际的研究，希望在此基础上获得真实有效的结论，进一步启发该论题的深入思考。

三 选题意义与研究目的

"先秦儒家神道观"这一论题虽不乏前代学者的探讨和当今学人的关注，但仍没有得到足够的重视，既是先秦儒家研究的薄弱环节，也是早期神话传说、神圣信仰和文化心理等领域被忽略的部分。其中原因是多方面的，最主要的有三点。其一，"子不语怪力乱神"与"敬鬼神而远之"的长期误读催生出一种观念，即认为先秦儒家在意的是人生与社会，其思考核心是历史、政治与现实价值，对鬼神灵异之说并无兴趣，这便忽略了儒者精神领域的信仰，即在神道观念影响下的对整个宇宙的理解。其二，对先秦儒家思想学说的固化理解。汉代独尊儒术的文化导向使儒学被奉上神坛，对先秦儒家经典的解说成为思想文化领域的至高命题，但经学大昌多

① 李学勤：《简帛佚籍与学术史》，江西教育出版社 2001 年版，第 259、262 页。

得益于论经解经的纵深发展，而横向解读经典因有违师法或传统而被斥为异端，再加上统治阶层需要以儒家学说指导现实，因而对于先秦儒家的思想和学说的讨论也多围绕着为政理民展开。同时，今古文之争推动经学在绝对话语权的争夺中走向极端，天人感应被发挥到极致，谶纬大盛后更引起了学理上的反弹，神鬼之说都被斥为无妄，先秦儒家的神道观念也就顺势被隐匿于论经的声浪中了。其三，先秦儒家神道观这一命题的归纳总结有一定难度。神话传说、神圣仪式、意蕴象征这些神道观念的组成部分无处不在，总是潜移默化地影响着儒者对于外界的认识与态度，彰显着他们的心理变化和文化思想，但它们又多呈现出零散的、隐晦的形态，儒家从未有一位学者、一个发展时段专注于探讨神秘信仰，更没有一部儒家典籍以记录神话传说为己任，这就使得宏观系统地观照儒家神道观成为一个难题。并且反映先秦儒家思想的经典文献内涵丰富、信息量极大，对其进行解析爬梳是一项繁重复杂的工作，从中获得有价值的关于先秦儒家神道观的信息并挖掘其深刻意义颇为不易。从多维视角出发系统总结先秦儒家神道观虽然要面对这样或那样的难题，但学术发展空间较大且颇具价值，因为这不仅是一个阶段性的、范围限定的学术问题，更是一种思想史和文化史的回顾与反思。神话传说、神灵观念、宗教仪式与先秦儒家思想的结合体影响了中华民族文化特质的形成，培养了中国社会尊祖敬宗、崇德尚礼、求中重和、承天推圣的基本精神。先秦儒家神道观研究不但裨助于先秦儒学的考察，也有助于中国古代神话流变的考溯、礼典仪式内涵的探寻与象征符号含义的挖掘，还对理解华夏文化品格与学术历史传承具有重要意义。

本书的研究目的是通过探究先秦儒家神道观，揭示先秦儒家被人遗忘和忽略的一面，凸显神话传说、鬼神观念、宗教仪式、巫术传统对儒家基本精神产生的影响；同时，明确先秦儒家如何在神话传说的传述、天道天命的讨论、圣人王道的追寻、神圣象征的解释中寄托自身信仰和理念。具体来说，本书的主要研究目的如下：

一是从宏观角度认识神话传说、神圣仪典与神灵观念对先秦儒家的影响。儒家思想上通帝王、下涉黎民，具有极强的包容性和复杂性，而其之所以能够形成内蕴深厚且理论丰富的思想体系，就在于能从以往的文化积淀中获取养料，神话传说、神圣仪典与神灵观念的存在恰恰成为先秦儒家保持生命力的重要动源。神话传说中出现过的各类神祇形象和神异情节，神圣仪典展现的巫术仪式、原始信仰和宗教氛围，以及神灵观念衍生的人神交通意识与万物相关思想，都深刻地影响着先秦儒家，使之关注历史、礼典与人的价值，也使之与生俱来地具有肃穆感和命运感。儒家思想有神话与宗教的内容，亦以理性特征闻名，在某种程度上说，正是儒学的这种矛盾性让它成为兼容并包的博大思想体系，成为具有神圣力量的正统学说。因而，从宏观角度关注并探讨神话传说与神话思维对先秦儒家的影响，理解神圣仪典与礼乐之制的交互关系，认知神灵观念的渗透和转化之于先秦儒家思想特征形成的作用，是我们的研究目的之一。

二是解析先秦儒家学说通见及核心理念中蕴含的神道观念。研究一派学说或一种思想体系，不但要从宏观上加以把握，了解影响其特征形成的外在因素，也要认知其内部构成成分及彼此互动关系，对该思想体系的学说通见和核心理念作深入透彻地分析，只有宏观与微观相结合才能全方位掌握其思想与学说的精髓。研究先秦儒家神道观尤其应该注重这一点，对其作总体与部分的双向考察，在宏观上肯定和总结前代思想、文化与心理的影响，在微观上研究其思想体系中的具体学说和核心理念，剖析内蕴、解构阐论。这样对先秦儒家神道观的分析才不会流于表面，也才能明晰先秦儒家如何将神灵信仰、时代环境、思维演化内化为自身学说的一部分，并从中生发出新的思想与观念。例如，先秦儒家如何突破小我从更玄奥深邃的视角看待问题，即以天命为基点看待人生社会，如何运用天命警示人民、用天德教导人民、用天道引导人民？“神”与“圣”的意义是什么，先秦儒者如何将二者融合，创造出既神又圣、且神且人的圣王来？孔子对鬼神灵怪持怎样的态度，先秦儒家在通过敬奉神灵实现鬼神世界与现实人生的交融方面做了哪些努力？“礼”与“乐”怎样摆脱原始宗教与巫术的枷锁，在儒家设定的兼容理性与狂热的框架里营造氛围、规范行为？先秦儒家又是如何利用物象符号演示自己的政治观、宇宙观和人生观？上述种种问题的解答，最终都要回归到对先秦儒家学说通见及核心理念的探讨，回答这些问题，并明晰其中展现了怎样的神道观，神道思想又如何融入并内化，是我们的又一个研究目的。

三是关注先秦儒家神道观的发展演变轨迹，明确先秦儒家神道观如何影响了神话传说、神圣仪式、象征符号的内在意涵和表达方式。先秦儒家思想的孕育、产生、发展经历了一个漫长的过程，在这一过程中形成了一些核心理念，它们是儒之所以为儒的原因和标志。但这些学说理念生成后并非一成不变，而是随着历史演进、社会发展不断地发生变化，如孔子之“天”与孟子之“天”、荀子之“天”的意义并非完全相同；先秦儒者认可的神祇与后世的鬼怪神灵的指代范围也不同；西周之“礼”与先秦儒家之“礼”又不尽一致；“圣王”的身份特征与社会价值也因时变迁。因此，我们应注意用发展的眼光看待先秦儒家神道观，在时代变迁中、在历史话语里、在文化演进中考察先秦儒家神道观的演变。在先秦儒家神道观演变的过程中，其之于神话传说、礼典仪式、象征隐喻等也产生着种种作用，促进其内在意蕴和表达方式产生变化。先秦儒家将神秘思维转化为神圣思维，推动荒诞的、不讲逻辑的、不重关联的原始神话变为具有理性色彩的、符合因果关系的、有世系联系的文明神话，圣王有了匹敌英雄的神绩，英勇神祇被赋予了人世的名号，神祇诞生也与人间血脉产生了联系。以孔子为代表的先秦儒者对神话传说的解读又推进了神话历史化的进程，引导中国古代神话在汉以后的发展中逐渐向古史传说方向演进。先秦儒家还将从宗教、巫术发展而来的仪式变得更加规范、神圣，使之从仪式演化为仪典，在一定程度上改变了仪式的意涵，增强了其神道设教的影响力。另外，在先秦儒家的筛选、转化与运用中，祥瑞象征的符号形式与内在意蕴也发生了一定的变化。因而，明晰先秦儒家神道观的演变过程，以及这种演变如何作用于神话、仪式与象征三要素，也是本书的研究目的之一。

四是考察先秦儒家神道观生成与发展的文化环境。所有观念的产生与演变都发生在特定的时代背景里和文化语境中，随着政治经济、历史文化、人口环境等因素的改变，思想与观念本身也相应发生变化。我们要关注先秦儒家形成与发展的大背景与大环境，只有在更广阔的视域下考察先秦儒家神道观，才能真正理解其内涵，明晰神道设教的引导力，感受儒家思想亘古传承的精神与活力；也只有从宏观上把握儒家思想发生、发展的深层原因及其特征，才能在文化演变的过程中勾勒出儒者的心路历程，挖掘出其学说背后的文化意义和历史价值。理念与信仰都隶属于一个整体的文化与知识结构，并在这一结构中体现自身意义，所以要理解先秦儒家的任何具体观念都要先去理解它所附着的结构，对民族文化心理及先秦时期的社会状态有所认识。故而考察并理解先秦儒家神道观生成与发展的文化环境也是我们的研究目的。

神话、仪式与象征是原始文化的重要组成部分，中国先秦时期思想家均受到其所蕴涵的基本精神的影响，并在此基础上形成了各自的神道观念。考察神道观是认识各家知识体系和文化见解的必由之路，可以为理解其思想特质和价值观念提供独特视角，因此，理解先秦儒家就不能不探究其神道观。同时，先秦儒家不但保留了神话传说的内容，并在一定程度上影响了中国神话流变的进程，也改变了礼典仪式的外在形制和内在意涵，更丰富了文化语境中的象征符号和隐喻喻体。因而，认知中国早期文化特质离不开对先秦儒家神道观的考论。无论从神话研究的角度还是从先秦学术研究的角度来看，探究先秦儒家神道观都意义重大，这有助于认知先秦时期的社会文化风貌，明晰上古神话传说的呈现形态、主要特征、发展动力与演进轨迹，也能彰显儒家深层心理结构和思维特点。

第一章　先秦儒家神道观的生成及展现

一个民族的思考方式和文化心理根源于其童年时期的原始信仰与神秘思维，而原始信仰与神秘思维又常常以神话、仪式与象征的形式被具象化地表达出来，因而认识它们并理解其中蕴含的意义便是开启历史记忆、感受族群心理、明晰宇宙观念的钥匙。神话，特别是面貌朴野、意涵深刻的上古神话不仅仅在记载、流传、演变的过程中展示着神祇形象与奇幻情节，还将其意蕴融于与之关联的各类事物与现象中，彰显其作为文化载体的重要价值。仪式，特别是源于原始宗教信仰的仪式，通过崇拜偶像的设立、仪式的展演表达对于宇宙的理解和对于神灵世界的敬畏。象征，利用蕴含意义的符号以标记对时空、万物的感知和态度。透过上古神话、神圣仪式与象征符号人们看到的是信仰，是历史，是自然，是人世，也是文明的演进、学术的发展与文化特质的生成。东周时期，随着文化的下移、理性的觉醒与士阶层的崛起，中国传统学术迎来了真正的奠基期，神话、仪式与象征便于此时成为诸子持论立说的重要依据。诸家在应用方式上风格各异：有些直接拿来，稍加改动变为符合彼时认知水平与现实逻辑的样子，如道家“浑沌”之说、阴阳家的测算规矩；有些则大幅变化，变形、拼凑出一个新的面貌以适应自身的学说体系，如法家禅争之论；有些则深深潜藏，以形象要素、思维方式、神圣仪典等不同形态转化为自身学说的一部分，儒家神道观的生成与展示便是典型代表。

儒本源于巫，与神话流传、神圣仪式与神灵信仰有着天然联系，按理应是先秦诸子之中大书特书神话、交通神灵的一派，但先秦儒家却以“不语怪力乱神”著称，似乎隔绝了与神灵世界的联系而只专注于人世社会，被视为由圣入俗的成功范例，千百年来被标榜为体现世俗理性与关注政德人生的学派。而当拉开仁德、礼义、王政等一层层虚拢的帷幕时，看到的却是儒家巧妙地将神圣信仰转换为人世崇拜、将神秘思维转换为学术语言，理智客观而又深刻隐晦地叙述神话、展演仪式、展示神圣形象。真正的儒家从来不是纯粹的世俗之说，也不是超然的物外之学，先秦儒家勾连天人，平衡着统治阶层与百姓平民，其理论体系内既有上层知识分子的理性觉醒，亦有下层人民积淀千年的文化定式，既有神话传说的渊源，亦有哲思论辩的精神，而理解其关节点——神道观——便可打通个中关隘。儒家神道观的产生源于其对鬼神的态度、对天人关系的思考、对神话传说的讲述，当这些与历史、现实、理性融会在一起生成了神道观念时，不雅驯的神话、将信仰具象化的仪式以及浓缩了神圣意涵的象征都有了更多诉之于口、书之于文、行之于事的机会，儒家学说也有了更久远的渊源和更深刻的内涵。神道观念的存在使得下涉人世上关天命的儒家思想成为神人沟通的纽带。

神灵观念与人世关怀的矛盾、理性主义与超自然假设的矛盾并未给儒学的发展壮大制造严重的障碍，在某种程度上说，正是儒学的这种矛盾性让它能够成为兼容并包的博大体系，成为具有神圣力量的正统学说。诸多矛盾没能进一步发展为不可调和的冲突，也没有在短时期内出现其中一方完全压倒另一方的现象，便是神道观念平衡作用的结果。神道观念的存在为先秦儒家形而上的神圣信仰保留了生存的土壤，也引导其形而下的人世之论发展为通行的精英学说。考察先秦儒家神道观念，不仅仅是对神道观本身的分析，亦是对儒家学术思想与古代神话传说的交互关系的讨论，更是对先秦儒家文化特质的探寻。

第一节　先秦儒家神道观的生成

儒家学说历史悠久，影响到中国礼乐文明、道德伦理、思维方式及价值观念等方方面面，并因主导中华文化两千余年而凝结为一种心理定势和文化基因，被中华儿女世代传承。随着儒学发展为经学，说经解经之风长盛不衰，由数代儒生承续下来的儒学越发向着内指性的纵深方向发展，而缺乏外指性的横阔方向延伸，人们很少开辟理解儒学精神的新途径。现如今如何扩大考察视域、突破旧的学术取向局限，对儒学的理论内涵与精神信仰作深度探讨和价值重估成为当代学人的研究重点之一。因此，长期以来儒家思想中被遗忘、忽略和误解的部分，有了被全面认识和重新考察的机会，先秦儒家神道观便成为一个被认真讨论的问题了。“子不语怪力乱神”“敬鬼神而远之”一类的记述曾误导过人，使人们认为关心社会政治、讲究人伦理性的儒家缺乏神圣信仰、脱离原始思维，也不热衷形而上的叙述与思考，再加之孔子对“黄帝四面”“夔一足”的解释，更让人们视先秦儒家为上古神话散落、遗失的始作俑者，进而将儒家剥离于“神道设教”之外。而通过考察先秦儒家神道观，可以纠正以往的偏见，获得全新的更符合儒家思想原旨的新认识。

何谓“神道观”？《周易·观》卦辞：“观，盥而不荐，有孚颙若。”《彖传》：“观天之神道，而四时不忒，圣人以神道设教，而天下服矣。”孔颖达疏：“神道者，微妙无方，理不可知，目不可见，不知所以然而然，谓之‘神道’，而四时之节气见矣。”所谓的“神”，简而言之就是“微妙无方”的存在，“神道”是这种神秘存在的规律和道理。由此生发出的“神道观”可解释为人们对鬼神的态度、对神秘思维的掌控、对神圣信仰的皈依、对宇宙规律的认知总结，以及在此基础上展现出来的思想特质和行为。神道观，是理性与感性交融的产物，是神秘思维向世俗认知转化的结果，它不仅包括对神灵的认识、沟通人神的努力以及将信仰与现实相衔接的心理，也包括神道设教的实践，即以鬼神信仰为基础发展出来的统治阶层用于理政安民的手段与知识精英阶层用以教化民众的方式。

神道观的产生、系统化及保持相对稳定需要满足一定条件，先秦儒家便在满足这些条件的前提下融合自身特色生成了独特的神道观。

首先，鬼神观念、原始宗教信仰及神秘思维方式的存留。鬼神观念是神道观产生的前提，当人开始有了“人”的意识后便将自己剥离于自然界，当人有了“我”的意识后又将自身与他者置于一种潜在的需求关系中，因而在先民有能力创造出一个神灵世界的时候，便在与这个世界自然分离的同时又产生与之呼应的渴望。承认鬼神的存在、对鬼神有一定的主观态度，才会产生以鬼神意识为核心的神道观来。随着神灵观念被普遍接受，当鬼神形象由模糊变为清晰、由意象变为形象后，人们便有了设立偶像并为之确定层级身份的想法，鬼神由若有似无的存在变为确定性的群体，再加上对生命来源的好奇、对死后世界的敬畏、对时空的探索，原始宗教信仰就此建立起来了。展示神灵崇拜行为的仪式活动与表述神灵事迹的神话融入进来后，又共同组成了秩序化的信仰世界。秩序化的信仰世界不会因文明的进步而轰然坍塌，它所支持的、涵盖的不是文化中孤立绝缘的一部分，而是整个文化体系和思想根基，这使得受其影响者即便身处世俗，即便理性觉醒，仍旧不会只关注自然和人间，毕竟最早的天人关系的讨论、时空秩序的探寻以及世俗体系与神灵观念的匹配都来源于此，他们仍会在一定程度上延续原始宗教信仰，并将之内化为自身理念的一部分。内化的过程便是神道观形成与转化的过程。在神秘、崇高的神祇之外，共同支撑着神灵世界的还有植物、动物、天象等各类物象，它们在神能与神格方面低于有伟大功绩和史实遗痕的神祇，但有很强的原始性和稳定性，可以明确而清晰地将信仰、认知等转换为具体象征符号。在先秦相当长的一段时期里，它们都是作为久远观念与记忆的载体而出现的，解读这些象征符号或赋予它们新的意义，是神道观发挥其实际作用的重要方式。

神道观的形成需要特殊的思维方式。“对原始思维来说，一切都是奇迹，或者更正确地说，一切又都不是奇迹；因而，一切都是可信的，没有什么东西是不可能或者荒谬的。”① 对荒诞的、未知的、偶然的事物都报以理解和接受的态度。神道观的思维方式根源于原始思维，但又比原始思维多了些因果、联系和方法论的内容，更具有规律性。神道观虽直面鬼神，但又不完全依靠和信赖鬼神，而是注重人的价值和体验；神道观虽相信神异，但又认同事物之间逻辑的、普遍的关联。因而促进神道观形成的思维方式，是一种半原始、半理性的思维，是一种既从现实出发又融入鬼神世界的神秘思维。神秘思维的引导与梳理，使零碎的、模糊的要素被整合起来构成一个认知体系，该体系最终将神道观塑造成型，并使之内含丰富又灵活变通。鬼神观念、原始宗教信仰及神秘思维方式的存续、遗留和运用为先秦儒家神道观的生成奠定了坚实基础。

其次，神话传说的书写及改造。“神话”一词来自古希腊语 mythos，原意为“传说”或“故事”，先是从西欧被翻译到日本，然后于 20 世纪初由日本传入我国。虽然神话并非中国传统学术与文化中的原生概念，但这并不代表中国古代没有神话，也不代表中国神话起源晚近，事实证明，广袤的华夏大地创造、流传着丰富的自源神话，这些神话不仅自成系统，还以生动的神祇形象、完整的神灵故事影响着世人对神灵世界的认识。对神

① ［法］列维·布留尔：《原始思维》，丁由译，商务印书馆 1981 年版，第 444 页。

话的关注是神道观系统化的前提，对神话的书写是神道观具象化的重要方式，以何种态度处理神话是考察神道观精神内核的关键。从看待神话传说的视角和观点、运用神话传说的场合和方式便可知神祇故事对神道观产生了怎样的影响，甚至可以说没有神话传说的讲述和改造就没有独立而系统的神道观。

先秦儒家学说体系中总闪现神话传说的影子，圣王的感生神话、尧舜禹的禅让传说、黄帝四面的政治神话、五帝谱系神话……诸如此类都存在于儒者的论说中，它们是儒家用以阐释自身学说的例证，也是儒者用以追忆往昔的载体，还是儒家用自身观念改造信仰遗存和文化产物的实践对象。在先秦诸子之中，儒家没有被视为讲故事的高手，它既不擅长将神话传说转化为玄之又玄的哲理，也不善于将神话传说变为市井间的故事，但它能从自身视角出发将神话传说的核心要义提炼出来，使之与现实、历史发生联系，并以追忆往昔、慨叹往古的形式进行表述，由此，神话从朴野的欢歌变作神圣的吟唱，儒者从冷漠的观者变作热忱的颂者，或许儒家才最懂如何叙述神话，或许这就是所谓的大巧若拙。此外，不进入神圣谱系的神祇对先秦儒家神道观影响较小，一般不会被儒家纳入到论说系统中，在儒者看来鬼怪与地位较低的神祇虽也被民众信奉，具有一定的群众基础和民俗积淀，但因它们缺乏伟大的功业和高贵的身份而在作为例证时没有太大的说服力，所以先秦儒家一方面肯定这些神鬼故事在神道设教方面的作用，另一方面积极抬升文化英雄、圣王古帝的地位，进而形成自己的神话传说叙述风格和神祇崇拜系统。神话情节的描述、神祇形象的树立、神话与现实的关联都彰显了先秦儒家神道观的独特性：既来源于神灵信仰和神话叙述，又潜沉入人间世俗和历史事实；既肯定神话传说的神道设教价值，又用理性对其加以逻辑的改造。先秦诸子论说无一不涉及神话，对其发展流变都起到了相应的推动作用，但相较而言，先秦儒家对神话历史化的影响最大，无论是高高在上的黄帝还是属于怪兽的夔，在孔子的口中都变成了有政治作为的古史人物，而尧、舜、禹这样充满神性光辉的圣王也在孟子的论说中成为孝行典范、仁德之君。三皇五帝本就带有史影，在儒者的改造中他们就真的成为圣明的、代际关系清晰的君王了。神话历史化的过程，也是先秦儒家神道观的外化过程，儒者在改造神话的同时将自己的态度直接表达了出来。

再次，学派自身的渊源、属性与能力。古老时期遗留下来的文化信息与心理意识能否被传承或被做何种程度的改变，很大程度上取决于接受方自身的属性和能力。鬼神观念、原始宗教信仰及神秘思维方式是神道观生成的基础，神话传说叙述与改造是促进神道观成熟的力量，而形成何种特质的神道观及怎样表现神道观却是由主张该神道观的群体所决定的，先秦儒家神道观的最终确立便是自我发育的结果。先秦儒家的文化渊源、学派属性、儒者的身份与能力共同生成了其独特的神道观。

春秋是政治制度、思想文化、风俗礼仪的变革期和整合期，在大破大立中很多文化景象和产物没落消失，也有很多学派群体傲然崛起。先秦儒家就在周王朝衰败、礼乐崩坏的社会背景下发展起来，于百家争鸣中获得一席之地。儒家一派的兴起并非毫无根底地横空出世，以往的文化传统与思想积淀都为其诞生奠定了基础，儒者也并非经历了人格与事业的突然转变，他们过去的身份和职业已使之做好开宗立派的准备。胡适《说儒》如此界定“儒”这一群体：“儒是一个古宗教的教师，……丧礼是他们的专门，乐舞是他们的长技，教学是他们的职业，而乡人打鬼，国君求雨，他们也都有事……儒的职业需要博学多能，故广义的‘儒’为术士的通称。”[①]“术士”这种身份又是从古代巫师发展而来的，追根究底，儒本于远古巫觋。从沟通天地、请神降神的巫师，到行礼主祭、求风祈雨的方术之士，再到尊礼乐仁德、重王政民心的儒者，儒者身份生成的准备期与转化期竟然如此漫长。原始部落时期，巫觋地位十分崇高，他们是神灵的使者，依靠其上传下达的奇异功能在宗教仪式中扮演着非常重要的角色；他们又是社会的精英，占有大量的文化资源、具有更高的知识水平，其身份代表着社会权力，其思想被理解为信仰标准。随着时代的发展，神奇力量代言者与社会资源集合者的双重身份产生分化，一部分继续坚守巫的本业，但职能细化，成为卜、史、祝等；还有一部分人在保留职业知识技能的基础上，将目光对准人世伦理、政治统治、社会秩序与道德修养，成为文化学者。关注人世的这些文化学者将曾经充斥于心的神灵观念隐匿于思想的一个角落，理性的觉醒成为他们高歌于世的主旋律，但神道与人道在其灵魂深处始终纠缠着、此消彼长，他们努力使二者融合并将之改头换面以被人接受的形式表现出来，这就是最初的儒者，先秦儒家无名而伟大的先驱。

① 胡适：《说儒》，载庞朴等编《先秦儒家研究》，湖北教育出版社 2003 年版，第 191—192 页。

孔子的出现并没有终结原始儒者的生活状态，沟通人神、祈福禳祸依旧是他们的价值体现，孔子又如同部族大巫那样博学多闻，他洞悉“获麟”之哀，他知晓防风氏骨大盈车，他对由宗教仪式衍生的礼乐典制津津乐道，他对由群巫之长演化而成的圣人心生向往。先秦社会的基本神道观念与天命信仰依旧是儒之先驱与先秦儒者所坚持和固守的。只不过在孔子之后儒者有了自己颇成体系的人性认识、社会理念和政治论说，从而获得了独立的社会地位，开始用自己的理性思考获得统治阶层与普罗大众的认同和信任，不自觉地将自己视为理性的代言人和社会生活的指导者。但儒者的前身毕竟是具有很强神秘意味的巫觋，因此，即便儒者在东周时期学术下移与阶层变动的社会环境下改头换面，有了新的身份、理想与学说体系，他们仍旧不能完全摒弃以往的种种，对神灵的关注是铭刻在他们基因中的编码，从他们的身份出发探究儒者的神道观是有因可循的。

从春秋到战国，中国社会分层最突出的变化便是“士”阶层的崛起，这一阶层虽未曾真正拥有政治权力，但依靠强大的文化影响力形成了一个个派别，以自己的方式阐述着信仰、理念并传播着文化知识。先秦儒家便乘此东风迅速发展起来，在相对独立、自由的发展空间里，儒家承续旧有的知识和功能，并在经典中汲取养分，还根据现实的需要调整学说的内容和表达方式，最终成为具有一定思想话语权和社会影响力的一派。儒家学派的形成、壮大及延续使之有能力保持自身的思想与文化特质，知其所从出、明其之所去，进而将勾连天人、脉通圣俗的神道观发展为学说中稳定的、特色鲜明的且贯穿于整个体系的一部分。

最后，社会环境的影响与现实的需要。一种学说的发展、一个学派特质的形成要受所处时代的文化氛围、知识水平的影响，彼时人们普遍接受、理解和支持的观念必然被纳入其中，只有与文化环境和谐共生的学说才有生存和发展的空间。文化环境的形成要依托两个基本条件，一是历时文化成果的内在接受和转化，一是共时社会现实的外在要求。任何一种学说都不会凭空产生，它需要酝酿和积淀的过程，在这过程中旧有的已取得的文化成果、历史的记忆必然会在不同程度上被接受，这样的学说才是有本之木，也才具有自成一派的机会和能力。先秦诸子纷立之时，原始宗教观念和神话思维的影响虽不复往日盛景，但仍旧弥漫于整个社会，神灵信仰、巫术实践、宗教仪式、神话传说几乎无孔不入，在此种历史条件下，产生一种没有丝毫的驳杂与矛盾的纯理性主义的学说是不可能的。商周以来许多文化成果和思想理念被继承和发扬，对上帝的敬畏、对祖先的崇拜、对天命的信仰、对英雄的推崇……都存留在诸子之说中，成为学说的组成部分，并指导现实实践。诸子论争游说进一步激活了统治者对神人关系的再认识，统治者将自己视为神道的代表，以君主与大巫合体的身份存在于政权领域，即便此时其巫的性质已完全表现在与神沟通的能力，而非具体的巫术操作。而民众百姓的知识水平有限，无论在思想精英那里神灵世界发生了怎样的变革、“天”与“人”谁更具有主动性，民众的认知都无法脱离历史记忆与族群心理，天命鬼神依旧一直存在于其头脑中。先秦儒家自然会受时代环境与氛围的影响，在耳濡目染中，在学说演进中，显现原始宗教与神圣信仰的色彩，毕竟断绝与神灵世界的联系，就等于剪断了与社会、人群联结的纽带。另外，权力制衡、诸侯争霸、政权更迭的社会现实与理性觉醒、哲思深化的思想发展大势，也要求各种学说能够针对并解决现实问题。先秦儒家便调和折中，一方面坚持自身对人世的关注，另一方面塑造自己独特的神道观，使之能够连接圣俗，既有独立的视角和理论，又融合于整个学说体系。

儒家的思想观念具有矛盾性，它的现实理性是思维发展和文明进步的必然结果，它的神灵信仰是文化传统和时代风潮的烙印，二者共存且潜藏在思想体系的最深处。因此，神道与人道的互动、神圣与世俗的浑融、宗教与政治的协同才是先秦儒家的真正状态。不彻底的理性与不完全的信仰造就了兼容并包、博大精深同时又一直充斥着挣扎与矛盾的先秦儒家。

第二节　先秦儒家神道观的展现

神道观是以鬼神崇拜为基础，以神秘思维为核心，以原始宗教信仰为前提，以理性意识为导向，在多种因素的共同作用下形成的完整的神道意识：既关注神灵世界又关怀现实人生，既认可神灵信仰存在的价值意义又以理性思考指导应用，既心怀敬畏又有意识地疏离。当人们对想象的神灵世界加以整合、解说和评判时，当人们通过理解规则、感受氛围、获得护佑而接近这个神灵世界时，当人们想反向影响神灵世界并将之反馈到人类社会中时，种种思考和实践使得神道观由一种意识领域中的精神观念发展为可观可感的神道设教。因而，神道观既属于神圣信仰领域也属于现实人生领域，它既处于不可言说的精神层面又处于可以展示的实践层面。当然，神道观作为神道设教实践与鬼神思想的结合体，在先秦诸子学说中并不会以直白的形式呈现，这既与中国古代思想观念含蓄蕴藉的表达方式相关，也与神道观本身明崇神暗讲理、言语恭敬行为役使的特殊性相关，因而需要钩沉索隐、考辨探微。神话、仪式与象征便是神道观极具代表性的呈现载体和展示形式，它们分别从神祇形象展示、神异情节书写、神圣仪式展演和物象意义蕴藉等方面表达了神道观的内容和意义，一方面保持了神道观内涵的深邃与神秘，一方面又生动灵活地展现了其外在表象，使之即便历经岁月的风霜洗礼仍能以不同面貌存留内在的精神气韵。

一　神道设教的实践与鬼神思想的蕴含

先秦儒家神道观虽以“观”为名，却不是单纯指观念与思想，而是一个集合了神道设教实践操作与鬼神认知的综合概念，既包含行为的部分，也包含心理认知的部分。“神道”源于群体认知，是群体认知的提炼与上升，它又以“设教”的方式影响群体，是群体行为的重要驱动力。“即令是孔子大谈仁、义等道德观念的时候，即令是战国诸子对于神道进行理性探索的时候，‘神道设教’也并未退出历史舞台，而是依然在社会观念的厅堂上占据着重要位置，而非只有一席之地。”[①] 先秦儒家通过神道设教以可观、可感的形式将自身对鬼神世界的认知、对神秘信仰的转化展现了出来。

马王堆汉墓帛书《要》篇引孔子言：“吾求其德而已，吾与史巫同途而殊归者也。”[②]《论语·子路》中孔子又很认同有“恒德”方可作巫医的看法，其自身追求的就是恒德，强调“不恒其德，或承之羞”。孔子作为儒家立派之宗，承认自身与巫史具有一定的共性，这种共性令以孔子为代表的先秦儒者虽然不以占卜、祷祝、观测为事业重心，但仍十分关注神灵世界，并将与神的交通视为自身能力的一部分。《孔子家语·问礼》载孔子语：“夫礼初也，始诸饮食。太古之时，燔黍擘豚，污樽抔饮，蒉桴土

① 晁福林：《夏商西周史丛考》，商务印书馆2018年版，第1157页。
② 湖南省博物馆、复旦大学出土文献与古文字研究中心编纂，裘锡圭主编：《长沙马王堆汉墓简帛集成》（三），中华书局2014年版，第118页。

鼓，犹可以致敬鬼神。”[①] 古老的礼，本来自日常生活，只要心怀敬意，哪怕是仪式很简陋朴素，也可向鬼神表达敬意。如此关注“礼”的孔子，竟然能允许存在粗糙的礼仪形式，可见在其眼中心敬大于行谨，对敬鬼尊神的认同是由内生发的。当孔子弟子宰我说：“吾闻鬼神之名，不知其所谓。”孔子解释说：“气也者，神之盛也；魄也者，鬼之盛也。合鬼与神，教之至也。……因物之精，制为之极，明命鬼神，以为黔首则，百众以畏，万民以服。”（《礼记·祭义》）在这种思想引导下，先秦儒家很注重各种神灵信仰所起到的教化作用，因而上重敬神之礼、祠鬼之节，下重沟通之则、名实之称，其中尤以祭祀享神为重。《荀子·礼论》云：“祭者，志意思慕之情也，忠信爱敬之至矣，礼节文貌之盛矣，苟非圣人，莫之能知也。圣人明知之，士君子安行之，官人以为守，百姓以成俗。”[②] 祭祀之礼，不仅表达出了自身与鬼神世界沟通的意愿，也展示了自身对于鬼神的基本态度，还起到了规范人世的作用。儒家尊鬼神，所以孔子主张“祭如在，祭神如神在”（《论语·八佾》），又盛赞大禹“菲饮食而致孝乎鬼神”（《论语·泰伯》）；儒家又不耽于鬼神，所以从未将自身行事变为原始热烈的鬼神崇拜活动。在以祭祀为代表的各类仪式上，儒家积极参与，强调依礼而行，就是在以神道设教表达自己的神道观。

先秦儒家对鬼神心怀敬畏，但并不以神灵信仰为思想体系的核心，而是更倾向于专心解决关于人世的种种问题，并且其人本位的学说特质也不允许它流于虚妄，所以先秦儒家学说涉及鬼神处多是含蓄的、指代的与隐喻的。既不能否认和忘却鬼神思想和原始信仰对自身的影响，又不能将其表现得太过突出和直白，先秦儒家就将其融入“核心理念”与“学说通见”中，使之成为寄托鬼神观念的重要载体。所谓核心理念，是指在一种思想体系中关键和核心的学说概念，它们能直接、准确地代表这种思想学说的中心内容。对于儒家来说“天”“圣”“礼”等都是能反映其神道观的核心理念。所谓学说通见，是指在某个学术派别中，属于该派的学者一般都会探讨且主要观点保持基本一致的学说内容，这些基本观点和学说代表了该派思想中历史延传最久、最为稳固的部分，是此派明显区别于彼派的关键。对于儒家来说对圣人圣王的无限向往、对鬼神的敬畏、对天命天

① 高尚举、张滨郑、张燕校注：《孔子家语校注》卷1，中华书局2021年版，第61页。

② （清）王先谦：《荀子集解》卷13，沈啸寰、王星贤点校，中华书局2013年第2版，下册，第445页。

道的积极探寻、对礼典仪式的重视、对象征符号的应用等都属于其学说通见。在先秦儒家核心理念与学说通见中，原始宗教信仰、鬼魂神灵认知、神秘思维意识都改换成了适合该学派的样式出现于众人面前。如先秦儒家对天命与天道的阐论实际上就是在神话思维与理性思考的双重作用下进行的对宇宙本源和规律的探讨；对祭礼与丧礼的强调则是灵魂信仰的展示；对圣王的渴望与追求显示了他们心中对神祇英雄的敬畏；对龙、凤、麟形象的关注又体现了对瑞兽崇拜的有效利用。神圣信仰引导了儒家学说的基本取向，影响了儒家思想体系的建立，也促进了儒家核心理念的产生，使之形成了自身独特的神道观，同时，先秦儒家也运用神道观表达自己的思考、探索，对世界的认知、改造，对思想的提炼、升华。所以神道观之于先秦儒家既是核心理念与学说通见的因，又是核心理念与学说通见的果。

二　神道观外在表现的载体与媒介

神道观作为一种非实体的思想观念需要通过一定的外在形式展现出来，使人能够感受和认知，体悟和思索，神话、仪式与象征便是很有效的载体和媒介。

神话，特别是上古神话，是先民通过想象和联想创造出的朴拙、真挚、癫狂的精神世界的产物，是对人、自然与神灵的初步感知和集体思考的结果，是变形的历史记述，是错乱的内心感受，通过神话可以认识人类文化的演进历程和社会发展的一般规律。神话中包含着神灵信仰、图腾崇拜、交感巫术、生死意识等一系列与心理、知识、文化相关的部分，这些内容会在特定的历史与文化条件下经过改造和淬炼变为理论学说的组成部分，并将内在精神与意义融入其中。神话是神道观的直接组成元素，有了神祇形象的塑造、神话情节的描写，神道观念的形成才有了资料基础，神道观也才有机会由浅层的、偶然的、零碎的意识，发展为深层的、系统的、复杂的神道观念，是神话的原型、意象、母题和模式使神道观有了可供阐发的实质内容。神话又是神道观念的载体，当某一种学说将神话传说融入其中时，它并不是简单地截取、筛选和引用，而是对其进行一定的改造和整合，或是改变了其整体面貌，或是改写了其叙述模式，或是置换了其核心内涵，这就使得这些神话传说成为一种媒介，生动地展示着这个学说对天命鬼神、宗教信仰、原始文化的观点和态度。先秦儒家对感生神话的书写可为例证。上博简《子羔》一篇，记载了孔子与子羔的对话，当子羔问三王是人子还是天子时，孔子很清晰地叙述了禹、契、稷的感生神话，这显示了其时三代始祖无父感生的神话有完整遗存，且对儒家产生了影响，令孔门弟子有了人之子还是天之子的困惑，也使孔子能在论说中信手拈来引以为证，进而成为其阐释理念过程中不可或缺的一部分。另外，《子羔》篇中孔子提及禹、契、稷感生神话的根本目的是为谈以德为君和“善与善相授”的禅让做铺垫，因而必然会在引用神话时有所截取、保留和改动，这个过程也就展现了孔子的神道观念。先秦儒家的圣王传说也可资为例。圣王传说既蕴含了英雄史诗、战争神话、发明创造神话等要素，又蕴含了人神交通、天命天道的神圣信仰，还有巫术禁忌、物我转化的神秘观念。当先秦儒家将圣王传说作为论证仁政王道的论据，以其内容加深自身对往古历史与社会的认识时，神话传说对儒家的影响便自然呈现；当圣王形象经儒者塑造变得尽善尽美而被立为偶像时，先秦儒家神道观便随着神话传说的叙述与改造而展现出来。

先秦儒家对神话的改造，在一定程度上影响了中国神话的发展演变轨迹。先秦儒家转换神话思维、改写神话传说，将符合自己理念的部分予以保留，剔除或转化了与其思想体系无关乃至相悖的神话材料，进而形成了自身神道观的重要特征：既来源于神话又不局限于神话，既认同鬼神天命又强调人的力量，将神话思维与理论学说相结合，形成一套融合神话内容、神话思维与核心理念、学说通见的思想子系统。先秦儒家改造神话的主要方式是“神话历史化”与“神话实用化”。

对于何谓“神话历史化”，赵沛霖解释说：“所谓神话历史化就是把神话解释或还原为历史，把荒诞离奇的神话变成符合历史因果关系和某些神圣原则的往事，把超自然的神祇和英雄变成理想的圣君和贤相。神话历史化延续了千百年：从殷代萌发起经西周至春秋时代而结束。……神话历史化主要有两种形式：一种是把神话直接改变为历史；一种是保留神话片断，而把它解释为历史。”① 神话历史化是一种重要的文化现象，对此茅盾在较早时期就作了理论上的分析，提出原始的历史家“把神话里的神们都算作古代的帝皇，把那些神话当作历史抄了下来。所以他们也保存神话。他们抄录的时候，说不定也要随手改动几处，然而想来大概不至于很失原

① 赵沛霖：《论中国神话的历史命运》，《天津师大学报》（社会科学版）1997 年第 1 期。

样”，而半开明的历史家“便放手删削修改，结果成了他们看来是尚可示人的历史，但实际上既非真历史，也并且失去了真神话。所以他们只是修改神话，只是消灭神话”。[①] 以顾颉刚为代表的古史辨派指出神话历史化是通过将神话中的神灵人化，将神灵变为先祖圣王排入预先设定的谱系中，或是直接对神话作理性化的解读。1923 年，顾颉刚发表《与钱玄同先生论古史书》一文，提出：“禹是上帝派下来的神不是人。……至于禹从何而来？……我以为禹或是九鼎上铸的一种动物……流传到后来就成了真正的人王了。”[②] 以例证说明神话历史化的过程。

神话历史化是神话流传、神灵观念演变和历史意识发展的结果，是特定社会环境与文化条件影响下的产物，而不是仅凭个人之力就可掀起的浪潮，但先秦儒家在神话历史化的过程中确实起到了推波助澜乃至阶段性总结的作用。如果没有先秦儒家，神话历史化的道路走得不会如此顺畅；如果不是先秦儒家，神话历史化的进程不会如此完整；如果不是先秦儒家，神话历史化的影响不会如此深刻。或是为证明祖源和血统，或是为维护政治统治的需要，或是为消除神话自身的矛盾使之合于论说，先秦儒家将神话中的神祇形象排入一定的谱系和代际关系之中，并对他们的事迹加以改造，使许多本来就带有史影的神祇形象更加像一个实实在在的人物，进而用这样的人物品格和事迹来举例论证，毕竟相较于玄幻的不可捉摸的神祇，历史上真实存在过的人物的经历、思想和品德更具说服力。以孔子为代表的先秦儒者，一方面认同神灵信仰渊源有自，不能完全将其剥离于人的思想意识；另一方面又受理性精神的感召，无法将神话当作事实。这种矛盾性促使孔子在敬鬼神的同时，也毫不手软地做着改造神话、推动其历史化的工作。“孔子不但在历史上最先注意到神话历史化的现象，而且也是历史上第一个把它正式记录下来的人。例如，最先肯定有关尧、舜、禹的神话演变为历史传说，并最先作了正式记录的，不是别人，恰恰正是孔子。”[③]

在孔子之前，尧、舜、禹的形象虽带有原始族群首领的痕迹，但他们的故事仍具有鲜明的神话特征，不过到了春秋晚期，尧、舜、禹身上的神性渐渐淡去，他们的形象与事迹中增加了更多人间因素和社会历史特征。

---

① 茅盾：《茅盾说神话》，上海古籍出版社 1999 年版，第 20 页。
② 顾颉刚编著：《古史辨》（一），上海古籍出版社 1982 年版，第 62—63 页。
③ 赵沛霖：《孔子发现和肯定神话历史化的重大意义》，《贵州社会科学》1995 年第 3 期。

尧选贤任能，制定各种制度；舜躬耕历山，孝悌仁爱；禹专心治水，舍小家为大家……他们已经更像是具备崇高道德、理政爱民的人君了。除尧、舜、禹之外，孔子对其他神话形象的改造也颇为拿手，而其论说之语也成为人们分析儒家神话历史化改造活动的重要论据。如子贡向孔子问“黄帝四面”是否可信，孔子回答：“黄帝取合己者四人，使治四方，不谋而亲，不约而成，大有成功，此之谓四面也。”[①] 孔子直接将黄帝四张脸的神异形象解释为黄帝派使臣于四方，完全抹除了神话色彩，使之转化为古仁王理政的方法事迹。又，据《山海经·大荒东经》所记，“夔”本是流波山上的怪兽：“状如牛，苍身而无角，一足，出入水则必风雨，其光如日月，其声如雷，其名曰夔。”[②]《吕氏春秋·察传》则载：“鲁哀公问于孔子曰：‘乐正夔一足，信乎？’孔子曰：‘昔者舜欲以乐传教于天下，乃令重黎举夔于草莽之中而进之，舜以为乐正。……舜曰：“夫乐，天地之精也，得失之节也，故唯圣人为能和，乐之本也。夔能和之，以平天下，若夔者，一而足矣。”故曰夔一足，非一足也。’”[③] 原本形容神怪形象的“一只脚”（一足）最后被说成了“有一个就足够了”，以历史的眼光来改造神话的痕迹如此明显。孔子是殷周文化的继承者与集成者，他将“史文化”与“巫文化”融为一体，在折中与调和之间完成了神话的历史性转化，并且将其作为自己的论说武器。

比较早地集中阐释“神话实用化”的也是赵沛霖，他说：“所谓神话的实用化，是指以功利的态度对待神话，把神话所体现的超自然的神奇力量用于现实的目的，以满足人的主观需求（包括精神需求和物质需求）。神话实用化主要表现在两个方面：一、利用神话反映的事物之间的超现实的神秘联系，把它演变为预知未来的术数——物占，二、利用神话的超自然的神奇力量，把它派上某种具体的用场，使其在现实生活中发挥实际效用。”[④] 神话实用化有两方面的表现，第一方面解释了中国物占为何如此丰富、系统，没有神话的解说，就不可能产生星占、梦占、卜筮等一系列丰富物占，瑰丽多彩的神话将自身的一部分变成了神秘而模式化的预测手段。如，日食与月食被看作天对人间发出的兆示或警告，日与月的短暂消

---

① （清）汪继培辑：《尸子疏证》卷下，魏代富疏证，凤凰出版社 2018 年版，第 94 页。

② 袁珂校注：《山海经校注》（增补修订本），巴蜀书社 1993 年版，第 416 页。

③ 许维遹：《吕氏春秋集释》卷 22，梁运华整理，中华书局 2009 年版，下册，第 618 页。

④ 赵沛霖：《论中国神话的历史命运》，《天津师大学报》（社会科学版）1997 年第 1 期。

失预示着人间的暴乱与不平，这是因为日、月都有掌管的神祇，日月异象正是神祇愤怒与不满的标志。又如，在《诗经》《左传》《国语》等先秦典籍中就出现的二十八宿蕴含着神祇的形象与神话意义，于稍晚时期更与四象、四神相对应，形成关联体系，星陨星移都被视为与天意神旨相关。第二方面则为各类文化产物的神圣性找到了根本依据。各种记录历史、阐发思想、解释观念的典籍，各项治吏养民、协调社会关系的制度，各类连结人神、交通天地的礼仪，之所以能够被人们所认可，很重要的原因便是它们具备神圣价值和意义，神话传说便是其神圣性的来源。历史记忆因用神话讲述而化为神迹，典籍因由神祇书写制作而散发神性光辉，典制因由神祇发起而不可置疑，仪式因有神迹为证而更加庄严。如，禹堕山浚川平治水土，这个带有现实痕迹与历史要素的故事在神话视角的讲述中充满了神圣的光辉和神异的色彩，大禹不但获得了天帝的首肯和灵兽的帮助，还在与传说中的邪恶力量——共工——交锋中获胜。那些令今人感到荒诞离奇和难以置信的神话，对于古人来说却是亲切而自然的“真实的想象”。人们或者对这想象没有全然相信，但坚持认为它们与现实生活和历史有着千丝万缕的联系，在探寻未知和解释已知的过程中，神话是人们不能遗忘的实用证据。先秦儒家为了加强政治论说的神圣性，在神话实用化方面表现出了颇为积极的姿态，推动神道观从抽象的观念领域的思想发展为实用的现实领域的神道设教。

礼，是儒家思想体系的核心学说之一，包括礼仪和礼义两部分，前者以仪典、仪式的形式表现人们对日常生活、思想意识领域内各种规范的遵守和实行，后者则以认知观念的形式表现人们对人与人、人与自然、人与神关系的思考；前者以后者为精神内核，后者以前者为表达形式。儒家所崇之礼是在继承三代的基础上损益而成的，孔子曾说：“殷因于夏礼，所损益可知也；周因于殷礼，所损益可知也。其或继周者，虽百世，可知也。”（《论语·为政》）其中有延续以往的部分，也有革新增减的部分，总体上先秦儒家主张的礼是将神灵信仰、神秘思维、理性思考、道德评判及仪式行为融合在一起形成的符合时代与学说需求的新礼。儒者热衷于言礼、守礼、释礼，因为在儒家看来礼仪既是稳定政治秩序和加强社会统治的手段，也是表达自身神道观念的重要途径。在礼的承续与变化中，在各类礼乐仪式展演中，外在的神灵信仰被内化为观念精神。从原始巫术仪式到夏商宗教仪式，再到周代礼乐仪式，仪式的神秘性虽然逐渐削弱，但神圣性始终有所保留。同时，在东周时期儒家学说体系内道德、理性、人本等人文因素逐渐取代鬼神信仰而成为礼典仪式的核心，“宗教性和非宗教性的仪典形式逐步让位于德行精神的强调，礼仪文化逐渐转化，形式化的仪典文明渐渐转变为理性的政治思考和道德思考”①。这就使得夏商及之前以他者身份存在的“神”逐渐转化为意识精神本身，以超然外物的形式去影响人的方式已经不适用于东周时期的神道设教了，先秦儒家以礼典仪式展示其神道观时更为隐晦曲折，仪式的步骤、过程、进退行止都很少直白地与神灵偶像、原始信仰、神秘思维联系在一起，需要人们穿透外在表象去探幽索隐。

“夫礼，必本于天，肴于地，列于鬼神，达于丧、祭、射、御、冠、昏、朝、聘。故圣人以礼示之，故天下国家可得而正也。”（《礼记·礼运》）儒家所崇之礼分为两大层面，面对世俗的人间之礼与面对鬼神的神圣之礼，虽然对象范围和追求目标不同，但二者都有神圣信仰的根基，人间之礼是尊圣崇神基础上发展出来的人伦之则，神圣之礼是人与神交通的积极努力。在礼的语境中，仪式可以是神话的行为叙事、神灵信仰的具象化，也可以是神秘秩序的外在表现。如，禅让仪式就将禅让神话的内在意义和精神用行为活动的方式展现了出来。《尚书·尧典》：“帝曰：‘我其试哉！女于时，观厥刑于二女。’厘降二女于妫汭，嫔于虞。帝曰：‘钦哉！’”《舜典》：“慎微五典，五典克从。纳于百揆，百揆时叙。宾于四门，四门穆穆。纳于大麓，烈风雷雨弗迷。帝曰：‘格！汝舜。询事考言，乃言厎可绩，三载。汝陟帝位。’舜让于德，弗嗣。”② 在被历史化的禅让神话中，舜经历了重重考验才拥有妻子并真正受禅成王。这反映了在完整的禅让仪式上，受禅者往往要经历一定的考验，一方面让其提前体验到即位后要面对的危险与困难，提示其做好准备；一方面考验其实际能力，从而预判其将来能否承担领袖责任。舜经受的考验是一种“资格测试”和“能力确认”仪式，是对男性领导能力与管理权力的赋予和认可，是个体取得独立执政身份的必经之路，也是其融合于人群社会、获得与神灵沟通能力的基本要求。再如，婚礼仪式将对祖先神灵的信仰具象化了。婚姻

---

① 陈来：《古代思想文化的世界：春秋时代的宗教、伦理与社会思想》，生活·读书·新知三联书店 2009 年版，第 13 页。

② （清）阮元校刻：《十三经注疏·尚书正义》（清嘉庆刊本）卷2、卷3，中华书局2009 年影印本，第1册，第258、264 页。

"上以事宗庙，而下继后世"（《礼记·昏义》）。婚礼不仅仅是维系生产生活、稳定社会秩序的需要，也是承续祖先意志并不绝于祀的需要。成人的身份、完整的婚姻，使完成仪式的人具有了参与祭祀的权利和能力，等同于告知祖先神灵它们有了新的供祀的力量和群体，而这些都是以神灵信仰为前提的。仪式还对应着神秘秩序。天地相应，四方辐射，四季变迁配合东西南北，天象变化对应九州八方，尧舜禹汤代表唐虞夏商，理想世界中的空间秩序与传说中的历史顺序通过仪式展现并使人知悉。"秩序首先表现为一套仪式。……这套仪式把这种来自'宇宙'的自然秩序投射到'历史'的社会秩序之中，把人类社会的等级秩序在仪式上表现出来，并通过仪式赋予它与自然秩序一样的权威性和合理性，这样，仪式就有了特殊的意味。人们通过仪式与神圣发生关系，经由象征性的活动得到宇宙、天地、神祇的认可，人们也通过仪式与世俗发生关系，借助象征性的行为把天意、神意传达给世间，由它来强化人们对秩序的认同，也由它来表达超出自身能力的愿望。"① 在仪式中，那些被理性压抑的、被时代遮蔽的、被学说隐含的崇拜心理和信仰观念往往可以找到宣泄的出口。因而，考察儒家所引、所论、所行之礼典仪式，便是考察先秦儒家神道观的重要途径。

象征是展现先秦儒家神道观的又一重要载体。古代文化传承的物质媒介主要有三种：一是文本，简单说来即用文字书写的形式存留下来的文化信息；二是仪式，即通过秩序性、模仿性、程序性的行为展现文化意义；三是象征，即以物象、造型、绘图、雕塑等符号形式揭示文化精神。神道观的产生要求理性、文化发展到一定水平，只有在他者视野下对自我和神灵世界有全面的认识才能产生出系统的、有逻辑的观念来。同时，神道观从根本上又是在原始信仰的基础上发展起来的，其朴野的、本源的部分是其被称为"神道"的前提。当神秘思维演变为神圣思维之时，原始的部分总是要变形和流失，而将文化信息浓缩于具体而微的象征符号则于此时凸显了价值和意义。关于世界、关于自然、关于自我的基本幻想和想象可以熔炼为某种象征符号，通过象征符号可以感知比其外在表象更为复杂而深刻的意义。象征的符号形式是被人所熟知的，寓意又是被人们所认可的，它于表层曲折隐晦地暗示，又于深层深刻清晰地表达。先秦儒家具有明确的核心理念和承续性很强的学说通见，善于以婉曲的形式展现自身对神灵

① 葛兆光：《中国思想史》，复旦大学出版社2001年版，第1卷，第54页。

的信仰，又努力调和神道和人道的矛盾，因而象征是十分适用于儒家学说的。先秦儒家选择在公众信仰领域内被高度认可的象征符号并将其融入学说体系中，这一方面拉近了与学说接受者的距离，另一方面又完成了象征内涵的转变使之传递出更新、更复杂的信息，潜移默化中表达了自身的理念。

先秦儒家与鬼神世界、神圣信仰、神话思维相关的象征并不是很多，但其象征色彩非常鲜明，且在学说中有较强的一致性，可视为学说通见中的一部分。“至诚之道，可以前知。国家将兴，必有祯祥；国家将亡，必有妖孽。见乎蓍龟，动乎四体，祸福将至，善必先知之，不善必先知之，故至诚如神。”（《礼记·中庸》）在先秦儒家看来，嘉禾神木、瑞兽灵物、山川湖泽、星辰日月等都蕴藉着神秘的意涵。如祥禽瑞兽作为吉祥、美好的征兆不时出现在先秦儒家经典中：《诗经·周南·麟之趾》以麒麟为征祝愿多子多孙且有美德；孔子著《春秋》止于“西狩获麟”；《周易·乾》的爻辞以龙为喻说明事情发展的不同阶段；《大戴礼记·易本命》言凤凰为“有羽之虫”之长，指代俊伟的人才，也展示勃发的生命力。这些祥禽瑞兽的存在是万物有灵观念发展的产物，是原始动物崇拜文明化的结果。此外，隐喻着生命能量与规律准则的“水”也进入先秦儒家的物象体系中，以自然物的外在形式隐晦传达了儒者赋予它的信仰价值与社会意义。河图洛书更是作为一种神迹或神谕，展现了水的告谕之能。先秦儒家将此类象征与隐喻纳于论说之中，释放其承载的文化信息以表达自身的态度、观点，既容易引起思想共鸣，又避免被视为无端揣测。

先秦儒家神道观的生成是多方面因素共同作用和影响的结果。在精神层面，鬼神观念、原始宗教信仰及神秘思维方式的存续、遗留和运用为先秦儒家神道观的生成奠定了坚实的心理基础。在实践层面，先秦儒家在书写和改造神话传说的过程中，在展演仪式和运用象征的过程中，表达了自己的观点和态度，实现了神道观的外化。在文化层面，承续三代文明的文化根基，维护社会秩序并沟通天人的学派理想，以及源于巫的群体身份，令先秦儒家构建了独特的神道观念心理机制。在环境层面，东周时期的社会变迁和时代风貌使先秦儒家在耳濡目染中自动调节着人道与神道的平衡，形成了既能连接圣俗，又有独立视角，还能融合于整个学说体系的神道观。神道观作为神道设教实践与神灵信仰的结合体，需要通过一些明确的、可观可感的形式表达出来，而神话、仪式与象征便是最有效的载体和媒介。先秦儒家将神话的内容与意义融汇到自身学说之中，并通过神话历史化与神话实用化改造其形态，使之符合时代需求与民众心理，进而含蓄地表达儒者对神秘存在的理解、对人神关系的感悟，同时潜移默化地给予人们精神上的引导。通过礼典仪式，先秦儒家将人神交通的行为进一步程式化，将神祇崇拜行为理性化，在一定程度上保留了原始宗教和巫术创造出的氛围感，又将情绪的抒发与心灵的感悟神圣化。先秦儒者还将象征符号融入学说体系中，释放出其承载的文化信息进而表达自身思想。对先秦儒家来说，神道观既展现了其学说生成及演变的过程，也反映了儒者修身、治国、安民的不懈努力和追求。

第二章　天命信仰与天道观念

“天”的多重意涵，人与天的互动关系，是先秦儒家思想领域的重要命题。先秦儒者善于继承传统，以往将现实现象的产生因由归之于天的做法在儒家论说中可见痕迹，儒者又在敬天、祷天的基础上尝试总结出天人相通的规律，为汉代“天人感应”说的成熟奠定了基础。先秦儒者还善于因势而变，在理性觉醒的时代里、在积极参与政治的环境下，尽力明确人德与天道的交互关系，推动人进一步参与到天地变迁和时代命运中去。先秦儒家的“天”是复杂的、多层次的，也是变化的、充满活力的，它是自然界的天空，是神圣而不可比拟的主宰力量，是有意志的至高无上的人格神，也是放之四海皆准的道理与规律，这些意义或融合或拆解，总能在特定的环境与场合中展现出儒家的深刻哲思与悲天悯人情怀。先秦儒家以“天”为参照考察宇宙万物，以“天命”为基点看待人世社会，以“天道”为指归参悟法则规律。但由于先秦儒学的世俗价值和政治意义最被看重，使先秦儒者对天的敬畏与崇拜、对天命的抗争与顺从、对天道的探索与信赖，被忽略、被弱化、被曲解。先秦儒家更被烙印上不属于它的“超然理性”与“跨时代成熟”的虚假标记，儒者对“天”的论述逐渐被视为无神论的号角、人定胜天思想的先声。而当我们拨开历史的帷幕，修正歪曲的解读，去掉后世不断叠加的滤镜，就会发现先秦儒家所讲的“天命”与“天道”蕴含了久远的神秘思维，也寄托着神圣信仰。在感性的沉浸与虔诚的崇拜之后，儒者之“天”才变得与人间世俗密不可分，变得有理可循，也才在历代阐释中成为中国思想文化的重要论题之一。探讨先秦儒家的“天”的内蕴意义，感知先秦儒者对“天”的神圣性与神秘性的敬畏与信仰，理解先秦儒家将天道与人伦协调融合的积极努力，明晰先秦儒家发展“天”的意涵并将其纳入自身学说的价值，才能真正地把握儒家形而上的体悟，也才能以此为基础认识儒家神道思想的生发根由和展现形式。因此，要透视儒家神道观，就必须从“天”的信仰谈起。

第一节　天降之命与天规之道

一　“天”之意涵

《说文解字》：“天，颠也，至高无上。”“颠，顶也。”① 王国维《释天》：“古文天字本象人形，殷墟卜辞或作，盂鼎、大丰敦作，其首独巨。案：《说文》：‘天，颠也。’《易》睽六三，其人天且劓。马融亦释天为凿颠之刑。是天本谓人之颠顶，故象人形。”② “天”的本义指头顶，没有什么神秘寓意，后来意义扩大，为高于头顶的存在，特别是高于一切可见而不可触的苍穹便有了“天”的称谓。这时的天是自然界不可或缺的一部分，虽然高于人世，但仍是肉眼可见的现实存在，是人认识客观世界的重要对象。表示自然空间意义上的天再进一步发展又被赋予了神秘色彩，成为神灵居住之所，而居于其间的至高无上的帝便是天的形象代表。天帝的观念产生后，“天”既是一个实体的神灵活动空间，也是百神之长，前者是神性的天，后者是神灵的天。具备神圣价值和神秘意义的天，因其不可逾越的超然地位、关涉万物的影响力，很快超越了由图腾崇拜、自然崇拜、祖先崇拜发展起来的各类神祇，成为最有威力、神性最强的存在，凌驾于众神之上成为主宰万物之主。不过“天”最终没有代替某个具体神祇成为神系中的一员，它高于众神又隔绝于众神，是超然而异质的存在。“天”不仅仅是神圣神秘的，还可以是伦理道德的，或是规律逻辑的，最终“天”成为一种绝对的最高意志和严格的万物守则。一种学说如要知世论理离不开对“天”的探究，因而对“天”之意涵的概括不仅仅是对一个概念的认知，也是理解思想学说、把握文化动态的重要一环。

“天”的上述意涵在先秦文献中都有展示，我们尝试对其总结归纳以理清“天”的意义演变过程，也进而明晰“天”之于儒家学说的意义。冯

① （汉）许慎：《说文解字》（附检字）卷1上、卷9上，中华书局1963年影印本，第7、181页。

② 王国维：《观堂集林》（附别集）卷6，中华书局1959年版，上册，第282页。

友兰曾总结：“‘天’这个名词，至少有五种意义。一个意义是‘物质之天’……一个意义是‘主宰之天’或‘意志之天’……一个意义是‘命运之天’……一个是‘自然之天’……一个是‘义理之天’或‘道德之天’……”[①] 汤一介则将中国历史上的“天”归纳为如下三种涵义：“(1)主宰之天（有人格神义）；(2) 自然之天（有自然界义）；(3) 义理之天(有超越性义、道德义)。”[②] 日本学者池田知久对“天”的分类与汤一介相类，分为：“第一，作为巫术性、宗教性的主宰者或鬼神的‘天’。第二，作为哲学性、伦理性的规范或规律的‘天’。第三，作为科学性、物理性的天空或法则的‘天’。”[③] 晁福林则将先民对于“天”的认识经历归纳为：“自然之天”“神灵之天”“天命之天”“义理之天”几个阶段。[④]

我们在这些学者的分类与考论基础上，将“天”之意涵归纳为四种，一方面想要较为清晰地体现“天”的主要含义；另一方面，又尽量避免划分得过于琐碎或笼统，同时也与本书的论述主题紧密贴合。第一，“自然之天”，它是实际存在的物理空间，或是泛指广阔的苍穹，或是确指化雨降雪的来处，自然之天是客观可感的，是与大地遥遥相对的现实存在。儒家经典中“天大雷电以风”(《尚书·金縢》)，“宛彼鸣鸠，翰飞戾天”(《诗经·小雅·小宛》)，“飞龙在天，利见大人”(《周易·乾》) 等均取自然之天的意思。第二，“神灵之天”，它是充满神圣色彩与神秘力量的由精神意志和信仰崇拜所幻化出来的产物，它是神灵观念的心理寄托。它可以有具体的形态，是天帝，是众神之长；它也可以是飘忽无形、无所不在的纯粹意志。无论如何，神灵之天都是有主观控制力和意愿情绪的，它依仗自身无与伦比的神异力量、无上的权力和威严掌控万物。第三，“道德之天”，之所以将其从“义理之天”的意义中剥离出来并加以区分，一是与探讨先秦儒家天命信仰和天道观念这一主题相适应，因为相对于其他诸家，先秦儒家更为关注天的道德伦理意义；一是道德伦理性是由天生发出“天命”“天道”思想的重要条件。具有道德属性的天在人类社会脱离原始时期时仍以自身力量指引、教导人类，使天命和天道观念符合人们更为

① 冯友兰：《中国哲学史新编》，人民出版社 1982 年第 3 版，第 1 册，第 89 页。

② 汤一介：《儒学十论及外五篇》，北京大学出版社 2009 年版，第 29 页。

③ [日] 池田知久：《道家思想的新研究——以〈庄子〉为中心》，王启发、曹峰译，中州古籍出版社 2009 年版，第 364 页。

④ 晁福林：《夏商西周史丛考》，第 2 页。

成熟的心理认知，具有因果的意义和逻辑的价值。“德”又是天人沟通交流的桥梁，是天人和谐同律的媒介。天以德作为奖惩人的衡量标准，人以德作为承天命、通天道的手段，天德与人德彼此呼应、仿拟和交错。第四，“法则之天”，即有法则规律意义的天。“天”演化为宇宙间的普遍规律，此种意涵虽出现较晚，却将天抬升到前所未有的高度。随着知识的增长，对天体运行的认识进一步加深，人类意识到自己可以领悟天所蕴含的规律和秩序，天命与天道都被看作有理可据、有迹可循，于是被赋予宇宙法则和普遍规律意义的天出现了。“天”不再仅仅依靠人类的信仰和崇拜而保持威望，规则与规律的作用和价值使天充分参与到人类社会的发展中，变得更为理性和权威。

“天”的上述四种意义指向往往混融存在，不仅仅是同一个学派、同一部典籍，甚至同一句话中的“天”都可能有不同的意义。但整体上说，“天”的四种意涵又有一个大致的衍生顺序，并且在不同的历史时期、不同的学派著作、不同的文化氛围中，占据不同地位，发挥不同作用。明晰“天”之意涵的不断深化、升华，再对比诸多差异并解析其存在的内在原因，可以为理解先秦天命观的转变与天道理论的形成奠定基础。大致说来，“天”的意义经历了“自然之天→神灵之天→道德之天→法则之天”的发展历程，在与人的关系上也经历了“独立于人→凌驾于人→沟通于人→指导于人”的转变。在发展与转变的过程中被赋予神格意义的天的作用尤为明显，它将独立于人的自然之天拉入到人类的信仰体系中，凭借着宇宙主宰身份实现了物质与精神的连接，经由它的过渡人们对于天的理解由外化异己的存在转变为可以交流的对象，可以说正是神格意义的天维系了天的四种意义的平衡、互动与共存，它如同一种黏合剂，将脱离于人的自然与深植于心的信仰融合在一起，使自然的、神灵的、道德的和法则的含义错综复合。

先秦儒家思想领域中的“天”既与整个社会对天的认知有相同之处，又有自身的独特性。对天的认知是信仰领域中十分重要的部分，甚至可以说在非理性时代之后，天便是信仰的基石，是解说世间万物的最终归处，无天便无所谓时空，无天便辨不明人神。在人人信天、处处论天的环境中，先秦儒家自然不会少了对天的阐释，再加之先秦儒家本就意在通过天人关系以警醒世人，那么对天的理解便成为儒家学说不可或缺的内容。先秦儒家的“天”是极独特的，它既没有被发展成为一种玄之又玄的哲理，也没有被完全物化为客观的存在，更没有被等同于至高神祇或全部归于神秘世界，而是融合了神灵观念、祖先崇拜、道理法则、意志德行等诸多要素，被塑造成内涵丰富的意义综合体。将众人思想领域中的天内化为自己的天是先秦儒家思想体系形成过程中的关键一步，迈出这一步必然要经历理想与现实、主动与被动、理性与神思的矛盾冲突，在调和矛盾的过程中儒家的天命观与天道观得以生成，学说个性也得以凸显，神道观念也有了得以表达的凭借。

二　天命与天道

当人类的目光投向无际的蓝天，思维的触角伸向广阔的未知时，太阳、月亮、星星以及各种天象所象征的具体的、有限的、固化的神异力量已不足以使人无限崇拜，人们开始在具体事物之外做更抽象的思考，关注宏观的周期和普遍的秩序，进而产生了协调万物关系、成就宇宙变化的“天命”概念。所谓“天命”，是指在神灵之天信仰基础上形成的具有神秘必然性和神圣影响力的最高意志，它是上天赋予的既定命运，为人世所敬畏和遵守。对“神灵之天”意义的认识，再加上对“命”的解读，是理解“天命”的关键。在早期文献中，常用“令”解释“命”的意义。《尚书·说命上》：“臣下罔攸禀令。”传曰：“令，亦命也。”《周礼·夏官司马·大司马》：“犯令陵政则杜之。”注：“令，犹命也。”① 甲骨文“命”与“令”又是二字同源，写作一字。“令”在甲骨文中写作“”“”“”等形，“从亼从卩，亼即亼（今）之省，亼象木铎形，亼为铎身，其下之短横为铃舌。古人振铎以发号令，从卩乃以跪跽之人表受命之意”②。《说文解字》解释“令”字云：“发号也，从亼卪。”徐锴注云：“号令者，集而为之，卪，制也。”无论怎样解释其构形，“令”字表示发号施令的意义是毋庸置疑的，而由“令”引申出的“命”就带有强制性指令的意义，是不可抗拒的指示。“乃命羲和。”（《尚书·尧典》）“王三锡命。”（《周易·师》）“疾威上帝，其命多辟。”（《诗经·大雅·荡》）“宾退，必复命曰。”（《论语·乡党》）“方命虐民。”（《孟子·梁惠王下》）

① （清）阮元校刻：《十三经注疏·周礼注疏》（清嘉庆刊本）卷29，中华书局2009年影印本，第2册，第1803页。

② 徐中舒主编：《甲骨文字典》，四川出版集团、四川辞书出版社2014年第3版，第1000页。

上述语句中的“命”都取命令之义。既然“命”是指不得不接受的指令，当人类对一些关系到个人或整个社会发展走向的事件无能为力时，便将其归之于这种具有被动性、强迫性和预设性的命令，认为是由外在某种力量决定了发展的轨迹和最终的结局，命令由此变为不可反抗的命运。“天难谌，命靡常。”（《尚书·咸有一德》）“死生有命，富贵在天。”（《论语·颜渊》）“天命不彻，我不敢效我友自逸。”（《诗经·小雅·十月之交》）这些话语中提及的“命”即命运之意，且此命运的安排均来自“天”。“天”与“命”的组合，表达上天赋予的具有神圣意义的命令，是无法违背的命运，天的修饰限定作用强调了这种冥冥之中主导万事、支配万物的力量的神秘性和无法抗拒性。天之所命最具有威慑性也最难以捉摸，由此天命成为人们的最高信仰体系的核心，对于先秦儒家来说亦是如此。在神灵信仰融入天之探索的时代环境下，先秦儒者承续传统敬天畏天，同时发展天的理性意义，视天为生命和价值的源泉，天命便是由“天”这一外在崇高力量支配的既定命运，神圣而不可忤逆，神秘而关乎心灵。先秦儒家信仰体系中的天命肯定了天的至高地位，也展现了儒者对天的神圣意义的认可。

“天道”是从天之信仰引申出来的另一支。“天道”一词语出《周易·谦》的《彖传》：“谦，亨，天道下济而光明，地道卑而上行。”它是“法则之天”的精神内核与人们总结、推想出来的现实规律的结合体。天道观反映了人类对自然法则的认识，对社会普遍规律的把握，它以尊重天意和神圣信仰为基础，以现实观察和总结为参照，又以理性哲思为导向，最终形成了指导一切的天道观念。“道”本为道路之意，《说文解字》：“道，所行道也。从辵从首。一达谓之道。”“行道迟迟。”（《诗经·国风·谷风》）“道听而途说。”（《论语·阳货》）“千夫有浍，浍上有道，万夫有川，川上有路。”（《周礼·地官司徒·遂人》）如上词句中的“道”字都取道路本义。道路的功能是交通四方、除却阻隔，修建道路便有实现通达的意义，进一步发展就产生了“引导”“疏导”的意涵。“道之以政，齐之以刑，民免而无耻。”（《论语·为政》）即为此意。“导引”“疏导”追求的目标是使之有序，“道”便又引申出“方法”“规律”和“法则”的意义。如：“诞后稷之穑，有相之道。”（《诗经·大雅·生民》）“皇天用训厥道。”（《尚书·康王之诰》）“以顺为正者，妾妇之道也。”（《孟子·滕文公下》）“道”兼指自然规律与社会规律，因为所有规则和方法都是从一个基础生发而来，都归属于大的宇宙循环系统，所以“道”又代表了宇宙本体，是生发一切规律和事物的根源。具备如上意义的“道”与“法则之天”结合再自然不过了，“天道”的概念被赋予了宇宙法则的抽象内涵与宽广外延，展现了宇宙的终极意义与规律。天道的出现既肯定了天之神圣性与决定性，将之视为至高的道理，又在某种程度上避免了天命的偶然性和难以揣度，将规律、秩序与法则上升到了更高的地位。《左传》反复出现的“天道”一词，就多次展现了其理性与法则意义，如：“吾闻之，宋灾于是乎知有天道。”（《襄公九年》）①“楚克有之，天之道也。”（《昭公九年》）“岁及大梁，蔡复楚凶，天之道也。”（《昭公十一年》）“天道远，人道迩。”（《昭公十八年》）既然天道是具有道理与逻辑的客观法则，那么人就可以摆脱完全听命于天的被动状态，通过探索和归纳而理解它、认识它，进而有效地顺应它，甚至利用它。天道影响着人道，人道呼应着天道，人世社会的法则被凝练和提升，从而启发了对天之法则的表述，天之法则的包容性、变动性、适应性又规范着人世法则，使之获得更多理解和遵从。在天道的连接中，人与天前所未有的亲密；在天道的规范中，人又对天产生了超越神祇的由衷信赖与崇敬。因人道与天道具有极强的对应性，因而人们可以从认识人道中理解天道，发掘人自身的本性便是对天的积极认识，孟子就说：“尽其心者，知其性也，知其性则知天矣。存其心，养其性，所以事天也。”（《孟子·尽心上》）同时，人们在探寻天道的过程中，充分地发挥了人的主观能动性，在理解天道的努力中，也了解了人类自身。天道与人道的应和是天人合一思想的基础，也是中国文化中整个宇宙法则秩序的根源。

“天命”是天下达给人类的不可抗拒的命令，“天命观”就是对这种命令或命运的态度。“天道”是宇宙天地的法则与规律，“天道观”就是作为主体的人对外部世界法则秩序的认知与掌握。天命观与天道观是文化心理和精神信仰的重要内容，它们是人们在神灵崇拜和超自然精神的影响下形成的对宇宙自然、人世社会和人类自身的理解和认识。天命观与天道观的形成既是理性发展、哲学进步的里程碑，标志着人们学会了用关联的、逻辑的、秩序的方式去思考，也是原始信仰、神祇崇拜的遗迹，包含着诡秘的、感性的、杂乱的因子。天命观与天道观自产生之日起便因同源于对

---

① （清）阮元校刻：《十三经注疏·春秋左传正义》（清嘉庆刊本）卷30，中华书局2009年影印本，第4册，第4213页。

天的神圣信仰而纠缠不清。随着时代的发展，天命观与天道观的相对地位时有变化，在不同的学派之中，二者所蕴含的理性和神性也有一定差异。因而探索天命观与天道观的内涵，便是理解一家学说理念及其演变的切入点。特别当此家学说中的天命观与天道观是思想体系里不可或缺的一环，并且其中仍存留着原始宗教信仰和神灵观念的印记时，分析其蕴含形式和遗存状态都是认知该学说神道观的重要路径。

第二节　先秦儒家天命信仰与天道观念的承续和发展

先秦时期的天命观与天道观处于微妙的动态平衡状态中。一方面天命观念继承了以往的神灵思想，保留了其中神性的部分；另一方面天道观念又产生了符合社会环境和历史要求的新特征，增加了理性的部分。这两方面此消彼长、互相影响，最终形成了以理性的天道为秩序规范、以神性的天命为精神向导的混融状态。先秦儒家无疑是保持此种动态平衡的最佳代表，既对传统的观点做了提炼和总结，又有了进一步革新；既没有完全消解天的意志性与神圣性，又力主合于逻辑与现实。剖析先秦儒家天命观与天道观的文化渊源、自身特征、演变走向，是理解先秦儒家神道观组成与意涵的一大关键。

一　商周时期天命信仰与天道观念的传统

在殷商武丁以前，殷人更愿意用“帝”或“上帝”来指称至上神或主宰力量。对帝的崇拜是原始宗教信仰向早期人文信仰发展过程中的重要节点，也是社会形态变化在精神领域中的反映。帝的出现将人们对神灵的普遍信仰统一和集中起来，使神灵有了最初的谱系，帝于其中居至上之位，是万物之主。因为帝决定着一切、主导着一切，所以帝的命令对于商朝统治阶层来说是绝对不可忤逆和违背的，这在殷墟卜辞中体现得十分明确。甲骨卜辞记载，“帝”或“上帝”能够调节风雨、降临福祸、决定胜负，是祭品最为丰盛、受祭等级最高的祈求和征询对象。如“乙巳卜，贞王宾帝史亡尤。”（《甲骨文合集》35931，下文简称《合集》）[①]“贞今一月帝令［雨］。”（《合集》14132/正）“贞王乍邑帝若。八月。”（《合集》14201）根据学者的相关统计，商代祭祀帝的祭典有“燎”“方”“循”“御”“侑”等等至少 14 种。[②] 帝受到如此尊崇，因为它是人们求福禳灾心理的投射，是社会阶层构成的反映，是活跃于整个时代的神灵偶像。统治阶层极力推动对帝的信仰，意在以神权护佑王权，确保自身统治的稳定。“商代的上帝，其神性作用范围遍及整个国家的生民，已打破了地域界限，有全民性的一面，但却又被商统治者着意利用，成为商王朝统治阶层政权利益的直接保护神。”[③] 所以，殷商时期信仰领域中的至高神祇是既有无限神能又密接人事的“帝”。

帝作为主宰自然世界与百态人间的至上神，其意义来源是多方面的。其一，神灵信仰的发展。零散的、神能单一的、以动植物为外形的自然神灵，是最早的神灵形态，它们是万物有灵意识的直接体现。随着神灵越来越趋于复合化，并逐渐演化出列于神谱的、无所不能的、人格化的神祇时，众神之长的“帝”诞生了。其二，社会形态的反映。当社会的阶级区分愈加明显，当政治制度愈加成熟，当族群首领成为地位稳固的王，信仰领域中就会出现一个形象代表人世间的王，这便有了无上威严又亲近人事的“帝”。其三，祖先崇拜的投射。自有生殖观念和血脉意识之日起，人们对祖先的关注就未曾消减，从最初的追念、感激逝者到后来的敬畏、祈求逝者，对祖先的崇拜使祖先神有时甚至凌驾于众神之上直接决定着生者的祸福。而“帝”字在卜辞中像花萼形，也是生殖繁育的标记。“祖”的功能和神性投射在“帝”之上，使之具有繁衍生命和掌控生灵的双重能力，由此“帝”的地位进一步抬升。特别是殷商时期，“帝”与“祖”不可分离，“帝”从一个头脑中的虚影幻化成一个关涉人世的鲜活神灵。其四，“天”之信仰的具象化。商人虽不多言天，但对浩瀚苍穹也心生崇敬，只不过因商人的祖、帝合一过于紧密，抽象的天终究无法渗透其中，所以天需要进一步具象化，成为“帝”之居所或代称，才能被融入信仰体系。

---

① 郭沫若主编，胡厚宣总编辑，中国社会科学院历史研究所编：《甲骨文合集》（一—十三），中华书局 1982 年版。

② ［韩］具隆会：《甲骨文与殷商时代神灵崇拜研究》，中国社会科学出版社 2013 年版，第 354 页。

③ 宋镇豪：《夏商社会生活史》（增订本），中国社会科学出版社 1994 年版，下册，第 760 页。

殷人虽以帝为尊，天被隔绝于神祇偶像系统之外，但“天”潜在地影响了“帝”的意义的生成，帝之理性源于天，帝之所属归于天。同时，帝的祖先神性质也影响了天，使得殷商之天有很强的专属性质，“天”为殷人之天，殷王认为自己“有命在天”（《尚书·西伯戡黎》），一旦上天降命便不能改变。殷人对帝的亲昵和尊崇，促进了绝对神意与命运意识的结合，进而催生了天命观念；殷人对天的疏离与独占，使天道观念不被混同在一般的神灵意识中，而发展成为一种独立的观念认知，并且在指导人事方面具有直接适应性。

西周时期，随着殷商政权的颠覆，曾经被奉为圭臬的神灵信仰已被证实无法解救没落的王朝，祖先护佑不了他的子民，“帝”的绝对影响力也被质疑。此时的“天”却因完美融合了理性思考、道德价值、人格情感、普世规律及神灵信仰而成为最崇高的精神偶像，它不再作为帝的背景而存在，而是作为权威的神意和至高的法则引导并评判着一切。周代的“天”是复杂的，根据其出现的场景可有不同释义；周代的“天”是发展的，它融汇了许多新的因素而变得更加鲜活、有生命力。西周“天”的发展表现为三大特征，直接影响了东周时期儒家天命信仰与天道观念的生成。

其一，西周之“天”进一步区别于“帝”，割断了与人的直接亲缘关系。西周代商，延续了殷人的某些思想，仍旧肯定天命神意的主宰作用，但又对“帝”或“祖”未能一直眷顾殷商的问题进行了反思：为什么至上神将统治天下的权力移交给周人，使文王“受天有大命”（《大盂鼎》）？至上神的护佑属于特定族群，还是属于具有某种特征的群体？周人如果仍旧将“天”隐于“帝”的光芒之下，并依据血脉联系找寻答案，那么就无法解释为何殷人至亲之祖、至神之帝降福于别族子孙，也无法证实周人获得政权是承天受命、理所当然。于是周人在至上神信仰方面做了三件大事，以解决精神上的困惑，也为政权更迭的合理性找寻依据。一是进一步将“天”与“帝”分离，将二者视为各自独立的存在，“天”不做“帝”的指代之称，也不单纯的是“帝”的居所，而是与“帝”同样权威的神异力量。二是降低“帝”的神格，使其成为神灵体系的有机组成部分而不是高悬一格的存在，同时，把“天”抬升到最高地位，令更理性的、有规律可循的“天意”重于随性的、更具主观意愿的“帝命”。三是有意弱化“帝”的祖先神性，区分“祖”与“帝”，剥离族群与至上神的直接亲缘关系。就此“天”成为人们的普遍信仰，是眷顾万物万民、毫无偏私之情的至高存在，而“帝”则变为独立的神灵领袖，其神格虽仍具祖先神的意味，但已不是“帝”“祖”合一的状态，“祖”才真正地专属于某一族群，并且只有始祖和极为优秀者才能配享于“帝”。在周人运作下，至上之天有了明确的公共属性与鲜明的公正色彩，天命的转移就此成为一种可以解释的现象，天道的规则也成为不可违抗的普世规范，一旦违背了天意，天就有能力将管理人世的职责转移给他人，无论继任者属于哪一族群。

其二，“德”因素的增加丰富了天命与天道的意义。周人强调天命的转移与天道的公正，而天命的改易是以道德为参考坐标的，正所谓“皇天无亲，惟德是辅”（《尚书·蔡仲之命》）。天道的威严和稳定也是通过道德展现的，如“满招损，谦受益，时乃天道”（《尚书·大禹谟》）。受天之嘉惠者并非上帝的亲族，而是修德正行者。通天之道者要理解的不仅仅是事物的规律，还要包括其中蕴含的道德准则。“德”这一因素的加入扩充了天命与天道的意涵，也将人的主体力量纳入进来，使人的主观能动性有了施展的可能和空间，盲目的信奉和依赖已经不是人们面对天的态度，人们相信通过修习人德可以参与到天命、天道之中。天命由绝对意志性、偶然性发展为具有可认知性和可预知性，天道由内在闭合的规律系统发展为开放的、兼涉人世的法则体系。人们认识到绝对神意并非永远不变，天的决定力量胜于神灵的意愿倾向，既然如此，像殷商时期那样一味地狂热崇拜与虔诚祈求神灵并不能得到永久眷顾，那不如依赖和信奉天，尊天命而循天道。如要真正地顺应天命、参悟天道，就必须通过修德这一路径，通过不断地修行个人的品德以承续天德，最终体味天地大化之法而使个体人生完全顺应宇宙的运转。

其三，天命与天道承载意义的区分。周人重天，并将之视为最具威势的神异力量和精神层面的最终归宿，但受时代与思想成熟度所限，周人对天的认知和理解还无法达到自我圆融的层面，不时地展现出种种矛盾来。既认同天的至高影响力和控制力，又较少直接以其为祷祝对象，而更偏向于寻求具体神灵的帮助；既将天视为可以因循的规律，认可其客观性和法则性，又将其视为绝对意志的载体，认同其人格性和情感性。当这些矛盾无法完全调和时，天的意涵就在不同情形下突出不同的意义，天命与天道所承载的意义也因这一矛盾性被进一步区分。天命将孤立的、偶然的、神灵的、意志性的含义囊括其中，天道将联系的、必然的、客观的、规律的含义集合在一起，或言天命，或论天道，它们可以互补存在，亦能同时出现。例如，在人们否定天蕴含神灵意义时，当修德承天的梦想被现实击碎时，当无法于水深火热中获得更多生机时，天命便受到抗拒和批判。此种不满和愤懑在《诗经》中表现得最为明显，如："何辜于天？我罪伊何？"(《小雅·小弁》）"瞻仰昊天，则不我惠，孔填不宁，降此大厉。"(《大雅·瞻仰》）天命威势降低之时，天道便成为精神支柱。人们在咒天无果、疑天无解后，便思考自身对天的理解是否准确，做出的反应是否恰当，开始寻找因果的联系和普遍的规律，天道就此大显其威。因而，西周时代的天命与天道已经承担不同意义、发挥不同作用，它们的互动和互补，推动了天的信仰的发展和延续。

由商至周，"天"都是具有神格意义的存在，从潜藏于帝背后的天到融入德的天，无论它表现为何种形式，它都是有意志的、有神性的和有行为能力的，当具象的、有血脉关联的帝不再是所有人都崇拜的偶像时，天就成为万物的主宰。商代帝地位的凸显以及与天意义的分割，使得商代的天并没有在信仰领域中获得更多的关注，但其与帝的关系为后来信仰层面由帝转向天奠定了基础。周代天的地位得到提升，它不再作为背景或环境而存在，它有属于自己的意义和威严。同时，"德"因素的增加，使天有了理法的价值，天命与天道也因蕴藉着不同意义而成为独立的审视对象，分别承担不同的职责。在对天的认知和理解中，人的主动性越发突出，天界与人世的关联也更为紧密。意涵的丰富、信仰的重塑、理性与神性的博弈，使得"天"的意义内核更为强大稳定，进而成为精神领域中不可忽视的重要概念，也使得承先启后的先秦儒家生成了更为复杂的天命信仰与天道观念。

二　先秦儒家天命信仰的发展

东周时期，"天"的信仰在西周基础上又有新的发展。总体上说，一是天命思想得到了极大限度的推衍和运用，人世万物的兴衰荣辱无不与天意时命发生联系。人们总是在面对无法解答的、不可归纳的、没有规律的情况时，将之归于天的态度意愿和难以掌控的命运。曾经无时无刻不被人们所祷奉的神灵，已不再是唯一的或第一顺位的求助对象了。二是天的人格神意义被进一步淡化。殷商时期曾有过将天具象化的努力，其结果是成为帝之居所，或者成为帝的代称，前一种意义一直有所保留，而后一种意义在经过西周时期的理性与德行的淬炼后逐渐淡化，至东周时期，“天”已经较少映射出人格神灵的影子了，天的至上力量进一步虚空化和抽象化。并且道德所代表的价值评判内容已成为天不可分割的一部分，东周的天有更明确的伦理意义和更广泛的现实价值。三是天道观念更加充实，更受人们重视。因理性的发展和知识经验的增长，对规律的认识和理解水平大大提升，人们可以接受用更为抽象的、概括的形式阐述事物间的联系和因果关系，也认同非意志性的法则的存在，天道就在反复的思索和运用中充实起来，成为解释事物生成与演变的理论依据。先秦儒家就在这种天之信仰的大环境下，逐渐形成了自己的天命意识和天道观念，并随着学派思想与理念的演进而发生了一定的变化。

孔子谈论的问题多集中于社会与人生，因而被称为“人文主义者”和“道德哲学家”，实际上鲜谈“天”并不意味着孔子对天没有任何信念，只不过孔子为防止自己进入囿于谈天而偏离实际的怪圈而未详加阐释。孔子具备与天交通的思辨能力，也不乏形而上的思考，只是他略去了具体过程，直接呈现自己思考后的结论并将之应用于论说之中。在很多情况下，在孔子的思想体系中，天是具有神圣意义和宗教意味的，孔子的眼中宇宙万物生灭、循环流转无不体现着天命和天道。但有一点值得注意，孔子虽然承认天的主宰性和意志性，但他完全摒弃了其人格性质。孔子说：“天何言哉？四时行焉，百物生焉，天何言哉？”（《论语·阳货》）天不再以具体形态的天神的形象出现，而是以一种抽象的形式传达其神秘力量。

《论语》记载的孔子言论中多次出现“天”与“命”。言“天”者，如：“获罪于天，无所祷也。”（《八佾》）“天生德于予，桓魋其如予何！”（《述而》）言“命”者，如：“亡之，命矣夫！”（《雍也》）“不知命，无以为君子也；不知礼，无以立也；不知言，无以知人也。”（《尧曰》）此外，“天命”一词在《论语·为政》《论语·季氏》两篇也出现了三次。可知“天”与“命”在孔子的思想体系中占有非常重要的地位。郭沫若就说孔子：“他把命强调得相当厉害，差不多和他所主张的仁，站在同等的地位。‘子罕言利，与命与仁’——他很少谈利，但称道命，称道仁。他既说‘仁者不忧’，又说‘知命不忧’。既说‘君子无终食之间违仁’，又说‘不知命无以为君子’。命与仁在他的思想中俨然有同等的斤两。”① 儒

① 郭沫若：《十批判书》，东方出版社1996年版，第105页。

家以讲仁重礼为基础，而“命”在孔子那里竟达到了近于“仁”的地位，命的重要性由此可见。单独出现的“命”和与天连言的“天命”是否意义相当？徐复观认为：“《论语》上凡单言一个‘命’字的，皆指命运之命而言。……孔子乃至孔门弟子，对于命运的态度，是采取不争辩其有无，也绝不让其影响到人生合理地生活；而只采取听其自然的‘俟命’的态度，实际上是采取互不相干的态度。但《论语》上若提到与天相连的‘天命’、‘天道’，则与上述的情形完全相反，而出之以敬畏、承当的精神。”①

我们认同《论语》的“命”和“天命”各有其独特意涵，但表示命运的“命”又是从何而来呢？应是仍来源于“天”。细读《论语》中“天”“命”并举的文句，可以看出其实它们很多属于互文，即共同承担意义，且功能相通。如子夏曰：“商闻之矣：死生有命，富贵在天。”（《颜渊》）从文意上看似乎在讲生死是由命决定的，富贵是由天安排的，实际上此为互文，即生死富贵是由天命决定的，二者的意义在这里是统一的。又如，在孔子看来“天”是人间的最高主宰和仲裁者，也是他疑问、慨叹和咒誓的对象。颜渊去世，孔子悲痛至极，呼天曰：“噫！天丧予！天丧予！”（《先进》）子路不满孔子见南子，孔子起誓说：“予所否者，天厌之！天厌之！”（《雍也》）而当伯牛卧病之时，孔子又说：“亡之，命矣夫！斯人也而有斯疾也！斯人也而有斯疾也”！（《雍也》）孔子心碎慨叹的对象又变为“命”。或言“命”或言“天”，都是对不可控制力的控诉，表现出了无能为力和无可奈何。再如，子曰：“道之将行也与，命也；道之将废也与，命也。公伯寮其如命何？”（《宪问》）子曰：“文王既没，文不在兹乎？天之将丧斯文也，后死者不得与于斯文也；天之未丧斯文也，匡人其如予何？”（《子罕》）两处谈到能否大倡学说，顺承天命时，其主导力量虽也有“命”与“天”两种称谓，但实际上二者意义仍是互通。因此，孔子所言之“命”与“天”有着天然的联系，当指情势的必然走向与不可控的神秘力量时，二者的作用是相近的，而为增加“命”的神圣性，便饰之以“天”，进而成为被敬畏和承当的“天命”。

孔子的天命观念直接引导了儒学一派的天命思想，其内容大体可归纳为“知天命”“畏天命”和“承天命”。在孔子眼中天是有意志、能赏罚

① 徐复观：《中国人性论史·先秦篇》，上海三联书店2001年版，第74—75页。

的主体，也是价值标准和道理规律，那么源于天的天命就不会是莫名其妙的，而是可以被认识和理解的。故而孔子主张“知天命”，正所谓“五十而知天命”，“不知命，无以为君子也”（《论语·为政》）。天命之所以可知，原因有二。第一，天命的力量充斥于自然与人类社会各个方面，具有普遍存在的意义，它影响着人对自我和外界的理解，是人们在理性思维有所发展且神性思维尚未消解时解释世界的重要途径，因而“天命可知”是一种应然，也是一种必然。第二，有神灵意味的天总是与人间保持着关联，并留有交流的通道，它可以是垂范人德的天德，也可以是或隐或显的喻示，人们可以通过这些途径探寻和理解天意，这就使得知悉天命变得可能。孔子的“下学而上达”之说，就是认为人通过个人修养可以通达天意、知晓天命，通过完善自身的精神和品德而具备一定的资格和能力，进而与天之精神和品德相接轨。“知天命”使人深切体验到天的神威，于是自觉地产生对天命的畏惧，即“畏天命”。天是宇宙的至高主宰，上自天地变迁宇宙大化，下至个人荣辱国家兴衰，都由天掌控，人类无法逃避和改变这种绝对力量，对其敬畏之情就油然而生。因此孔子说：“君子有三畏：畏天命，畏大人，畏圣人之言。小人不知天命而不畏也，狎大人，侮圣人之言。”（《论语·季氏》）将“天命”作为“三畏”之首，其重要性由此显现。畏惧天命是孔子的态度却不是他的目标，他要实现的是“承天命”。孔子在经历坎坷波折的生活后，体味到人生际遇的无可奈何，也在认真系统地思索后，感受到了天之所命的价值和影响，于是他将顺承天命作为自己的理想追求，即以天为则，顺接天命、承续天德，按照天道运行、天之意愿来行人事，最终实现“从心所欲不逾矩”（《论语·为政》）。顺承天命，是孔子神道观的现实演示，也是神道设教的重要一环。孔子强调将天的行事原则视为宇宙至高至圣法则，他极为推崇的尧、舜、禹就是遵守天之法则的典范，所以他慨叹：“大哉尧之为君也！巍巍乎！唯天为大，唯尧则之。”（《论语·泰伯》）而以天为则、承接天命就要调动起自身的主观能动性，积极地在人事活动中有所作为，通过个体奋斗和努力实现自身的圆满，从而取得法天的资格并获得最终的成就。《论语》载孔子言：“默而识之，学而不厌，诲人不倦，何有于我哉？”“发愤忘食，乐以忘忧，不知老之将至。”（《述而》）“不怨天，不尤人，下学而上达，知我者其天乎！”（《宪问》）就表现了以孔子为代表的先秦儒者在承天命方面特有的进取精神。最能展现人承天顺命的主观能动性的便是“修德”，通过修习德行来建立一条与天沟通的渠道，在德的参与下理解天的意愿，并按照天德发展人德，最后达到天人合一的境界。当然，孔子不是无限度地主张个人努力的，关键是要在遵从天意的基础上实现自我与天的融通。

孔子之后，孟子、荀子的论说比较能够反映出儒家天命观的继承与发展。孟子学说中的天也具有多层含义，它可以是物理意义上的天："天油然作云，沛然下雨。"（《孟子·梁惠王上》）"天之高也。"（《孟子·离娄下》）也可以是道德意义上的天："仰不愧于天，俯不怍于人。""存其心，养其性，所以事天也。"（《孟子·尽心上》）更可以是外在主宰力量："尧荐舜于天，而天受之；暴之于民，而民受之；故曰天不言以行与事示之而已矣。""莫之为而为者，天也；莫之致而至者，命也。"（《孟子·万章上》）孟子十分看重主宰意义的天，他认为世道治乱、国家盛衰、人之境遇都是天的意愿在起作用。杨庆堃说："孔子、孟子的一些相关论断都基于同一个观点，这个观点表明，虽然他们在人类的很多问题上采取了世俗的、理性的态度，却从来不曾抛弃将天视为人类命运之主宰，认为其具有超自然的、人格化特征的看法。"[①] 孟子还善于将天道德化，此种导向使得先秦儒家天命观的发展方向更为明确。孟子道德化天的首要方式即将天视为一切美德的根源。人之"恻隐""羞恶""辞让""是非"等美德源于人之心，而人心是"天"所直接赋予的。"尽其心者，知其性也。知其性，则知天矣。"（《孟子·尽心上》）尽心、知性便是知天的有效途径。"仁""义""忠""信"等道德品质也都是天赐予人的。"仁义忠信，乐善不倦，此天爵也。"（《孟子·告子上》）"仁，天之尊爵也。"（《孟子·公孙丑上》）天将美德赋予人类，通过人的美德便可知天之美德，人德是天德的具体化与世俗化。在探求天命的过程中，孟子还格外强调了人的力量和意愿。如，在商周时期讲究"君权神授"，认为最终决定君位授予的是天。孟子则在君权取得问题上强调天的意愿和人的意愿同时产生作用，正所谓"天与之，人与之"（《孟子·万章上》）。人民在某种程度上甚至拥有以往只有天子才具有的与天交通的权利，能向天反映自身意愿，同时又代替天表达它的思想和指令，也就是孟子引《尚书·泰誓》所言之"天视自我民视，天听自我民听"。

至战国末期，荀子的天命观又体现出了儒家思想的新变化。"天行有

---

① ［美］杨庆堃：《中国社会中的宗教》，范丽珠译，四川人民出版社 2016 年版，第 194—195 页。

常，不为尧存，不为桀亡。”（《荀子·天论》）常被用来证明荀子之“天”是“自然之天”，是不以人的意志为转移的客观存在。实际上，荀子理论体系中的“天”是“自然之天”与“神灵之天”的结合体。他认同天的物理属性，谓：“至高之谓天，至下之谓地。”（《荀子·儒效》）又强调天的客观实在性与运行规律性，谓：“日月、星辰、瑞历，是禹、桀之所同也。”（《荀子·天论》）荀子也没有完全舍弃对天之神秘意义的肯定和继承。“列星随旋，日月递照，四时代御，阴阳大化，风雨博施，万物各得其和以生，各得其养以成，不见其事而见其功，夫是之谓神。皆知其所以成，莫知其无形，夫是之谓天。”（《荀子·天论》）斗转星移，日月交替，四时接续，阴阳化物，风雨广布，世间万物都得天调和以生，只见天化生万物的成果，却不留痕迹，这就是天的伟大之处。这里的天无疑是神圣的、充满灵性的，有支配万物运转的神秘力量。天也是有意志的造物者，赋予人生命、给予人智慧：“人之命在天，国之命在礼。”（《荀子·强国》）同时天又孕生了情感：“好恶、喜怒、哀乐臧焉，夫是之谓天情。”（《荀子·天论》）天还为世人安排了统治者：“天之生民，非为君也；天之立君，以为民也。”（《荀子·大略》）并对社会各阶层人的职责和品质都做了规定和安排：“夫天生蒸民，有所以取之。志意致修，德行致厚，智虑致明，是天子之所以取天下也。政令法，举措时，听断公，上则能顺天子之命，下则能保百姓，是诸侯之所以取国家也。志行修，临官治，上则能顺上，下则能保其职，是士大夫之所以取田邑也。循法则、度量、刑辟、图籍，不知其义，谨守其数，慎不敢损益也，父子相传，以持王公，是故三代虽亡，治法犹存，是官人百吏之所以取禄秩也。孝弟原悫，軥録疾力，以敦比其事业而不敢怠傲，是庶人之所以取暖衣饱食，长生久视，以免于刑戮也。”（《荀子·荣辱》）在荀子的论说中，天的力量渗透于社会生活的方方面面，这样的天必然具有神圣价值才会在当时的社会环境中受到认可，也才会被作为阐论利器。荀子之天还继承了以往的道德含义并加以延伸，《荀子·天论》就从各个方面论证了天的道德特质，《荀子·性恶》更说：“天非私曾、骞、孝已而外众人也；然而曾、骞、孝已独厚于孝之实而全于孝之名者，何也？以綦于礼义故也。天非私齐、鲁之民而外秦人也，然而于父子之义、夫妇之别，不如齐、鲁之孝具敬文者，何也？以秦人之从情性、安恣睢、慢于礼义故也。”强调天并没有偏心于谁，而是以德为评判标准，人们的吉凶祸福由天命亦由己修。荀子还进一步发展了孔子的"知天命"和"承天命"，提出了"制天命"。"大天而思之，孰与物畜而制之。从天而颂之，孰与制天命而用之。"（《荀子·天论》）晁福林指出不能就此断定荀子发展出要征服自然界这类"人定胜天"的思想，"所谓'制天命'的制字之义论者多不考究地认为是掌握、制服之义，由此而谓'制天命'就是掌握天命、征服自然。其实，在先秦时期，制字并无掌握、制服之义。制的本义为裁断，常引申为寻找、获取之意"①。荀子的"制天命"实际上就是获知天命真意并在天命允许的范围内采取相应行动。他同孔子一样认为天命是可知的，但又不像孔子那样对天命由衷敬畏，他主张知天命的目的是指导人世间的活动，是知天命而任天命，而不是知天命而顺天命。荀子虽高度认同自然之天，《天论》一篇也对天的含义给予了全方位的论析并提出"天人相分""制天命"等观点，但不能说荀子在天命观上完成了朴素的唯物主义的完整转变，只能说荀子的天命观是有理可循的、可以反作用的，仍有很强的顺势性和功利性。

三　先秦儒家天道观念的发展

与天命意识相比，天道观念在先秦儒家思想中更具根本价值，也更能体现先秦儒者理性的形而上的思考，只不过其外在表现并没有前者那样明晰。关于"天道"的意涵，陈来总结说："春秋时代的'天道'观念，略有三义：第一种是宗教的命运式的理解，……把'天道'作为一种上天之安排。第二种用法是继承周书中的道德之天的用法，……天道不是作为纯粹自然变化的法则，而是体现为道德意义的法则和秩序。……第三种就是对'天道'的自然主义的理解。"② 第一种"天道"实际代表了"天命"的意义，实同名异，天道就是领会天意并体现天意的力量；"天道"之第二义乃是"道德之天"的延伸，天可判断是非善恶，并据此进行奖惩，这里的天仍旧是有意志的，同时，天又代表道德意义的法则和秩序，是规范人类行为的至高准则，是客观而具有理性意义的；"天道"之第三义则直接承续了"自然之天"的含义。由此可见东周时期的天道观念十分复杂。

"天道"在孔子的学说中是隐藏较深的理念，《论语》里没有单独提出天道的相关命题，而是在对天命的追求中被强化、在日常的讲学授徒过程

① 晁福林：《先秦社会思想研究》，商务印书馆 2007 年版，第 446 页。

② 陈来：《古代思想文化的世界：春秋时代的宗教、伦理与社会思想》，第 80—83 页。

中被彰显的。没有“道”的指引，孔子坚持的礼乐之制便失去伦理权威，没有“道”的引导，孔子的教书育人便没有精神信仰做支撑，“道”是孔子必然关注和阐释的内容。重“道”与尊“天”结合，便形成孔子的天道思想。孔子主张“参天道”，即从更广阔的视角去考察宇宙运转与人事更迭的法则。孔子目睹的时代变迁和遭逢的人生际遇，使其意识到违背传统与规范已成为社会常态，依据古老的流传下来的制度解决不了问题，依靠自身的理想抱负也解决不了问题，用时也命也的偶合之说仍旧解决不了问题。当通过建立新的政治秩序以改变现状的实践路径无法走通时，便需要从思想上加以推动，进而从精神层面完成普惠天下的最高使命。于是孔子有了“参天道”的领悟，他将天道化为一种隐形的学说通见，辅助建立儒学思想体系。孔子主张“一以贯之”（《论语·卫灵公》），即实现内在的统一，这种统一可以是学习上的、为人上的，也可以是万物运转上的，这个“一”实际上就是“道”。天命是属于意识维度的，用以在神灵信仰的支持下说明事物发生发展的原因和结果，天道则是属于实用维度的，在规律的探寻中规范人的行为过程。孔子提出“以道事君”（《论语·先进》），将“道”视为君臣关系的决定因素，如果用“道”侍奉君主获得认同便依道而行臣之职，否则便“不可则止”，即所谓“邦有道则仕，邦无道则可卷而怀之”（《论语·卫灵公》）。事君之“道”不能理解为君臣道义，因为孔子很清楚彼时已无法复制完美的周公之道，而是需要一个更具有灵活性和普遍意义的大道，也就是至高的“天道”。尊天道者，便得万事万物之理，即可忠而臣之；不尊天道者，不解天、地、人的统一性，不明万物本源和规律，就不必再依附于他了。在孔子的思想中，“君命”已经让位于“天道”，天道才是其信念的根基，是其使命感、道德感获得满足和充实的前提假设。只有在天道的支撑下，孔子所主张的以古圣王为偶像、以民众为主体、以礼乐制度为规范、以道德为制约的秩序世界才会构建起来。“天”是秩序的源头，无论这秩序是道德的、政治的、礼法的，还是自然的，都要从“天”处寻得根源。因而孔子的“参天道”不同于“承天命”，它不是对神秘的至上力量的感受和顺应，而是对事物规律、关系及运转的主动理解。

孟子对天道的阐释也是内在指向性的和自我解答式的，他没有大张旗鼓地宣扬儒者的天道理念，而是将其蕴于自己对人事的考察中。如果说孔子的天道观念是化于无形，孟子的天道观念就是归结于人性。孟子将

“天”与“性”关联在一起，“尽其心者，知其性也，知其性则知天矣。存其心，养其性，所以事天也。”（《孟子·尽心上》）提出充分认识到本心的人才知道其本性，知道了本性是什么的人才会知道“天”，存心养性，才有能力事天。“天”不仅表现为人类难以驯服的外在力量，还表现于人类自身心灵中。“天”被内化于人之中，对人自身的理解就是对天的理解，天的法则也就是人的法则。孟子还将天的道德意志性发挥到极致，天道的道德法则作用比以往任何时候都清晰。因此够体悟天道、具有道德榜样作用的圣人就被孟子视为拯救危机的良药。圣人与天沟通，理解上天的意图，并且将其变为一种关联性的启示，在启示的解读中世人对天的信仰得到强化，天道的指导与规范意义得以证实。在此基础上天道与王政相结合，发展出王道来。王道是对天道的模仿，是以“德”为核心的规范与统治。孟子的天道观念继承了孔子，仍旧将其视为最高准则和不可悖逆的规律，孟子的天道观念又突破以往，他将“天”与“人”深度融合，使之具有属人的、历史的、道德的特征。

至荀子时期，先秦儒者对于天道的讨论已经外放化了，“天道”不再隐匿于其他概念和认识中，而是独立地存在于学说通见里，得到了充分的探索。荀子思想中的“天”虽然仍带有神秘色彩，但比以往任何时候都弱化了神意性，“天”对人类个体或者集体的命运并无主动关怀，所以荀子的天道观更为理性和冷静。天道彰显的规律价值并非其安排和制定，而是天本身就拥有的，“天行有常，不为尧存，不为桀亡”（《荀子·天论》）。“天道”自然而成，不是因被认知、模仿或呼应才产生。这样的理念使天与人的关系就此割裂，“天不为人之恶寒也辍冬”（《荀子·天论》）。这种分离不但没有让人们忽视或排斥对天的探索，反而激励了人们去研究天的规则特性，并将之自觉地运用在人的生活中，因为相对于浑融的、难以解说的同质存在，异化的、可以被认知的他者更容易被理解和掌控。“天人相分”没有引起天道信仰的混乱，而是进一步激发了“参天道”的渴望。在荀子的论说中，“天道”高于“君道”的理念更为明确清晰，他主张“从道不从君”（《荀子·子道》），“道义重则轻王公”（《荀子·修身》）。天道于荀子而言是真正的是非准则，要重于君臣之别、贵贱之分，甚至在必要时可以用“君道”殉“天道”。荀子的天道观念是鲜明而清晰的，他专门作文以讨论天，剖析其意义，阐论其价值，并将天与人区分开，推动了天命与天道的分向发展，又将道高于君的思想加以深化，确立了天道作为宇宙本源的至高地位。

先秦时期，由于人们对现实生活、宇宙法则、客观秩序的认识还不够充分，许多现象超出了其思维能力，一些超自然概念对于解释当时无法明确的问题仍旧十分有效，因此，先秦儒者头脑中还存留着神秘思维。孔子与孟子虽然在思想领域达到了同时代人难以企及的高度，但他们也不能解释自己的全部困惑，为何天赋圣责、胸怀壮志却未能推行学说、达济天下？为何奸人富贵、高足殇逝却无力拒绝和挽回？茫然、失望、疑惑、无助，即便挣扎一生亦无可奈何。思想的传承、现实的推动使得二人无法将目光从“天命”上完全移开，在他们看来有时只有归于天意命定。荀子虽然在“自然之天”与宇宙规律的道路上走得更远，但仍不能将其视为科学的自然主义倡导者，因为他仍旧肯定“天”的不可知性和神圣性。不过，从孔子到孟子再到荀子，先秦儒家毕竟是走在一条理性逐步觉醒的道路上，他们承认“天”之神秘色彩的同时也在对其进行自然与规律的解释，“天道”被从“天命”中分离出来，二者向不同目标发展。总之，先秦儒者之天命观与天道观的演变历程总体上看是比较清晰的，逻辑的、规律的、理性的内容日渐增加，情感的、神灵的、宗教的内容逐渐减少。但无论如何，儒者的“天”都不是单纯意义的存在，神圣与神秘的意义并没有因量的减少而突发质的转变，先秦儒家的天命观与天道观也因之保持了其在神道观中的基础地位。

第三节 先秦儒家天命信仰与天道观念的主要特征

“天”在东周时期是被诸子共同关注的话题，人们反复讨论“天命”与“天道”，无非是要为自己的学说找到令人信服的依据，以证明其观点具有不可置疑的神圣性。先秦儒家在借天托古以高其说方面表现得尤为突出，他们探究天之意志、命之兴衰、天人关系，寻觅宇宙自然秩序，虽然于天命信仰和天道观念有差异和变化，但仍有属于学派的共同特征。正是这些共同特征的存在说明了“天”如何成为先秦儒家思想体系中的重要命题，彰显了先秦儒者如何通过“天道”与“天命”的阐释表达自身的宇宙观，也表明了先秦儒家如何将神圣信仰与道德哲学转化融合，最终形成自身既圣且俗的学说体系。根据上文所述，可将先秦儒家天命信仰与天道观念的特征归纳为三点：一是始终保持对神灵之天的肯定与热忱；二是强调道德因素的参与；三是关注人的力量。在社会环境的外在影响下，在学说发展流播的内在驱动下，在先秦儒者的积极探索中，具有如上三大特征的先秦儒家天命信仰和天道观念凝练为神圣意识、人世情怀、政治精神和价值准则的综合体，描述并解说着世界万象，记录着儒者勾连天人的努力。

一　肯定天的神秘性与神圣性

在先秦儒家那里，“天”从未完全消除神秘特性，也从未隐没神圣光彩。先秦儒者始终承认天的至高掌控力，肯定天是人们无法驾驭的意志力量，他们会因感受到痛苦、无奈、压迫而责天、怨天，亦会因使命感、责任感而承天、参天，以天为神、与天交流根植于儒者头脑之中。所以说“神灵之天”的意义是先秦儒者之天的基础意义，即便其表现形态是隐秘的，却从未被彻底舍弃。当理性的发展使原始的巫术传统与宗教信仰不能适应新的知识系统，荒诞的神话与久远的传说无法按照本来的面貌被理解，尊奉天就成为连接人世关怀与神圣信仰的桥梁，也就成为先秦儒家追寻理想真谛的利器。先秦儒者对于一切神异的、诡谲的、无法解说的现象都持怀疑态度，但并没有就此降低天在其信仰体系中的地位，毕竟天不是个别的、表层的事物现象，而是高深的、普遍的原则道理。儒者或修身以近天，或敬畏而崇天，又或者明辨以参天，无论如何，都肯定天之神异力量，也肯定天命与天道的重要作用。

先秦儒家所言之天，在很多时候都是有意志的主宰力量。“死生有命，富贵在天。”（《论语·颜渊》）“莫之为而为者，天也；莫之致而至者，命也。”（《孟子·万章上》）决定生死、富贵、成人所不能成者，皆为有意志的天。无论儒者在论说中表现得如何冷静，怎样强调制天命和参天道，他们仍承续前代的思想将天视为有意志的至高力量。“天”是神秘的、神圣的、主宰一切的，这些特征与“帝”相似，但儒者所论之天已经脱离与帝混同的阶段，实现了意义分担。“帝”属于神灵体系，是人格化的神灵，并且总与“祖”有着千丝万缕的联系，因而其情感性更为鲜明，也与血脉和族群更为相关；“天”则是带有宗教神秘意味的无实在形象的存在，它的威慑力与价值作用是普世的、无特定偏向的，并与道德、法则、因果关系的关联更为密切。在儒者眼中天赏罚分明、决断无误，高高在上临视人间，即便理性的发展与儒家的理想诉求使其中蕴含的原始色彩与神秘意义大大降低，但仍没有完全突破神圣传统。对先秦儒家而言，天的神秘性和神圣性不仅仅表现在思想层面，也表现在实践层面。遵天命而行，即可顺势得运，实现个体生命或具体事件的完满；循天道而为，即可超越历史、现实与阶层的局限，完成真、善、美的圆融周流，维护与参赞天地化育。如此之“天”是理想与现实的双向通途，是古老信仰与新生理念的交汇点，也是儒者超然能力与济世追求的共振峰。对天的神圣性与神秘性的体认，使天命与天道成为先秦儒家思想领域中的关键内容，其中蕴含的意志性和神异性也使之成为构建先秦儒家神道观念的重要基石，令先秦儒家神道观实现上通下达，贯穿整个思想体系。

先秦儒者相信的“天”是有意的安排、可以互动的对象、赏善罚恶的主体，是有着神圣地位和神秘能量的至高存在。即便到了荀子时期，这样的思想也没有完全断绝，天可以发展为不以人的意志为转移的自然法则，但天绝不能完全归属于自然，它带有情感、意志、规则，夭寿贫富、穷达得失全听凭于天，先秦儒家的天多多少少带有天命神学的色彩。

二　强调道德因素

怀德修德以承天命、参天道，是先秦儒者在精神领域的最高追求。做忠君之臣、平社稷之乱、继礼乐文明固然重要，但当道之不行时，当境遇困厄时，当有意重整社会秩序却又无可奈何时，儒者就将关注重点放在与天的有效沟通上，这样才能坚定自身的意志并寻求机会救难解困。在儒者将拯济天下和自我救赎的方法归之于天时，便不断尝试通过承德、修德、守德而获得天的垂青和启示，以人德应和天德，以天德指导人德。

道德因素的融入使先秦天命信仰与天道观念呈现新的面貌，天命的赋予有了因果的痕迹，天道的运转有了遵循的轨迹，并且人可以直接参与其中。在天命与天道问题上“德”如此重要，受到先秦儒者的格外重视，主要有两方面原因。其一，西周时期以“德”配“天”思想的传承。殷周之际，朝代更替，周人反复强调天已改命、周受天命，召公曾为成王分析周王朝的隐忧，说天命无常，殷的福命已尽：“呜呼！皇天上帝改厥元子，兹大国殷之命。”（《尚书·召诰》）穆王与祭公的对话，也谈及改殷天命而周承天命：“用克龛绍成康之业，以将天命，用夷居之大商之众。”“皇天改大殷之命，维文王受之，维武王大克之，咸茂厥功。”（《逸周书·祭公解》）① 同时，周人也在思索天命转移的因由，并最终得出了以德配天的结论。在周人眼中，天的眷顾不是永恒的，天的旨意不是随意的而是有原则的，“德”便是这一原则的核心。只有秉德之人才可受天垂怜进而永保天命，商王失德而周王修德，于是上天给了周王统治下民的机会：“克堪用德，惟典神天。”（《尚书·多方》）“我道惟宁王德延，天不庸释于文王受命。”（《尚书·君奭》）“厥德不回，以受方国。”（《诗经·大雅·大明》）有了德、延续德方可获得上天的眷顾从而有机会获天命、统方国。德被视为天命转移的重要依据，从此天便增加了道德仲裁的意义。西周“皇天无亲，惟德是辅”的“敬德”思想在东周时期仍有深刻影响，天与德的密切关系也仍被广泛认同。儒家向以称圣复礼闻名，德既然是西周思想核心之一，必然会被儒家所接受和发展，特别当德早就与天有所关联时，那么利用和改造既有的学说以表述自身观点和态度就会成为先秦儒家乐于接受的方式。因而，先秦儒家重视德，并通过以德配天来知天、应天、参天。其二，先秦儒家对社会现实的深刻认识及以德论政的需求。东周时期是中国历史上的一个高光时刻：学术思想活跃，呈现百家争鸣的景象；工商业兴起，形成了许多繁盛的都市；社会阶层构成发生变化，士阶层活跃起来；各民族交融，诸族杂居互相促进……东周时期也是前所未有的大动荡时期：政治斗争日趋激烈，诸侯蜂起、大国争霸；三代之前的传统被打破，酝酿着革故鼎新的变革；价值观念遭受巨大冲击，新思想不断萌生……在这个繁荣与动荡并存的时代，先秦诸子随着王官失守、学术下倾充分参与到社会活动之中，先秦儒家也在这一时期承担起自己的使命。先秦儒者清晰地认识到在精神价值崩塌与政治秩序重建的关节点，完全依靠宗法制约和礼乐教化解决不了问题，必须要有一种精神力量的引导和规范，于是德便彰显了其功用。孔子曾感叹：“泰伯，其可谓至德也已矣。三以天下让，民无得而称焉。”又说：“三分天下有其二，以服事殷。周之德，可谓至德也已矣。”（《论语·泰伯》）孔子所盛赞的就是德。“德”被儒者视为救世的良药，因为它符合社会实际需要，能矫正扭曲的价值观念

① 黄怀信、张懋镕、田旭东：《逸周书汇校集注》（修订本）卷8，黄怀信修订，李学勤审定，上海古籍出版社2007年版，下册，第929、932页。

并形成健康的文化氛围，也因为它满足儒家的政治诉求，推动王政与天道相连、国运与天命相通，在德的作用下才有可能实现天下大同的政治理想。

起初德只用于规范统治者，其他人并没有必须守德的强制性要求，也没有以德配天的机会。“传统天命转移思想的狭隘性使它将上帝的信赖和惠泽都集中在最高统治者一人身上，而将广大臣民排除在上帝的惠顾之外，这实际上是剥夺他们通过完善道德博取上帝信赖与嘉惠，从而改变自己命运的权利，是公正无私的上帝对下民的不公正和偏私。”① 随着周王朝的衰落，礼乐崩坏、文化下移，与传统权威分离的德不再局限于王权之中，而成为整个社会的追求目标。有德才能为王成圣，有德才能安身立命，有德才会被社会接纳和肯定。德的普遍下移使其成为思想伦理、文化信仰、社会规范中不可或缺的一部分，也使其出现在天的语境中时将天同化得不那么疏离于人世，人们开始觉得即便天命神秘、天道博大，但在德的辅助下仍可去认识和掌握。以德配天是与天沟通的途径，是掌握天命与天道的有效手段，可据此建立起人与天的更切实而紧密的关系。

在以德配天而下移世俗的过程中，先秦儒家不但充分认可德与天命、天道的关系，而且通过发展自身学说推动这一进程，令德的内涵更具体，使以德配天更为必要。周人早已谈到修德保德的重要性，但德的核心内容是什么，又该如何去做却没有明确说明，或是因为尚没有从原始宗教和神灵信仰的环境中完整地脱离出来，无法将此种属于人的、属于世俗的品质好好归纳总结出来，又或许德的强调多少有些应急、应变的成分在，一旦政权稳定便照着与殷商相反的行事来、按照成功的经验来，没有深究的必要和系统阐述的急迫性了。但到了先秦儒家那里，时代的巨变、学派生存空间的挤占迫使儒者必须马上应对这个问题，并做出更细致、更合理的解释，只有这样，以德立身、承天、为政的主张才能站得住脚。先秦儒家明确了修德的关键主要在自我约束、符合规范和与人沟通几方面，并将“仁”确立为德的核心，实践“仁”即可体悟“德”。“仁”是什么？是“柔亦不茹，刚亦不吐，不侮矜寡，不畏强御”（《左传·定公四年》），是“爱人”（《论语·颜渊》），是“己欲立而立人，己欲达而达人”（《论语·雍也》），是“能行五者（引者注：恭、宽、信、敏、惠）于天下”

① 赵沛霖：《先秦神话思想史论》，第146—147页。

（《论语·阳货》），是“恻隐之心”（《孟子·告子上》），是“亲亲”（《孟子·尽心上》）。《礼记·儒行》更具体描述了真正的仁者气象：“温良者，仁之本也；敬慎者，仁之地也；宽裕者，仁之作也；孙接者，仁之能也；礼节者，仁之貌也；言谈者，仁之文也；歌乐者，仁之和也；分散者，仁之施也。”做到了“仁”也就提高了道德修养，甚至实现了道德目标。一旦实现了追求的道德目标就会得到上天的眷顾和恩宠，打开了体悟天命和遵循天道的通路，人们循之而行自然会得到以德配天的结果。

三　主张人的参与

主张人的力量参与到天命流转和天道运行过程中去，使得天与人的联系更加紧密，这是儒家天命信仰与天道观念的又一特征。现实的盛衰兴亡让世人意识到如果单纯地听天命、任天道而自身不勤勉，不但难以得到至上力量的永久护佑，甚至会因自身的差错和失误招致灾祸，人必须要发挥主观能动性，积极地内省、修习才会有机会得天垂青，也必须及时与天交通领悟其意，才能以人道应和天道、以气运呼应天命，最终获得天的眷顾。

殷代以前，敬畏鬼神，事靡巨细无不求神问卜；西周时期，推崇天意，生老病死事事从天；春秋战国，自我觉醒，世人都可以成为知天意、顺天命、参天道的主体。百姓民众与天直接联系在一起，“民受天地之中而生，所谓命也。”（《左传·成公十三年》）“天生民而立之君。”（《左传·襄公十四年》）“国将兴，听于民；将亡，听于神。”（《左传·桓公六年》）因人的地位不断提高，便可通过“性”与“命”而与天对话，“性自命出，命由天降”（《郭店楚墓竹简·性自命出》）。“知天之所为，知人之所为，然后知道，知道然后知命。”（《郭店楚墓竹简·语丛一》）人还逆向影响着天，所谓：“唯天下至诚，为能尽其性。能尽其性，则能尽人之性。能尽人之性，则能尽物之性。能尽物之性，则可以赞天地之化育。可以赞天地之化育，则可以与天地参矣。”（《礼记·中庸》）人如果能尽人之天赋本性，便可尽物之天赋本性，能尽物之天赋本性，就可帮助天地养育万物，最终实现人与天地的并列。“昔殷道弛，文王演《周易》；周道敝，孔子述《春秋》。则《乾》《坤》之阴阳，效《洪范》之咎征，天人之道粲然著矣。”（《汉书·五行志》）对天人之道的思考和阐释早已发生，并经过凝练书写于经典之中了。先秦儒者心目中的天具有超人的能力和智慧，是高于人世的存在，同时又呈现神灵、自然、规律、伦理一体化的形态，与百姓生活息息相关。因而，先秦儒家格外注重天人关系的阐释，也比以往更加强调人的作用。先秦儒家承认天命的存在，又主张人应积极争取和改造天降之命；肯定天道的普世性和规则性，又尝试找寻人间法则和天道法则的关联，并加以利用。天之理与人间事二者暗合对应，天与人的沟通交流达到了从未有过的深度。

先秦儒家用德作为拉近人与天距离的纽带，主张通过修德立身来获得天命的垂怜并探得天道的精髓。虽然在西周思想领域里德的理念已绽放华彩，修德承天的观念也已经出现，但德具体包括哪些内容，德如何融入天或天如何垂范德，这些在儒家学说中体现得最为清晰。先秦儒者始终进行着上下求索的双向活动，从天那里探求到的是天道，而从人那里获得的是人道，二者高度不同，关注的问题与探求方式亦不同，但在儒者眼中二者并非绝然地孤立，而是你中有我、我中有你杂然交错。先秦儒家强调在正视天之权威的基础上，积极地发挥人的主观能动性，运用被天命所垂青、被天道所指引的道德力量，接近天、感受天，并从天那里获得喻示。人与天的关系变得从未有过的紧密，人们意识到自己不必完全臣服于天，也无须站到天的对立面，天命不是无法掌控的，天道也不是完全不可企及的，想要近天知命、参悟大道，可以完善自身的道德，将对天的崇拜与道德修养结合起来，通过修习人德以悟天德，从而获配天命、得循天道。以德配天的思想发展起来，人们会自动地通过不断努力加强与天之间的沟通，激发自身理解天道和预测天命的能力，“天人合一”便以一种较为理性的状态登上了历史舞台。在人的更深层次的主观作用下，天人合一不再仅限于人与神秘力量的精神交流，而是强调人性的内在价值与宇宙法则的合拍共序，如《周易·乾·文言》所言：“夫大人者，与天地合其德，与日月合其明，与四时合其序，与鬼神合其吉凶，先天而天弗违，后天而奉天时。”先秦儒家在讲治国之道和人性修养时都贯穿着天人合一的思想。

先秦儒家充实并发展了天命观与天道观，使东周时期的“天”信仰有了更丰富的内容，也使儒家自身的神道观念有了更阔大的文化视野和更坚实的思想基础。先秦儒者承认天的神圣性与神秘性，认为它不但具有掌控万物的能力，也有调节世间节律的意志。先秦儒者也理性透视天命与天道的限制性与规则性，强调其中的哲学和法则价值，规则和道义也被视为天的内在意义。先秦儒家还主张人的主动参与，通过道德品格的锤炼和道德境界的提升，实现人的自我规范、自我发展，进而顺承天命甚至是改换天命，还可以遵循天道甚至是呼应天道。先秦儒者传承历史与文化，尊重早期关于天命与天道的认知；先秦儒者适应环境与社会，打破、重塑旧的思想体系，结合时代需求阐述或表达出新的天命与天道观念。先秦儒家一方面从天命与天道中探索宇宙的法则和规律，冷静而睿智；另一方面又积极地推崇人的主动参与，热情而充满世俗的烟火气。先秦儒家的天命观与天道观是复杂的，不但在于其内在意涵的丰富性，也在于先秦儒者对天命与天道态度的多面化，他们敬畏天，从未小觑过天的能量也不会忽略天的意志，他们心目中的天是神圣而神秘的，他们又亲近天，认为通过人的主动修德和沟通可以接近天，他们心目中的天又是可切近可被理解的。先秦儒家没有囿于以往的学说观念，也没有将天道和天命上升为不为一般人所理解的哲理层面，而是在保有内心敬畏的同时将其改造成适应社会需求和学说风貌的样子，既崇高又世俗。先秦儒家这种于综合中展现矛盾、于冲突中实现融合的天命信仰和天道观念很有现实价值。

在先秦儒家的学说体系中，天命与天道并不是被反复申说的主题，却是儒家思想的重要组成部分，甚至是形而上领域的基石。正是有对“天”的敬畏和疏离、信仰和亲近，先秦儒者才能一边洞见现实的无奈和虚伪，一边坚持大同与仁圣的理想；也正是有对天命的秉承、对天道的参悟，先秦儒家才能一边适应政治、文化与意识形态的变化，一边坚持自身的品格和理念。先秦儒者并不奢言“天”，但其论说以“天”为依傍，在天命信仰与天道观念的大背景下参与人事、关怀人生。可以说，在对天的观照中儒家学说变得上通下达而圆融完整，在对天的尊崇中先秦儒家形成了具有贯通力的神道观念，冷静而又客观地观察世界、观照自我，虔诚而又庄严地信仰天道、关注人世。

第三章　鬼神观念与神道设教

鬼神信仰是神道观的核心，有鬼神方有神域与人间之别，有鬼神才显神话与历史之分，有鬼神便彰神道设教之用。如果说天道与天命是神道观念的基石，那么鬼神信仰便是神道观念的焦点，它影响着整个观念体系的形成与建立，也展示了一个时代、一个学派、一个群体对理想与现实、自我与他者的基本认知。鬼神信仰源于万物有灵意识的萌发，天地万物都被赋予了情感、意志，并与人群产生或远或近的联系。这种充满原始激情的想法影响十分深远，即便人类脱离了最初的蒙昧步入文明之境，脱胎于往古的鬼神观念仍旧活跃于思想领域之中，东周时代便是如此。此时的社会精英与文化先驱已习惯用逻辑的思维和理性的眼光看待问题，凡事必有解说的因由和道理，但鬼神观念依然被普遍接受、认同以及利用，并且被改造成既认同文化旧俗又适应时代新思的样子，进而形成更为系统的鬼神观念。先秦儒家自然不能免俗，鬼神之说是其绕不开的话题，更是证明学派神圣价值的必要条件。但因为“子不语怪力乱神”的误读，因为儒家鬼神思想的含蓄蕴藉与变形改造，使得人们往往认为先秦儒家不涉鬼神，是纯粹的理性主义者，从而忽略了先秦儒者在神与人、灵与怪、信仰与现实之间的矛盾挣扎，而这种矛盾恰恰反映了原始崇拜、神话思维、神秘观念在理性时代为求生存而做的不懈努力。先秦儒家学说虽不是孳生神灵的温床，但也不是鬼神信仰的绝缘体，魂灵是其坚信的存在，巫怪是其论说的武器，超自然的鬼神观念更是其神道观的绝对中心，因此探究先秦儒家神道观就必须探讨鬼神观念。

第一节　鬼神观念的产生与内在意涵

一　鬼神与灵怪

鬼神信仰起源于灵魂观念的产生。在蒙昧阶段，生产力水平极其低下，物资匮乏、民智未开，人们对自然与自身的认识十分浅薄，也还没有能力用正确的途径和方法去探寻未知的世界，他们能够想到的唯一解释就是冥冥之中有一种神秘力量存在，这就是无处不在的灵魂。英国人类学家爱德华·泰勒谈什么是灵魂说："灵魂是不可捉摸的虚幻的人的影像，按其本质来说虚无得像蒸汽、薄雾或阴影；它是那赋予个体以生气的生命和思想之源；它独立地支配着肉体所有者过去和现在的个人意识和意志；它能够离开肉体并从一个地方迅速地转移到另一个地方；它大部分是摸不着看不到的，它同样也显示物质力量，尤其看起来好像醒着的或者睡着的人，一个离开肉体但跟肉体相似的幽灵；它继续存在和生活在死后的人的肉体上；它能进入另一个人的肉体中去，能够进入动物体内甚至物体内，支配它们，影响它们。"① 当人们将自身从自然界中区分出来后，从做梦、死亡以及平时出神状态中感受到了一种不同于客观肉体的精神力量，于是便有了灵魂的意识，这是万物形体与精神相分离的世界观的产物。

灵魂观念诞生后，先民以己度物，万物也都被赋予了灵魂。"关于人类灵魂的概念在人们的头脑中出现一次之后，就成了一种形式，或一种典型；根据它不只形成了关于其他低等灵魂的概念，而且也形成了关于一般灵物的观念……"② 万物都有灵魂，灵魂又需要有具体的、形象的依托，以免它们在世界上自由地飘荡，这灵魂的载体令精神崇拜有的放矢，让世间万物皆有关联，使得信仰和想象有了真切的力量，鬼怪神祇就在这灵与形的统一中诞生了。中国古代先民又从自身视角出发，按照不可解释程度

① ［英］爱德华·泰勒：《原始文化：神话、哲学、宗教、语言、艺术和习俗发展之研究》（重译本），连树声译，谢继胜等校，广西师范大学出版社2005年版，第351页。

② ［英］爱德华·泰勒：《原始文化：神话、哲学、宗教、语言、艺术和习俗发展之研究》（重译本），第494—495页。

以及与日常生活的远近关联，将充斥着魂灵的事物划分为不同类别，能力大的便成为神祇，能力小的就成为精怪，人死后便是鬼，而人鬼中与自己密切相关的则被奉为祖灵。随着鬼神种类和数量的增加，随着彼此关系的紧密，一个神灵世界被创造出来了。

神灵世界的创造是思想领域中极为重要的事，它是原始文化烙刻在人类头脑中的印记，是人类思维初步成熟的标志，也是精神与现实的关联点，更是自我与外在的分割线。有了各式各样的神祇，现实生活的痛苦和惊恐才得以缓解，未来的不可预知和茫然无措才不至于摧毁蓬勃的生命力；有了形形色色的鬼怪，内心深处的无助和孤单才得到慰藉，人类社会最初的秩序才得以形成和维系。因而，鬼神意识是精神文化中不可分割的一部分，即便它是原始的、低级的、没有道理可言的，但它确确实实促进了人类文明的发展，也深切久远地影响着文化品格。直至东周，中华文明更加成熟，社会生活与政治生活也早已取代巫术行为与祭祀活动成为人们关注的重心，但鬼神仍旧是思想层面的重要命题，鬼神世界的建立与完善也仍在继续。先秦诸子虽然以清醒的头脑和积极的论说促进了理性觉醒和人文发展，但对鬼神的普遍敬奉和由衷信仰仍旧是无法替换的文化编码，先秦儒家亦是如此。先秦儒者并没有决然地否定鬼神存在，一般展现的是互不干涉或默认的态度，甚至强调通过虔诚祭祀可以感受到鬼神的力量。“子曰：鬼神之为德，其盛矣乎！视之而弗见，听之而弗闻，体物而不可遗。使天下之人齐明盛服，以承祭祀，洋洋乎如在其上，如在其左右。”（《礼记·中庸》）但先秦儒家的鬼神世界毕竟不等同于玄幻奇异的神话天地，也不是玄之又玄的哲思，它有自己的特色与内容。那么先秦儒者眼中的鬼怪神灵到底是什么，鬼神与人有怎样的交互关系，就是需要进一步探讨的问题。

先秦儒者很明确地将神灵世界的主体分为鬼神和灵怪两部分。虽然鬼神和灵怪同样具有神秘色彩和神异性，也都根源于万物有灵观念，但就本质而言仍有差异，因此儒者对二者的态度也不尽相同。何谓“神”？《周易·系辞上》云：“阴阳不测之谓神。”《周易·说卦传》云：“神也者，妙万物而为言者也。”“神”是一种玄妙莫测的能力与变化，是古人对宇宙演化、事物变迁的神秘性的肯定。又被具象化为一种具有神异力量的主体，即神灵或神祇。儒家经典中出现的许多“神”，特别是与“鬼”同时出现的“神”便是此意。如：“神之吊矣，诒尔多福。”（《诗经·小雅·

天保》）“是故知鬼神之情状。”（《周易·系辞上》）“八音克谐，无相夺伦，神人以和。”（《尚书 尧典》）“以和邦国，以谐万民，以事鬼神。”（《周礼·天官冢宰·小宰》）“有天下者，祭百神。”（《礼记·祭法》）这些神都是受天所管的，可作为天的代言人，显示天的意愿。因而《孟子·万章上》才能说：“使之主祭而百神享之，是天受之；使之主事而事治，百姓安之，是民受之也。”何谓“鬼”？甲骨文中“鬼”作“”（《合集》22012）、“”（《合集》2832 反甲）、“”（《合集》8592）等形。《甲骨文字典》根据字形解释“鬼”字“像人身而巨首之异物，以表示与生人有异之鬼”[①]。又有《礼记·祭法》《列子·天瑞》《韩诗外传》《论衡·论死》《风俗通义》等古籍以“鬼者，归也”解释“鬼”的意涵。《说文解字》更综合解说：“鬼，人所归为鬼，从人，象鬼头。”无论从字形上看，还是从字义上看，“鬼”都源于人，是人死后肉身归土的样子，是灵魂转移和持续存在的结果。

鬼神具有鲜明的形象性，这是人们从人世生活的现实感受出发将其具象化的产物，或是模仿人的样貌，或是借用鱼虫鸟兽的形态，又或是变异和夸张的组合，鬼神总是可以被形容和描述的。鬼神又被人格化，具有情感、思维与本性，甚至以道德和事迹为评判标准，被分为好与坏、善与恶两类。鬼神虽然与人异质，却又与人密切相关，毕竟人的精神状态与思维能力孕育了灵魂观念，灵魂观念又催生了鬼神信仰，脱离了人类思想的母胎就无所谓鬼神，没有人类世界的发展变迁也就没有鬼神世界的建立和变化。不过人神终究殊途，自从人类不可名状的精神与感情被分割出一个独立的鬼神世界后，鬼神与人便分属不同空间，人与鬼神的自由交通也没有办法一直持续下去。于是在传说中帝“乃命重、黎，绝地天通，罔有降格。”孔传解释说：“重即羲，黎即和。尧命羲和世掌天地四时之官，使人神不扰，各得其序，是谓绝地天通。言天神无有降地，地民不至于天，明不相干。”（《尚书·吕刑》）《国语·楚语下》也说：“及少皞之衰也，九黎乱德，民神杂糅，不可方物。夫人作享，家为巫史，无有要质。民匮于祀，而不知其福。烝享无度，民神同位。民渎齐盟，无有严威。神狎民则，不蠲其为。嘉生不降，无物以享。祸灾荐臻，莫尽其气。颛顼受之，乃命南正重司天以属神，命火正黎司地以属民，使复旧常，无相侵渎，是

① 徐中舒主编：《甲骨文字典》，第 1021 页。

谓绝地天通。”[①]“绝地天通”使得天地相分，人神归位，人与神的联系被阻断。这直接影响了人对待鬼神的态度，由于交流有限所以鬼神比以往任何时候都显得遥不可及，曾经亲切的、人格化的鬼神向疏离的、虚幻化的鬼神转变，曾经存在于各处的、散乱的鬼神也向系统的、神能明确的鬼神转变。人与神的分离，鬼神性质的变化，是鬼神信仰的必然趋势，不过无论如何变化，鬼神在人们观念中都属于超验的认知范畴，作为虚幻和不可触及的存在影响着人世生活和自然世界的方方面面。人们普遍认为当鬼神的意志受到遵从、愿望得到满足时它们就庇护赐福人类；而当鬼神感到被忽略、被轻辱时，它们就会报复性地打击人类，降祸于民。所以对于鬼神，敬畏之情是油然而生的。

灵魂观念催生的不仅仅是鬼神，也包括千奇百怪的灵兽和生机盎然的奇花异草，它们化作灵怪与鬼神组成一个系统而层次分明的体系。“原始人认为，生命现象的本身也如同无生命的自然过程，是源于在幕后控制的活人或力量。比如说，动物的生命现象就是因它身体里面有一个小动物在使它行动，同样，一个人的生命现象也在于他体内有一个小人或小动物控制他的行动。其实，上述‘小动物’、‘小人’就是我们常常所说的灵魂。”[②] 充满生命力的动植物也是有灵魂的，它们能够与人交流，也能通过自身的神异能力影响人，但因为它们比较切近于现实生活，所以少了些圣洁色彩而多了些诡异风格，这便产生了与神祇相对的灵怪，或称之为精怪。较早时期的精怪主要有如下特征：其一，多与山陵河川等特定场所或花草树木等具体事物有关，是驻守于其中的捍卫者，亦是展示其特征品性的代表者；其二，管辖事物比较单一，且能力有限；其三，不注重体系性和传承性，而注重多样性和效用性；其四，物象表征明显，较少有人的品质特征，也不以人的形象出现，与后世文学作品中时常出现的拟人化的妖精形象有本质区别。另外，精怪也同神祇一样被分为善恶两种，一般属善的近似于神，可径称为灵或者精，而属恶的则多是面目丑陋，可直呼为怪。相比于鬼神，精怪的自然物品格更为突出。精怪虽然没有神祇的巨大能量和无上荣光，也会受生命所限或被人类驱使，但它们却以多样的形态、具体而微的神能、亲切的互动关系完善着神灵体系，维护着神的高冷

① 徐元诰：《国语集解》（修订本），王树民、沈长云点校，中华书局2002年版，第514—515页。

② ［英］詹姆斯·乔治·弗雷泽：《金枝》，赵昀译，陕西师范大学出版总社有限公司2010年版，第200页。

和尊严，也点亮人世的希望之灯。

同是神异的存在，先秦儒家对待神祇和精怪的态度却大不相同。儒者由衷地敬鬼畏神却很少主动谈到精怪，除了那些被视为“神显”“瑞兆”“祥瑞”之物，先秦儒者是不怎么关注有具体实在性或指向性的灵怪的。《论语·述而》言：“子不语怪力乱神。”王肃注曰：“怪，怪异也。力，谓若奡荡舟、乌获举千钧之属。乱，谓臣弑君、子弑父。神，谓鬼神之事。或无益于教化，或所不忍言。”长久以来一般都是按照“怪、力、乱、神”来断句和解释的。而我们或许可以将其理解为“怪力，乱神”，即孔子不是不谈怪异、勇力、叛乱和鬼神，而是不讲奇怪的、毫无头绪的外力，和不处于神谱体系或不符合祭祀体制的神，即不谈散落于各处的精怪和超自然存在。这种解释正适应了先秦儒家尊天神、重祭祀、信瑞兆的心理与斥灵鬼、远精怪的现实作风。《史记·孔子世家》集解所引李充之言也可证“怪力，乱神”的注解古已有之：“力不由理，斯怪力也。神不由正，斯乱神也。”对于有渊源的神异力量，知其所谓的神秘存在，先秦儒家是不避忌谈论的，甚至将其作为自身参道、知命的凭借。比如瑞兽麒麟之于孔子，麒麟之获宣告了一个时代的终结，也展现了孔子对王朝和政治的彻底失望。再比如对于由神而圣的远古圣王，先秦儒家更是极为尊崇，他们不吝言辞地赞美、充满热情地歌颂、不厌其烦地以之为典范，正是这些远古神祇变为古帝圣王的发展过程中的巨大推动力。可见对于不乱的神，先秦儒者也是心怀敬畏的。

“三皇”“五帝”之说虽然不独属于儒家，从伏羲、女娲到黄帝、炎帝，从帝喾、颛顼到尧、舜、禹、汤，是先秦诸子都在回忆的古史和讲述的传说，但真正将“三皇五帝”视为美好时代的真实存在而加以歌颂的是儒家，在汉代将“三皇五帝”建立为一个完整体系的也是儒家。“祖述尧舜，宪章文武”（《礼记·中庸》）的主张不但确立了儒家之于古圣王的态度，而且也将曾经游移的、神性不确定的人物排在了神谱之中，令其且圣且神。先秦儒家很乐意记述、整理和改造这些圣德榜样的种种事迹，并将其作为论说的例证和材料基础，这在禅让传说中表现得最为清晰。禅让传说，是关于将帝王权位让渡给非血缘关系继承者的传说，其中包含了禅让过程、能力考验、禅传之争、天降大命、理政功绩等多方面内容，反映了原始社会末期推选部落联盟首领的方式和程序。相较于议论性很强的政治神话和序列性明显的世系传说，禅让传说以情节叙述的形式记述了禅位过程，具有更为完整的因果联系和逻辑关系，也更为生动。在先秦儒家的论说里，尧、舜、禹之间是以和平禅让的方式传承帝位的。当尧想传位时“帝曰：‘咨！四岳。朕在位七十载，汝能庸命，巽朕位？’”（《尚书·尧典》）尧先问了四方诸侯之长是否能够胜任，四岳表示自己不配帝位，尧又表示无论身份贵贱都可推举，于是众人举荐了舜。上博简《容成氏》也载：“舜耕于鬲丘，陶于河滨，渔于雷泽，孝养父母，以善其亲，乃及邦子。尧闻之而美其行。”① 当舜想禅位给禹时：“帝曰：‘格，汝禹！朕宅帝位三十有三载，耄期倦于勤。汝惟不怠，总朕师。’”（《尚书·大禹谟》）孔子因舜禅位而慨叹：“舜有天下，选于众，举皋陶，不仁者远矣。”（《论语·颜渊篇》）孟子更详述了禅让后的情节发展，“舜崩，三年之丧毕，禹避舜之子于阳城。天下之民从之，若尧崩之后，不从尧之子而从舜也。禹荐益于天，七年。禹崩，三年之丧毕，益避禹之子于箕山之阴。朝觐讼狱者不之益而之启。”（《孟子·万章上》）并且强调了禅让的神圣性：“万章曰：‘尧以天下与舜，有诸？’孟子曰：‘否。天子不能以天下与人。’‘然则舜有天下也，孰与之？’曰：‘天与之。’”（《孟子·万章上》）从儒家大肆宣扬的禅让传说及儒家建立的古圣王体系可知“不语怪力、乱神”，绝不是不谈鬼神、摒弃神秘信仰，对于传说系统中的至圣至神，儒家是很愿意谈论的，他们所厌弃的不过是为祸人间、身份不明、体系不清的散神、精怪罢了。孔子言：“非其鬼而祭之，谄也。”郑玄解释说：“人神曰鬼，非其祖考而祭之者，是谄求福。”（《论语·为政》）不属于自身祖先祭祀体系的人鬼就是“乱鬼”“非其鬼”。除此之外不属于所属祭祀地域、族群、层级的神祇也不应该被祭祀，否则就扰乱了秩序和规则，也就是乱神了。在中国传统观念中神异力量虽然可以普遍存在于天地间，但只有那些身份明确、承继关系清晰的正统神和力量巨大、赏罚有度的正派神才有机会得到足够的尊重。神祇的世界要有秩序性、规范性和等级性才值得人类社会效仿，也才能起到神道设教的作用。这不但影响了先秦儒家鬼神观念的形成，也解释了先秦儒家重鬼神而轻灵怪的原因。

春秋战国时期，儒家学派诞生并与诸家学说共同参与政治生活，为彰显自身的理论价值和实际作用，先秦儒家不断改造本派学说，使之旗帜鲜明、风格独特，并移风易俗、适应现实。所以，此阶段的儒家是兼容并蓄

---

① 马承源主编：《上海博物馆藏战国楚竹书》（二），上海古籍出版社 2002 年版，第 259—260 页。

的，既有自身的理性思考，也有遗存的文化传统；既力图突破思想的局限，又保留旧有的神圣信仰。东周时期又是原始文化的演化期和早期思维方式的革新期，在理性发展和人文关怀逐渐成为思想主流的历史阶段，文化精神与神圣信仰必须蜕变方能实现自我救赎，方能保持影响力。鬼神观念作为早期思想领域中的重要内容就较好地维持了自身地位和价值，它一方面不断地改变面貌形态以适应文化氛围与时代需求，另一方面又始终坚持原本的内蕴要义，使敬奉的神灵与现实的人世彼此交融，发挥了维持和更新文化范型的功能。先秦儒家本身的包容性与调和性，加之鬼神观念的灵活演变，令先秦儒家或自觉或不自觉地吸收甚至认同这一观念。毕竟，在鬼神观念仍有较大影响力的时代，在需要于社会动荡中获取学派生机的时代，对于被世人认为是真实的、合理的鬼神观念，先秦儒者是不可能也不需要完全背弃的。

二　魂魄化神鬼

“魂魄”之说也源于灵魂观念，不同的是它并非无差别地存在于一切事物之中而是专属于人的。“精气为物，游魂为变，是故知鬼神之情状。”（《周易·系辞上》）魂魄之变催生了鬼，使神灵世界在天神地祇、精怪灵兽之外又增加了人形之鬼。有了“魂魄”概念的参与，“神”与“鬼”从此有了更丰富的内涵，神秘崇拜与神圣信仰不再单单是思想领域的问题，也是现实与人生的问题。

“魂”与“魄”是否有别？一种观点是将“魂”与“魄”视为同一事物的不同状态。《左传·昭公七年》载子产语：“人生始化曰魄，既生魄，阳曰魂，用物精多则魂魄强，是以有精爽至于神明。匹夫匹妇强死，其魂魄犹能冯依于人以为淫厉。”起初化生的叫作“魄”，生起阳气来，便形成“魂”。另一种观点，是将“魂”与“魄”视为承担不同功能的两类存在。《礼记·郊特牲》谈祭祀时说：“魂气归于天，形魄归于地，故祭，求诸阴阳之义也。”“魂”属阳，归于天，“魄”属阴，归于地。因论说角度不同而引起了“混同说”和“二元说”的差异，当将魂魄视为一个整体时便将二者混说，而当分别讨论“魂”与“魄”的意义时，二元的论说自然更为精确。所以，在先秦古书中可以看到两种观点同时存在的现象，魂魄与肉身对举时，“魂”“魄”互文，共同承担意义；“魂”与“魄”对举时，则各彰其意。

“魂”与“魄”何以有别？对这个问题人们常用气的清浊、阴阳加以解释。《说文解字》：“魂，阳气也”，“魄，阴神也”。“魂”为气之清者，亦是阳气，无具体的形态，魂决定了人的精神世界的活动，离开人体后遂飘摇直上升入天界化为神，归于天；魄为气之浊者，亦是阴气，决定了人的感官的活动和骨骸实体的形成，即便脱离人体仍可以虚拟原来的状态，人死后遂随着人体沉伏地下成为鬼。魂魄分属清浊之气并化为鬼神的观点源于宇宙万物皆源于“气”的阴阳气化思想，清气（阳）化为天，浊气（阴）化为地，而人则是阴阳二气的结合——魂源于阳气，魄源于阴气。所以，当人死后凝结为人之精神魂魄的阴、阳二气就会分别回归其天地本源，化为神与鬼，《礼记·礼运》说：“故人者，其天地之德，阴阳之交，鬼神之会，五行之秀气也。”孔颖达疏：“鬼谓形体，神谓精灵。《祭义》云：‘气也者，神之盛也；魄也者，鬼之盛也。’必形体精灵相会，然后物生。”

魂魄是天地精气所生，它附于人的躯体，当魂魄相调充盈身体时，人就会保持生机勃勃的和谐状态，而当肉身与魂魄分离时，人便失去生气死亡了。所以与单纯的灵魂观念不同，魂魄观念不仅将神异崇拜置于人的自我认知的背景下，而且将神圣信仰与生死观念相结合。从此关于鬼神的想象更为切实形象，对于鬼神的理解也更符合思维发展的趋势，毕竟原始的、荒诞的、无差别的幻想终究要让位于理性的、逻辑的、有类属之分的认识。也正是魂魄观念的调和，使得东周时期的鬼神信仰充满了人情的温暖，变为鬼的祖先、成为英雄的俊杰、化为神的圣王，都关照着世间百姓。先秦神话和历史传说中的人文关怀，不仅仅来自现实的苦难和渴求，也来自神话传说本身的精神与特质，而魂魄观念无疑是促进神话传说精神与特质生成的重要催化剂，在魂魄观念的影响下，神鬼形象更加具象而立体，神鬼行事与人世生活的联系也更紧密。

用魂魄概念来解释鬼神是受儒家认可的。“宰我曰：吾闻鬼神之名，不知其所谓。子曰：气也者，神之盛也；魄也者，鬼之盛也；合鬼与神，教之至也。众生必死，死必归土，此之谓鬼。骨肉毙于下，阴为野土。其气发扬于上为昭明，焄蒿凄怆，此百物之精也，神之著也。”（《礼记·祭义》）孔子认为神源于气之盛，精气发扬为神；魄源于鬼之盛，鬼之精髓为魄。《礼记·檀弓下》又记载：“延陵季子适齐，于其反也，其长子死，葬于嬴博之间。孔子曰：'延陵季子，吴之习于礼者也。'往而观其葬焉。其坎深不至于泉，其敛以时服。既葬而封，广轮掩坎，其高可隐也。既封，左袒，右还其封，且号者三，曰：'骨肉归复于土，命也。若魂气则无不之也，无不之也。'而遂行。孔子曰：'延陵季子之于礼也，其合矣乎！'"孔子去看吴国延陵季札为其子主持葬礼，入葬之时，季札哭号道："骨肉又回归大地，命运再次轮回，魂魄之气自由所向，无所不至。"孔子赞叹季札所为符合周礼，可见孔子是赞同骨肉归土、魂魄升天的观点的。孔子对魂魄理论的认同，不但证明了先秦儒家并不完全摒弃鬼神信仰，而且说明了先秦儒者对鬼神的性质、作用有独立的思考，还将自身思考与社会文化背景相适应，使之保持一定的引导性和感染力。

第二节　鬼神观念影响下的先秦儒家神道设教

一　先秦儒家的鬼神观念

夏以前的鬼神观念因为缺乏文字记载和足够史料而难以确知，但从后世的追忆来看，夏代对鬼神是十分敬重的。从夏禹治水到夏启诞生，都有丰富的神话传说流传，或是主人公本就是神祇，或有神灵出现在敷土浚川、君位转移的过程中，又或者出现裂石生子、人化为熊等神异情节。这些神话传说的存在表明神灵信仰是夏代思想文化中不可或缺的内容，并且此时的神灵还带有鲜明的朴野色彩，与人也保持着一定距离。殷商时期的鬼神观念则通过甲骨卜辞的记载较清晰地展现于世人面前。殷商时期的鬼神观念有如下特征：其一，鬼神具有绝对权威，主宰一切事物，神祇的意志和喜好高于一切，是权位继承的依据，亦是社会事务的评判标准；其二，祖先神灵占据了极高的地位，"祖"是可与"帝"并列的存在，并且受血脉承继关系的影响，神灵的祭祀与护佑有很强的排他性；其三，鬼神观念是直观的、形象的，缺乏较高抽象性和理性的内容。西周时期同商代一样相信有一个由神祇构成的世界在主宰着一切，但两个时期对待鬼神的态度有所不同，周人一方面继承了殷商时期对鬼神的崇拜，另一方面又强调了“德”的作用，并且将许多原本属于至上神或鬼神的内容附着于“天”。如《礼记·表记》所载：“子曰：夏道尊命，事鬼敬神而远之，……殷人尊神，率民以事神，先鬼而后礼，……周人尊礼尚施，事鬼敬神而远之。”从夏到周，经历了鬼神世界与人世生活由畏惧疏离到融合亲密再到理智隔绝的过程。夏代的鬼神是无比神圣而神秘的，因而除统治阶层之外一般人难以接近；商代的鬼神则是充斥于整个社会生活与思想信仰领域的，人们有意识地与鬼神保持亲密关系；周人的鬼神信仰处于天信仰笼罩下，鬼神既与天彼此独立，又总与天发生着联系，天作为最高主宰比起鬼神更为抽象、更具权威，是不可抗拒的神秘力量、既定的命运和必遵的原则。

春秋战国时期，鬼神信仰不复往日之虔诚，鬼神崇拜活动亦不如从前那般壮观，但鬼神观念在思想领域中绝没有突然消逝，而是以新的形态和内涵存留下来。从独尊于思想世界到与天道天命共担职责，从高居人世到参与人事，鬼神观念仍旧发挥着它的作用。此阶段的鬼神信仰主要有三点特征：一是鬼神信仰依旧普遍存在；二是鬼神信仰与天命、天道观念共同产生作用；三是信仰体系发生更明确的阶层分化。鬼神信仰在东周时期仍旧盛行，即便是此时最激进的思想家也没有办法做到百分之百地否认鬼神的存在，鬼神观念的性质与之前没有本质区别，鬼神在人们眼中仍旧是凭喜恶而赐福为祸的神秘力量，并且对鬼神虔诚信仰的例子随处可见。如，《左传·庄公三十二年》载：“秋七月，有神降于莘。惠王问诸内史过曰：‘是何故也？’对曰：‘国之将兴，明神降之，监其德也；将亡，神又降之，观其恶也。故有得神以兴，亦有以亡，虞、夏、商、周皆有之。’王曰：‘若之何？’对曰：‘以其物享焉，其至之日，亦其物也。’王从之。内史过往，闻虢请命，反曰：‘虢必亡矣，虐而听于神。’”《左传·文公二年》又载：“秋八月丁卯，大事于大庙，跻僖公，逆祀也。于是夏父弗忌为宗伯，尊僖公，且明见曰：‘吾见新鬼大，故鬼小。先大后小，顺也。跻圣贤，明也。明、顺，礼也。’”都反映了时人对神鬼仍有信仰。不过，东周时期的鬼神观念毕竟不同于以往，鬼神不再是人们头脑中唯一可沟通、祈求的神秘力量，它们与天命、天道一同支撑起信仰领域。“宋人弑昭公，赵宣子请师于灵公以伐宋，公曰：‘非晋国之急也。’对曰：‘大者天地，其次君臣，所以为明训也。今宋人弑其君，是反天地而逆民则也，天必诛焉。晋为盟主，而不循天罚，将惧及焉。’公许之。”（《国语·晋语》）

“郑伯使许大夫百里奉许叔以居东偏，曰：‘天祸许国，鬼神实不逞于许君，而假手于我寡人’。”（《左传·隐公十一年》）“宋元公为鲁君如晋，卒于曲棘；叔孙昭子求纳其君，无疾而死。不知天之弃鲁耶，抑鲁君有罪于鬼神，故及此也?”（《左传·昭公二十六年》）天与鬼神相互呼应，二者共同作用影响着事情的发展走向，决定着国运的兴衰。天意与鬼神的同时存在又导致了信仰的阶层分化，知识分子主要以天命、天道为依据，他们更讲究既定的命运或宇宙规律，普通民众则更愿意相信似有其形的鬼神，以鬼神的好恶作为行为指导和事物评判标准。知识精英与掌权者又将神灵崇拜理性化，将其转化为神道观念，并用于学说的建设和政治理念的推行，这便推动了神道设教的进行。

活跃于东周的先秦儒家虽然少谈鬼神但不可能完全摆脱鬼神信仰，毕竟鬼神观念仍是此时人们认识世界、解释世界的重要方式，对神灵的崇信是积淀于头脑中的集体无意识，亦是改变自身生活境遇、追求知识的手段。先秦儒家对鬼神是持默认态度的，儒者眼中的鬼神仍具为祸降福的能力。“鬼神得其飨，丧纪得其哀。”（《礼记·仲尼燕居》）“宗庙致敬，鬼神著矣。”注曰：“事宗庙能尽敬，则祖考来格。享于克诚，故曰著也。”（《孝经·感应》）[①] 只有严肃对待鬼神、使之受到飨祀，人们才可能得到安定的生活。那么承认神灵的存在，就是先秦儒家鬼神观念的底色。

孔子首先肯定了鬼神的存在和价值。“祭如在，祭神如神在。子曰：‘吾不与祭，如不祭。’”（《论语·八佾》）在孔子看来，虔诚的、合于礼的、有效的祭祀，必须是尊神的、敬神的。将这样的孔子视为表面虔诚而内心厌弃鬼神的人物就是对他的曲解，将其视为不可知论者也是对他观点的误读。杨庆堃引述顾立雅的观点，指出宋朝以前对“子不语怪力乱神”“未能事人，焉能事鬼”“务民之义，敬鬼神而远之，可谓知矣”等论述所作的注释并没有认为孔子是不可知论者，之所以有人产生孔子是不可知论者的印象，主要是由于宋代以后儒家学派内部出现一股理性化趋势。杨庆堃又说：“不管评论家们作出何种解释，我们必须注意到孔子的这些论述——包括其他一些类似的表达——都只是建议人们将‘知命’‘事人’

① （清）阮元校刻：《十三经注疏·孝经注疏》（清嘉庆刊本）卷8，中华书局2009年影印本，第5册，第5566页。

置于优先地位，而并没有任何否认超自然力量存在的迹象。相反，孔子似乎是颇为谨慎地保存了超自然的因素，无论在其‘敬鬼神’的警告中，对祭祀的强调中，还是在他对于上天和命运态度的表述中。”① 孔子的鬼神观可以从两方面看，其一，孔子对鬼神保持一种恭敬的态度。正如我们之前提到过的，“子不语怪力乱神”应解释为“（怪）力（乱）神”，是偏正修饰结构。意思是指孔子不会讲一些不在神谱上、原始朴野的小神、灵怪，但会相信在神谱中占有一席之地、身份确凿的神，对于符合神系、有较强道德功能的神祇，孔子是恭敬对待的。其二，在社会环境的影响下，以鬼神信仰为手段来推行自己的学说，神道设教是其导民之道。当孔子把尧、舜、禹作为至德至圣的典范时，高度赞扬他们对于神灵的敬畏之心，他盛赞大禹的第一条就是“菲饮食而致孝乎鬼神”（《论语·泰伯》）。在孔子看来，鬼神之道无须大肆宣扬，亦不必沉湎其中，但一定要在尊敬鬼神的基础上有效利用其引导民众，正向发挥鬼神信仰的作用。孔子又言：“未能事人，焉能事鬼。”（《论语·先进》）将与鬼神的交往置于人之后，未必不是在提高“事鬼”的要求，强调一个人要先把人间俗事处理好才有资格谈论鬼神，既然如此，孔子对鬼神便不是不屑的而是尊重的。

孟子则更加强调“天”对鬼神的统领作用。当万章问孟子舜如何有天下时，孟子回答说：“天与之。”“天不言以行与事示之而已矣。”又言尧荐舜于天：“使之主祭而百神享之，是天受之；使之主事而事治，百姓安之，是民受之也。天与之，人与之，故曰天子不能以天下与人。”（《孟子·万章上》）在孟子的思想世界中，“天”被视为绝对超能的存在，是掌控鬼神的虚拟力量、无形势力。每当需要推演到形而上的层面时，孟子都更愿意用“天”和“性”去解释，即所谓：“天与贤，则与贤；天与子，则与子。”（《孟子·万章上》）“圣人之于天道也，命也，有性焉，君子不谓命也。”（《孟子·尽心下》）在孟子看来，神秘的力量和超然的外物都是内蕴于天地之间与人的本性之中的，尽管它们无法被人掌控、缥缈莫测，但终究要与人世社会发生关联。因而孟子就坚持通过君子之道与天人之德来拯救世界，即便这类带有空想色彩的信仰曾被否定和嘲笑，但依靠道德意志建立和平秩序的想法仍激励着孟子，使其将“仁”与“德”置于学说体系的重要位置，将人的活动视为理解神秘力量的关键。孟子注重

① ［美］杨庆堃：《中国社会中的宗教》，第 192 页。

现实，孔子的遭际、自身的经历、政治的打击、学说的争辩……都让他明白能够在现实世界中处理好人与人的问题，有效推行实用主张已是奢望，一味依赖问天求神更是作用有限。作为一名儒家的斗士，孟子没有以谦卑姿态来面对鬼神，而是将目光投向更广阔的天地宇宙、更深刻的思想人心，即便历史的虚幻记忆仍有片段闪回，社会新风潮的迭起仍需依傍古旧观念，孟子也从未随波逐流或迂回怯懦，而是勇敢地挣脱旧传统的枷锁，一往无前地向现实世界的各个壁垒碰去，哪怕头破血流也不回头。这样的孟子一方面进一步弱化了鬼神观念之于儒家学说的影响，另一方面又因强调人的作用和现实意义而推动了社会化的神道设教的进行，即无需十分虔诚的鬼神信仰，也能够利用鬼神观念的文化影响宣扬并圣化学说，增强社会影响力，引导和教化民众。

《荀子》一书中“鬼”“神”出现的次数本就不多，表示对神秘的人鬼与神祇意义的认同更是少之又少：“为鬼为蜮，则不可得”（《荀子·儒效》）是对《诗经》的引用；“故君子以为文，而百姓以为神”（《荀子·天论》），“在君子以为人道也，其在百姓以为鬼事也”（《荀子·礼论》），则在理性认知与神秘信仰的对比中降低了鬼神的存在感；“百姓贱之如尪，恶之如鬼”（《荀子·王霸》）表达了对鬼的厌恶之情；夏首之南叫涓蜀梁的人“俯见其影，以为伏鬼也；卬视其发，以为立魅也”（《荀子·解蔽》），更是对惊惧鬼神行为的讽刺。由此可见，荀子比以往的儒者更加远离鬼神，并且从孔子便传承下来的“敬神”思想在荀子处几乎被“轻神”所代替。荀子弱化鬼神在思想领域中的权威，摒弃古旧意识里对鬼神的绝对尊崇，因而他不太愿意利用鬼神观念张扬己说，在他看来用这种办法为自己张目不太能够立得住脚。但荀子的“轻神”绝非轻视鬼神的文化意义和社会价值，他清楚地意识到鬼神信仰是不可磨灭的文化印记，是具有现实功能的思想观念，作为冷静的智者他能够做到更客观理性地分析鬼神说的无稽和荒谬，但作为肩负社会责任和学说使命的知识分子他必须向下兼容，有效利用鬼神观念的巨大影响力引导民众。所以，不近鬼神的荀子也不能在论说中完全摒弃鬼神，而是转换其面貌并融合到自己的理论学说中，甚至形成了一套鬼神理论。“他更为关注的是将‘神’作为圣王的化身。荀子所讲的‘神’的形象中往往透着人的影子。他说：‘天之所覆，地之所载，莫不尽其美，致其用，上以饰贤良，下以养百姓而安乐之。夫是之谓大神。诗曰：“天作高山，大王荒之；彼作矣，文王康之。”此之谓也。’在荀子看来，周文王就是无比神圣的‘大神’。荀子主张‘法后王’，按照其逻辑，那些有功于世的‘后王’们也是‘大神’。”[①] 荀子用“先王”与“后王”疏通了“人”上升为“神”的路径，以理论的形式维系了先秦儒家以古圣王为核心的神系。荀子还延续了先秦儒家重视人神互动的思路，以人的感知作为体悟鬼神存在的前提。“凡人之有鬼也，必以其感忽之间、疑玄之时正之。此人之所以无有而有无之时也，而己以正事。”（《荀子·解蔽》）荀子的以人感知鬼神与孟子的以心性知天命的思想虽指向不同，但在强调通过人的自身活动以感受神异力量方面却有异曲同工之妙。

先秦儒家鬼神观念生动地展示了东周时期的理性觉醒，知识精英阶层已经脱离了虔诚信仰阶段，清醒的头脑使他们意识到鬼神崇拜的虚幻缥缈，社会的动荡也使他们明白精神寄托终究敌不过现实打击，于是鬼神观念在先秦儒家那里并没有成为论说的关键。同时，在鬼神无法证实也无法证伪的情况下，先秦儒家又不可能彻底抛却环境的制约和影响，无论是出于思维定式，还是出于维护既有统治秩序的需要，先秦儒者都不能轻易地走上否定鬼神的道路。理性的觉醒并不代表鬼神信仰的消失，二者的同时存在是一个漫长的过程。

二　先秦儒家的神道设教

在理性思考与鬼神观念并存的文化环境中，先秦儒家努力尝试以理性纠偏旧的思维传统，同时以信仰风潮推进新思想的宣扬，对敬神事鬼之事有所取舍后利用鬼神观念为现实服务，进而实现“神道设教”。《周易·观》卦辞云：“盥而不荐，有孚颙若。”《彖传》曰：“观天之神道，而四时不忒，圣人以神道设教，而天下服矣。”盥，在甲骨文中有“”（《合集》18524）、“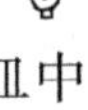”（《合集》20308）、“”（《合集》18532）等字形，“从（爪）在皿中，象于皿中澡手之形”[②]。“盥，澡手也。从臼水临皿。”（《说文解字》）这个“澡手”并非简单的清洁活动，而是祭祀的一个环节，以水净手的行为表达庄严、肃穆而神圣的祭祀准备。荐，进献，献祭之意；有孚，诚信；颙若，尊敬的样子。此卦可理解为：面对祭祀这样的

① 晁福林：《夏商西周史丛考》，第1165页。

② 徐中舒主编：《甲骨文字典》，第538页。

大事，即便只是盥洗静心而没有献祭很多的牺牲，只要圣王有德、诚意满满就可彰显虔诚敬畏之情，从而使子民在观瞻中受到感化。王弼注《周易·观》云：“统说观之为道，不以刑制使物，而以观感化物者也。神则无形者也。不见天之使四时，而四时不忒，不见圣人使百姓，而百姓自服也。”孔颖达疏：“‘圣人以神道设教，而天下服矣’者，此明圣人用此天之神道，以‘观’设教而天下服矣。天既不言而行，不为而成，圣人法则天之神道，本身自行善，垂化于人，不假言语教戒，不须威刑恐逼，在下自然观化服从，故云‘天下服矣’。”根据卦辞和注疏理解，神道是形而上的天地自然玄奥精妙的道理，是高于人世的、指导万物的规律，是充满神秘色彩的外在控制力量，如果以“神”为神灵，将神异虚幻的力量实体化，那“神道”就可理解为鬼神之道。“神道设教”便是效法天地神妙之道、利用鬼神之说而感化众人、教化天下。无论是玄妙难稽的天地之道，还是古怪离奇的鬼神之道，神道设教都是利用超人间的外在神异力量影响人、感染人、指导人，用精神震慑和心理感化的方式实施教化，达到令人信服的目的。

“神道设教”以天道观念、神灵信仰和神话思维为思想基础。天道观念以“天”为绝对至高力量，高扬天的神圣性，认为从天那里生发并展现出来的道理和规律影响、指导着宇宙万物。天道观念让神道设教有理可据、有法可循，而不会成为只听凭意识和感觉的想当然，也不会发生毫无章法、思路混乱的行为。神灵信仰相信神灵的存在并以之为偶像，认为神祇可赏善罚恶、决定生死，灵鬼可影响现实、带来福祸，在幻想出的神灵鬼魅身上寄托自己的期盼，因而神灵信仰天然地带有功利目的和现实意义，神道设教是对神灵信仰的顺势利用。神灵不仅仅是超自然的控制力，也是现实的约束力，在神灵的监管下人们不敢作恶违礼。神灵信仰让神道设教更直接地与现实相关，对普通民众来说再玄之又玄的道理、再深邃精妙的哲思都没有一个可以被跪拜和祈求的神灵更有震慑力。神话思维根源于人类的生存经验和对衰亡的恐惧，是非理性的、非逻辑性的思维方式，它通过幻想宣泄内心情绪，用神话解释世界，目的在于平衡精神状态和寻求心理慰藉。神话思维是神道设教能够产生的源头，因为有神话性的思维，鬼神信仰才由浅层的个体想象转化为深层的群体意识；因为有神话性的思维，那些朴野的、荒诞的、诡异的想象才能与社会生活联系在一起。神道观念是一套内涵丰富的观念体系，其中包括对神异力量的认知，对社会现实与神秘存在的关系的思索，以及对人神互动形式和价值的探究。包含并熔炼天道观念、神灵信仰和神话思维的神道观形成后，神道设教便成为有本之木、活源之水，同时，神道设教的进行也反复展演了神道观，使之更加真实而鲜活。

知识水平的差异和社会阶层的分化是神道设教的社会基础。知识阶层较早地跳脱出神巫弥漫的氛围，并有意识地主动利用鬼神之道去引导百姓，统治阶层更明白神圣血脉、神异能力、神秘事迹之于稳定统治的重要意义，也运用鬼神信仰立威于民。而在普通民众的意识里充斥着对鬼神的笃信与虔诚，宗教因素和神话内核仍然顽强保留着，鬼怪神祇依旧是人们主要的关注对象。特别到了东周时期，鬼神之道对社会上层与知识精英们来说已经没有物质实力、政治手腕那般重要了，于是逐渐沦为天命、天道的背景和附加条件。而对于社会下层而言，当法、德、政都无法解决他们面对的现实困难时，神灵依旧是最理想的申诉对象，他们延续了以往的信仰，求助于鬼神和宗教，神道设教就成为针对这些人的行之有效的工具和手段。知识水平与社会阶层的差异形成了高位执行者与低位受教者之间的相对关系，神道设教由一种潜在可能发展为文化现实。先秦诸子都能够看到这一点，先秦儒家也不例外。

先秦儒者深谙神道设教的意义和道理。孔子在回答宰我的问题时就说道："气也者，神之盛也；魄也者，鬼之盛也。合鬼与神，教之至也。……因物之精，制为之极，明命鬼神，以为黔首则，百众以畏，万民以服。"（《礼记·祭义》）在孔子那里神道设教的作用和价值就已经被高度认可了。先秦儒家不会直接将高深的哲理灌输于民众的头脑中，而是采用变通的方式以他们能够理解和接受的方式来引导其心理与行为，神道设教就是他们的变通方式。利用人民深信不疑的神灵观念来统一意志、改造思想，可以更顺利地推行学说、掀起思想浪潮，从而实现改变政治现实的目的。

先秦儒家的神道设教手段灵活，他们可能不直接言及鬼神，而在以物喻理的过程中，在神祇偶像的设立中，将神道与人道融汇以实施教化。如，"龙战于野，其血玄黄。"（《周易·坤》）描写战况惨烈，血浸黄土。但马王堆汉墓帛书《二三子问》以"孔子曰"的形式解说道："此言大人之广德而施教于民也。夫文之理，彩物毕存者，其唯龙乎？德义广大，法物备具者，[其] 唯圣人乎？'龙战于野'者，言大人之广德而下接民也。'其血玄黄'者，见文也。圣人出法教以导民，亦犹龙之文也，可谓'玄黄’矣，故曰‘龙’。见龙而称莫大焉。”① 此段话假托孔子之口将爻辞中的“龙”说成是“大人”，并解说该句是讲圣人以其德教导民众。汉儒在孔子与弟子关于《易》理的问答中以实例阐释了神道设教，并且侧面印证了儒家是有着神道设教的实践传统的。在先秦儒家构建的古史体系中，人间的首领还被推崇为神祇，也被树立为教化榜样。“夫圣王之制祭祀也，法施于民则祀之，以死勤事则祀之，以劳定国则祀之，能御大灾则祀之，能捍大患则祀之。是故厉山氏之有天下也其子曰农，能殖百谷。夏之衰也，周弃继之，故祀以为稷。共工氏之霸九州也，其子曰后土，能平九州，故祀以为社。帝喾能序星辰以著众，尧能赏均刑法以义终，舜勤众事而野死，鲧鄣鸿水而殛死，禹能修鲧之功，黄帝正名百物，以明民共财，颛顼能修之，契为司徒而民成，冥勤其官而水死，汤以宽治民而除其虐，文王以文治，武王以武功，去民之灾。此皆有功烈于民者也。”（《礼记·祭法》）有功于民、治乱除患的英雄被赋予了神格，成为垂范天下的楷模，这些受祭祀的神灵不同于山川日月代表的自然神，他们的人格魅力和政治功绩更有人文教化作用。

先秦儒家又将神道设教融于仪典礼俗中。“夫礼，必本于天，肴于地，列于鬼神，达于丧、祭、射、御、冠、昏、朝、聘。故圣人以礼示之，故天下国家可得而正也。”（《礼记·礼运》）“礼”本源于神圣纪念和神秘信仰，是对神灵表示敬畏的方式，其后发展为有程序的礼典仪式和有制度的文化守则，圣人用礼去昭示垂范天下，国家发展由此得以走入正途，君臣上下也得到正向约束。先秦儒家尊礼重礼，一方面是因礼有行为标准的意涵，可引导和规范世人品行；另一方面是因礼有精神支柱的作用，在礼仪行为中实现心灵与神灵沟通。礼仪活动的开展与礼制的遵守，不仅仅具有现实规范意义，亦有思想导向意义。以祭礼为例，孔子的“祭神如神在”（《论语·八佾》），孟子的“使之主祭百神享之”（《孟子·万章上》），荀子的“祭者，志意思慕之情也，忠信爱敬之至矣，礼节文貌之盛矣”（《荀子·礼论》），都是将祭礼视为感染精神意志、升华道德品格、生动教化的手段。由此可见，礼俗仪典是神道设教的主要方式和手段，先秦儒家继承和发展礼是为了维系社会秩序，也是为了影响文化心理、引导精神意志。

此外，先秦儒者总是将虚悬一格的神秘世界与人生现实联系在一起，

① 湖南省博物馆、复旦大学出土文献与古文字研究中心编纂，裘锡圭主编：《长沙马王堆汉墓简帛集成》（三），第43页。

在此背景下进行神道设教。比如《易传》中将“男女构精，万物化生”与“天地絪缊，万物化醇”相对应，就是将宇宙自然的运行和人类的生命活动做比照，将人类自身的活动神圣化的同时将自然活动世俗化。原本神秘的、不可解释的东西变得可以被认知和了解，人类普通的、本能的活动也被披上了神圣的外衣，增强了人类的理解和自信，也彰显了神异存在的价值和作用。并且，先秦儒家民胞物与、悲天悯人的情怀和积极入世、参与政治的理想追求，使他们的神道设教不仅仅关涉到“治于人之人”也关涉到“治人之人”。先秦儒家既用神道设教管理、教化百姓，为创建更为和谐的社会奠定基础，也用神道设教警示和引导君主，想培养出真正有仁德之心和代天掌政的统治者。

先秦儒家的神道设教是内蕴含蓄而形式多变的，它不像墨家那样大张旗鼓地言鬼敬神，无意间削弱了君主的威势，也不像道家那样将鬼神升格为玄之又玄的道理，难以获得民众的理解，更不像法家那样将鬼神作为规则的对立面，使统治阶层难以保持崇敬之心，行而逾矩。先秦儒家将鬼神观念渗入到学说之中，改换其形式、细化其目的，使之成为一种可以说得通的道理，也成为一种能激发崇敬情绪的感悟，既在表面上保持了距离，又呈现出敬畏的心态，既让统治者看到了儒者的理性睿智而愿意信服，又让普通民众感受到儒家的尊重而情愿跟从，由此最大程度地发挥出神道设教的作用。所以，先秦儒家的神道设教在鬼神的外衣下隐藏着理性的因素，是最切于实际的、最能产生效用的尊神敬鬼之道。

先秦儒家并不迷信鬼神，但也没有忽视鬼神观念的社会影响。先秦儒者同彼时的诸家学人一道用新的思想替换旧的意识，也用旧的传统开辟新的路径，同时，先秦儒家又以其独特的理念融汇鬼神世界与政治现实，进而有效实践神道设教，完成纯粹的政论与哲思都无法完成的文化精神的淬炼和信仰体系的重建。先秦儒家有意识地引导人们用虔诚的心态感受超然力量的存在，通过鬼神的震慑规范人们的行为以维持社会秩序，并增强人们遵从儒家学说理念的紧迫感。所以，先秦儒者在推行仁政学说时是九死不悔的斗士，即便四处碰壁，即便屡遭嘲讽，也坚守着王道圣统的底线；而先秦儒者在进行神道设教时，又是头脑灵活的聪明人，能够见机而行，可以改头换面，将理性的内核裹上鬼神的外壳，吸引着世人去接受和遵从。神道设教，之于先秦儒家不仅仅是学说的实践，也是能力和品格的彰显，在寓理的物象中，在祝祭的仪式中，在神人的交会中，我们看到的是一个随机应变的、充满智慧的、再鲜活不过的先秦儒家。

第四章　仪式与儒家礼乐

仪式，是彰显神道观念的重要形式，它不依托于文字书写，而是以程式与氛围为载体，通过具体行为展现思想观念和心理意识，对天地的尊崇、对鬼神的敬仰、对神秘存在的呼应蕴藏其中。在人文精神的感召下，在理性意识的启发中，在社会秩序的需求中，仪式发展为礼仪。先秦儒家将礼仪作为学说体系的核心内容，用仪式表达内在的精神信仰和情感诉求；以仪轨维护社会秩序和保持阶层关系稳定；用礼典表明本派学说的崇高神圣和现实效用；以礼制展示政治理念、社会意识与神话思维的融合。东周时期，是礼乐文明发生大变动和大崩坏的时期，原有礼仪形式和仪典程序被破坏，曾经的仪式意义被否定和质疑，同时，这也是新礼乐秩序的建立期，仪式形式被转化并增添了更丰富的意义。先秦儒家全面探索礼乐的文化意义和现实价值，创造性地将礼仪与治国、为人、承天、悟道融合在一起，形成了实践性与神圣性兼具，政治作用与人伦价值同备的新礼仪。在礼典形制的重建中，先秦儒家演示了如何与神灵世界沟通，在仪式内涵的变迁中，先秦儒家展现了神道观的特质和内容。

第一节　神话、仪式与礼[①]

一　神话映射下的仪式

最古老的仪式活动当属巫术，在迷幻的氛围中，通过象征、联想与模

---

① 此部分在已发表文章基础上修改而成。《神话与仪式：先秦儒家祭祀礼的原始意蕴》，《浙江师范大学学报》（社会科学版）2011 年第 3 期。

仿表达自己的情绪，也对他者施加影响。巫术展现了仪式行为的原始意义——情绪宣泄与发生效用。但巫术活动又是浅层的仪式行为，它缺乏被普遍认同的神圣价值，也没有完整而有序的行为程式，所展现的情感更是个人的、单一的、受时空限制的。只有发展到原始宗教仪式阶段，仪式活动才包含了偶像崇拜、规范行为以及稳定情绪等要素，也是在这一阶段，仪式活动、神灵信仰、神话传说、神圣氛围融合交织在一起共同渲染了精神领域的神秘底色。在原始宗教仪式的进行中，静穆氛围的创造、好奇心的满足、对世界的洞察都可以实现，与此同时，形而上空间的建立、情欲的抑制、经验的验证也都依赖其完成。这些功能的实现仅仅依靠神灵信仰与行为程序是远远不够的，它还需要通过语言叙述去讲解仪式的构成和意义，神话便发挥了这一作用。“希腊语用‘在仪式中所说的东西’指称‘神话’，暗寓着‘神话’用语词表述之时即已和仪式相伴而生。就连创造性地提出神话和仪式可分立存在的人类学家克拉克洪，也承认‘两者间的联系依然是普遍的’，因为神话与仪式具有共同的心理基础，仪式以重复性的象征性戏剧化表演形式满足社会基本需要，而神话则为其提供内在依据。”① 无论那些在原始宗教仪式中出现过的神话是否有机会转化为被信奉的教义，它们都帮助人们理解仪式的意义，并配合仪式行为诠释迷狂的氛围、神灵的奇迹和久远的历史。神话超越时间的永恒，触摸灵魂的最深处，将偶然的、无序的意识产物变为有序的、相关的精神成果。神话之于原始宗教仪式如此重要，甚至可以说没有神话的加持，仪式便失去了表达自身意义的必要手段。神话彰显宗教仪式意义的同时，宗教仪式又以生动的形式演示神话。所以，神圣叙事的神话与行为展演的仪式虽可分立，但无论从历史根源透视，还是从表现形态分析，二者都纠缠不清，难以截然相分。彭兆荣指出：“将神话与仪式截然两分多少有一些以‘逻辑思维’的方法去看待属于‘前逻辑思维’的观念和行为。如果按照卡西尔对‘神话思维’所作的描述，神话与仪式——观念与行为、‘观念模式’与‘行为模式’还未达到可分的二元，故没有谁先谁后的问题。它类似于‘混沌’性的‘元语言’叙事；特别对于仪式的原生时态更是如此。仪式与神话的概念和分类属于后续。”② 神话与仪式是可以互渗的系统，二者的关联

① 唐启翠：《礼制文明与神话编码：〈礼记〉的文化阐释》，南方日报出版社 2010 年版，第 17 页。

② 彭兆荣：《人类学仪式的理论与实践》，第 45 页。

深刻而紧密。

原始宗教仪式与神话有共同的历史根源和心理基础，但又属于不同类型的文化产物，二者的相互作用有着深远而强大的影响，使宗教仪式在神圣信仰外又因神话的融入而附加了情绪价值，也使神话在神圣叙事背后又增添了秩序意义。这种影响即便到了早已脱离了原始信仰阶段的东周时代仍旧存在，只不过以新的形式呈现出来，一个脱离了宗教的控制模式，以礼典仪轨的形式彰显对神祇的崇敬，一个抛弃了精神上的游戏，以叙述的视角传达对神灵与历史的理解。特别是在先秦儒家的重构新建中，附加上更多历史色彩的神话实现了与仪式的二次融合，已经变形的仪式承担起新的文化使命。

其一，在神话的叙述中神圣的宗教仪式演变为纪念性的程序仪式。宗教源于人们面对异己力量而产生的无力感，具有精神镇静与麻痹的作用，在希冀与祈求的同时也反映了发自心底的担忧与畏惧，因而宗教仪式天然具有神圣性。神话则是人们从自身出发对外界的积极思考和探求，具有开辟与认知的精神。最初的神话，是对外界与自我朦胧意识的幻想式假说，较为成熟的神话是以神性人物为主人公记述他们的神异与故事，神话具有与生俱来的解说作用，神祇形象的塑造和神异情节的描写便是解说手段。随着历史意识越发成熟，被历史化的神话愈加与人世相关，带有更多文化痕迹和人文特征，这种被历史化、人文化的神话的解说性质也就更加突出。在这样的背景下，当神话在儒家的推动下再次被融入仪式中时，那些由神秘未知带来的神圣色彩淡化了，那些被充分解读的仪式有了更多的人情味，回顾历史和沟通人神的作用大于颂赞神迹和寻求慰藉的作用，宗教仪式便发展为纪念性的程序仪典了。

其二，在神话的影响下仪式加强了传承性。早期的仪式注重应时的氛围营造和参与者应激的心理状态，当时空变迁，参与者发生变化时，仪式表达的意义、呈现的形式、带来的情感体验也随之发生较大变化。神话虽然在传述过程中会出现这样或那样的变化，但以语言叙述为基本表现形式总是使其有相对固定的表述顺序、稳定的意义内核，所以神话的流播对时空环境的要求并不特别高。当神话作为一种独立文化印记渗透到仪式中时，其自身的结构稳定和意义闭环会有同化作用，使仪式可以一定程度地脱离时空而彰显意涵和价值，特别是当神话被整合、改造得更具人文色彩、情节逻辑自洽并符合现实需求时，由其支撑的仪式就逐渐从情绪反馈发展为行为方式，从进行活动演化为履行程序。被神话影响后的仪式自然比原初状态更适于重复、展示、教习和传承。

其三，在神话精神的感召下仪式更具抗争意义。仪式最基本的意义就是通过行为活动和环境建立以表达对神的祈求，因而人于其中是下位者、被动者，卑微而弱势。神话从本质上说则是精神上的自我关注和对外界环境的突破，人于其中是探索者、抗争者，奋勇而积极。春秋战国时期，理性精神觉醒、自我意识高扬，神话不再纯粹地讲述神的故事，而是帮助构建古史体系、协调人神关系，本就不甘于内耗的神话变得更具精神感召的力量，当这样的神话与仪式产生关联时，便影响了后者的精神品质，使之也具有抗争的色彩。仪式不再仅仅是希冀获取自上而下的照拂，也是传达自下而上的要求，人被激发出了前所未有的能量和血性。因神话的诠释，原始宗教仪式具有了更完整的意义；因神话的影响，仪式又脱离原始宗教的背景，获得新的价值。

二 从仪式到儒家所崇之礼

仪式与神话的错综关系，也影响了“礼”的神圣意义与复杂内涵的表达。从文化制度角度看，礼是仪式的日常化、凝练化与制度化；从精神气质角度看，礼是神话精神与神话思维的具象化；从思想观念角度看，礼是神灵信仰与神道观念的展现。以神话为媒介，宗教仪式实现了从行为活动到程序制度的转变；以仪式展演为途径，神话完成了从神祇故事叙述到神圣意蕴内置的转换；以礼为呈现形式，仪式与神话发挥了其于文明场景中的制约与教化作用，成为神道观念中可被单独审视的对象。先秦儒家通过“礼”郑重而有序地表达着自己的神圣信仰，演示着道德、理性等人文因素如何融入天神、地祇和人鬼的世界里。在礼、仪式、神话的彼此作用和影响中，在三者的自我变形和互相转化中，理解先秦神道观念便又有了一个切入点。

从迷狂的崇拜到冷静的认知，从感性的体验到理性的思考，浓厚的原始宗教氛围终将淡化，仪式的形式和意义也必将随之发生改变，这种改变会因时代、地域和族群的不同而有所差异，有的变为纪念性的仪典，有的变为宣扬信仰的手段，有的变为一种习俗。而在中国先秦社会，仪式很大程度地淬炼为“礼”。《商君书·画策》言：“神农既没，以强胜弱，以众暴寡，故黄帝作为君臣上下之义，父子兄弟之礼，夫妇妃匹之合；内行刀锯，外用甲兵。”[①] 把礼的制作上溯到黄帝时期，无非是依托中华文明之祖的盛名抬升礼的地位，而将礼的发生归于三代时期才是比较可信的。古书中就常有“三代之礼”的说法，而且它们之间还存在着被认可的因袭关系。《论语·为政》载孔子言：“殷因于夏礼，所损益，可知也；周因于殷礼，所损益，可知也；其或继周者，虽百世，可知也。”特别是到西周时期，周公旦制礼作乐系统地将原始宗教仪式加以提炼和规范，使之有序化和程式化，进而发展出下定“亲亲之杀，尊贤之等”（《礼记·中庸》），上“见鬼神之道”（《礼记·祭统》）的“礼”。礼是指导和规范人类行为的有效方式，在礼的作用下社会向更加和谐的方向发展；礼是精神世界的重要支撑力，在礼构建的角色网络中人类与鬼神维系着适当的联系。

“凡治人之道，莫急于礼，礼有五经，莫重于祭。”“夫祭有十伦焉：见事鬼神之道焉，见君臣之义焉，见父子之伦焉，见贵贱之等焉，见亲疏之杀焉，见爵赏之施焉，见夫妇之别焉，见政事之均焉，见长幼之序焉，见上下之际焉。此之谓十伦。”（《礼记·祭统》）“礼”为治人之根本，“祭”为“礼”之关要，而“鬼神之道”则为祭礼十伦之首。“是故夫礼必本于天，肴于地，列于鬼神。”郑玄注曰：“圣人则天之明，因地之利，取法度于鬼神以制礼，下教令也。”“夫礼之初，始诸饮食，其燔黍捭豚，污尊而抔饮，蒉桴而土鼓，犹若可以致其敬于鬼神。”又注曰：“言其物虽质略，有齐敬之心，则可以荐羞于鬼神，鬼神飨德不飨味也。”（《礼记·礼运》）可见两汉以前便已意识到礼仪以致敬鬼神为首要目的，而其原型就是宗教祭神仪式。“礼，履也，所以事神致福也。从示从豊。”（《说文解字》）王国维《释礼》说：“殷墟卜辞有豐字，其文曰：‘癸未卜贞醴豐。’古丰丰、玨同字。卜辞玨字作丰、丯、丰丰三体，则豐即豊矣，又有曲字及曲字，曲、曲又一字。……此二字即小篆豊字所从之曲，古凵、凵一字。卜辞出或作凵、或作凵，知曲可作曲、曲矣。豊又其繁文，此诸字皆象二玉在器之形。古者行礼以玉，故《说文》曰：‘豊，行礼之器。’……盛玉以奉神人之器谓之曲、若豊，推之而奉神人之酒醴，亦谓之醴。又推之而奉神人之事通谓之礼。”[②] 上述对“礼”之字义的解说也进一步证明了礼的起源与侍神的宗教仪式息息相关。“礼”保留了神圣意义的同时也使社会

① 高亨注译：《商君书注译》，中华书局1974年版，第136页。

② 王国维：《观堂集林》（附别集）卷6，上册，第291页。

的、政治的、伦理的一切都得到秩序化的安排。礼是人世社会的准则，在礼的作用下职分有定、人伦有序；礼是政治统治的纲纪，是“国之干”（《左传·襄公三十年》）、“国之纪”（《国语·晋语四》）、“政之舆”（《左传·襄公二十一年》）；礼是神道观念的浓缩，在礼的执行中事天地、尊鬼神。“礼，经国家，定社稷，序民人，利后嗣者也。”（《左传·隐公十一年》）礼关涉到从社会生活到思想信仰的方方面面。

儒家重礼人尽皆知，儒者对礼的严格遵守和积极倡导，反映了他们对前代文化的传承与重视，对人世生活与精神信仰的深入探索，以及为维护社会稳定所作的不懈努力。孔子极为关注礼，并且以继承周礼作为自身的文化使命和理想追求。“尔爱其羊，我爱其礼”，是孔子对“礼”的重视；“周监于二代，郁郁乎文哉，吾从周”，是孔子继承“礼”的决心；“夏礼，吾能言之，杞不足征也；殷礼，吾能言之，宋不足征也。文献不足故也。足，则吾能征之矣”，是孔子对“礼”的探求。《论语·八佾》所载上述内容生动展示了孔子对礼的态度。孔子因“入太庙，每事问”而受到“孰谓鄹人之子知礼”的质疑，这也从侧面证实了他早已因“知礼”而闻名，更表现出他对于礼的恭敬、严谨。孔子重视礼，不仅仅是因为他将礼视为理政的基础和修身的途径，也是因为他将礼视为精神的守则和思想的秩序。当被问及什么是礼的根本时，孔子回答说：“礼，与其奢也，宁俭；丧，与其易也，宁戚。”（《论语·八佾》）他弱化了礼的外在表现形式，而重视其中蕴藉的情感。对孔子来说，礼是制度是规范，更是人心。孔子之所以无法接受礼崩乐坏的现实就在于此，毕竟礼的毁坏对于孔子来说不仅仅是政治秩序和文化制度的破坏，更是精神信仰的崩塌。

孔子分别从行为规范和精神秩序两方面去探究礼深刻地影响了后来的儒者。《大戴礼记·曾子制言》载孔子弟子曾参对礼的认知：“夫礼，贵者敬焉，老者孝焉，幼者慈焉，少者友焉，贱者惠焉。此礼也，行之则行也，立之则义也。”[①] 礼既是外在的行为标准，也是敬爱友惠的心理意念。以子思、孟子为代表的思孟学派又承续曾子，将礼列于“五行”“四端”之中，使之成为内在修身的法宝和外向治国的基础。在礼废乐坏的大环境中，曾被孔子用来突破社会困境的礼遭遇了信任危机，即便在儒家内部也很难做到孔子主张的克己复礼。子夏犹云：“出见纷华盛丽而说，入闻夫

① 方向东：《大戴礼记汇校集解》卷5，中华书局2008年版，上册，第529页。

子之道而乐，二者心战，未能自决。”（《史记·礼书》）冉求亦叹：“非不悦子之道，力不足也。”（《论语·雍也》）面临理论和现实的双重困局，子思将礼纳入五行之中，与仁、义、智、圣共同构建了一个内修外治的体系。展示了子思贯通内心之德与外在之行的努力，也打通了孔孟之间思想发展的重要环节。郭店简《五行》篇言：“仁形于内谓之德之行，不形于内谓之行。义形于内谓之德之行，不形于内谓之行。礼形于内谓之德之行，不形于内谓之行。智形于内谓之德之行，不形于内谓之行。圣形于内谓之德之行，不形于内谓之行。”① 子思的五行说将礼内化的德与外化的行统一起来，承接了孔子内外兼备的礼论。《五行》篇又言：“以其外心与人交，远也。远而庄之，敬也。敬而不懈，严也。严而畏之，尊也。尊而不骄，恭也。恭而博交，礼也。”② 在层层解说中推演出由“心”至“礼”的发展逻辑。

在子思的基础上，孟子进一步加强“心”与“礼”的联系。他认为“人皆有不忍人之心”，不忍人之心具体表现为恻隐、羞恶、辞让、是非四心。“恻隐之心，仁之端也；羞恶之心，义之端也；辞让之心，礼之端也；是非之心，智之端也。”（《孟子·公孙丑上》）并言：“仁义礼智，非由外铄我也，我固有之也”（《孟子·告子上》），“君子所性，仁义礼智根于心”（《孟子·尽心上》），“君子以仁存心，以礼存心”（《孟子·离娄下》）。孟子比以往任何时候都强调人心之于礼的根源意义。正因为将礼视为出于本心本性，所以孟子主张通过回归本心、充实本心而践行礼，“凡有四端于我者，知皆扩而充之矣，若火之始然，泉之始达。苟能充之，足以保四海；苟不充之，不足以事父母。”（《孟子·公孙丑上》）孟子重礼，不仅将礼作为修身安心的关键，而且将礼作为维护社会秩序的重要方法。强调行礼归德而修成君子之道时，孟子说：“万钟则不辨礼义而受之，万钟于我何加焉。”（《孟子·告子上》）“夫义，路也；礼，门也。唯君子能由是路，出入是门也。”（《孟子·万章下》）“非仁无为也，非礼无行也。”（《孟子·离娄下》）强调以礼规范人伦秩序进而治世安民时，孟子说：“诸侯失国，而后托于诸侯，礼也；士之托于诸侯，非礼也。”（《孟子·万章下》）“上无礼，下无学，贼民兴，丧无日矣。”（《孟子·离娄上》）“不信仁贤，则国空虚；无礼义，则上下乱；无政事，则财用不足。”

---

① 荆门市博物馆编：《郭店楚墓竹简》，第149页。

② 荆门市博物馆编：《郭店楚墓竹简》，第150页。

(《孟子·尽心下》) 孟子将礼归源于心，强化了礼的天然属性和道德属性，使礼有了更深刻、更能激发自主遵从意识的意义。同时，孟子又在内省修身和理政治国两方面强调礼的价值，既是对孔子的礼的思想的突破，也是对孔子礼的观念的继承。

发展至荀子时，先秦儒者对礼的认识、改造和运用又有了新的变化。与孟子相比，荀子的礼论更系统，《荀子·礼论》就是独立讨论礼的起源、内容、作用的篇章。荀子主张人性本恶，生而有欲，礼便因人性之恶而产生。“礼起于何也？曰：人，生而有欲，欲而不得，则不能无求；求而无度量分界，则不能不争；争则乱，乱则穷。先王恶其乱也，故制礼义以分之，以养人之欲，给人之求，使欲必不穷丁物，物必不屈于欲，两者相持而长，是礼之所起也。”(《荀子·礼论》) 如果任由人依从本心本性发展，那么人伦必然无序，社会必然充斥矛盾与纷争，所以需要依靠礼去矫正人性。故而荀子说：“古者圣王以人之性恶，以为偏险而不正，悖乱而不治，是以为之起礼义，制法度，以矫饰人之情性而正之，以扰化人之情性而导之也。”(《荀子·性恶》) 起礼义而制法度，人之恶才会得到节制和引导。当礼有效地起到精神上的指引和行为上的规范作用时，人就会自觉地遵守和维护社会秩序，国家便会稳定发展。荀子的救世情怀不是通过激发人的不忍之心或归复旧制而呈现的，而是通过秩序化的礼治而表露的。荀子说：“礼义者，治之始也”(《荀子·王制》)，“礼者，政之挽也，为政不以礼，政不行矣”(《荀子·大略》)，“国无礼则不正。礼之所以正国也，譬之犹衡之于轻重也，犹绳墨之于曲直也，犹规矩之于方圆也，既错之而人莫之能诬也”(《荀子·王霸》)。同样以人性为出发点讨论礼，孟子之性善使礼具有更多的道德意义和自发特性，荀子之性恶则使礼具有更多的规范意义和教化色彩。荀子盛赞礼的作用、高抬礼的地位，“天地以合，日月以明，四时以序，星辰以行，江河以流，万物以昌，好恶以节，喜怒以当，以为下则顺，以为上则明，万物变而不乱，贰之则丧也。礼岂不至矣哉！”(《荀子·礼论》) 其目的就是想改变战国末期尊卑乱、贵贱逾、物欲奢、政道弛的社会局面，以礼正人伦、和家国、平乱世、归正道。

《礼记·礼运》假托孔子答问的方式，论述了礼的起源、演变及运用，经多人多次记录和整理而成，从中既可见孔、孟、荀的影子，又可见先秦及秦汉之际无名儒者对其进行整合、扩充的痕迹，展现了先秦儒家对礼的基本认知。《礼记·礼运》言：“夫礼，先王以承天之道，以治人之情。故失之者死，得之者生。”礼上可承天，下可治人，得礼生而失礼死。又言：“是故夫礼，必本于大一，分而为天地，转而为阴阳，变而为四时，列而为鬼神。其降曰命，其官于天也。夫礼必本于天，动而之地，列而之事，变而从时，协于分艺，其居人也曰养，其行之以货力、辞让、饮食、冠、昏、丧、祭、射、御、朝、聘。”礼源于世界的本原，有根基意义和神圣价值；礼又运用于人世教化，有现实意义和实践价值。《礼记·曲礼上》言：“道德仁义，非礼不成；教训正俗，非礼不备；分争辨讼，非礼不决；君臣上下，父子兄弟，非礼不定；宦学事师，非礼不亲；班朝治军，莅官行法，非礼威严不行；祷祠祭祀，供给鬼神，非礼不诚不庄。是以君子恭敬、撙节、退让以明礼。”正是对礼的意义和作用的概括说明。在先秦儒家思想体系中“礼”是社会文明的基石，是沟通人神、和谐社会的重要手段。经过儒者的不断丰富和体认，礼的意义范畴完成了历史性的演变并最终发展为中国人的世界观和方法论。

先秦儒者不仅在认知领域给予礼以崇高地位，而且在实际活动中也传承了往古的礼文仪节。以孔子为例，“孔子生当东周之衰，贵族阶级犹未尽坏，其时所谓学者则惟‘礼’耳。礼者，要言之，则当时贵族阶级一切生活之方式也。故治国以礼，行军以礼，保家、守身、安位，亦莫不以礼”①。在此种重礼的社会环境下，孔子主张：“生事之以礼，死葬之以礼，祭之以礼。”（《论语·为政》）在他看来人之大事“生”“死”“祭”均应以礼为准。《礼记·檀弓上》载：“子夏既除丧而见，予之琴，和之而不和，弹之而不成声。作而曰：‘哀未忘也。先王制礼，而弗敢过也。’子张既除丧而见，予之琴，和之而和，弹之而成声。作而曰：‘先王制礼，不敢不至焉。’”子夏和子张作为孔子的弟子，对于“礼”无论是持“弗敢过”态度还是持“不敢不至”的态度，都依礼行事。《礼记·檀弓下》又记载孔子弟子有子和子游见到号慕的孺子，有子主张自然地流露感情，丧之踊当如孺子，子游主张“品节斯”，要有礼的节制，从中亦可见孔门弟子对“礼”的坚守。先秦儒家又不是单向地接受礼的指导和约束，而是一直积极地反向作用和影响礼，并且比以往任何时候、任何学派都更加强调宗教仪式的礼典化改造。梁漱溟说：“古时人的公私生活，从政治、法律、军事、外交，到养生送死之一切，即多半离不开宗教，所以它（儒家）首

① 钱穆：《国学概论》，商务印书馆 1997 年新 1 版，第 34—35 页。

在把古宗教转化为礼，更把宗教所未及者，亦无不礼乐化之。”① 在儒者的积极转化下，“礼虽然由宗教意义向社会意义转化，但儒家仍然把它当作一种信仰看待，它的礼仪形式被竭力抢救和保留下来，并得到强化和肯定”②。先秦时期的儒家学说极大地推动了“礼”的完善与发展，使之进一步从仪式的母体中分离出来，以一种崭新的面貌承担着自己的社会职责、表达着新的现实意义。

三　儒家所崇之礼的内涵

“礼”从仪式中发展出来成为普遍原则需要经历漫长而艰辛的过程，不断改变、不断凝练、不断衍生，理清先秦儒家倡导的礼如何脱胎于仪式并展现出新的面貌将有助于理解先秦儒家的“礼”的内涵，进而透视先秦儒家的神道观念。

首先，先秦儒家所崇之礼，是对仪式的继承和凝练。仪式是“形”与“意”的综合体，在外在表现形式上它是仪典、程式行为的展演，在内在意义上则蕴藏着价值观念及精神信仰。礼同时继承了仪式的“形”和“意”两方面，礼之亲疏等级、进退洒扫是对仪式行为的模仿，而礼之敬祖尊圣、奉天畏神则是对仪式之精神的传承和演化。先秦儒家倡导的礼将仪式中的各种复杂因素和象征符号集合起来，并在一定标准的规范下形成一种特殊的组织方式，进而控制人的思想信仰和社会关系。从形式继承上讲，仪式的进行要求将行为过程、主体观念、器具准备、语言叙述、情绪烘托等诸多因素组合在一起，通过互相的融合冲突形成一种神圣而神秘的情景氛围，产生控制参与者和表演者的导向力量。而礼的展演同样对行为、程序、主体和叙述等诸多要素有所要求，其目的就在于借助外在行为表现和内在情绪激发产生引导作用。仪式中的各种程序经过长年累月的重复在其标准程度和精细化程度到达一定水平时，便逐渐稳定下来演变为“礼”中的行为——礼仪。譬如，在文化发展的较低阶段，歌、舞、乐三者合一，通过听觉与视觉的综合性刺激为仪典创造了神秘的氛围，随着乐舞精炼化为雅乐，反复展演的歌、乐、舞的组合成为固定的礼仪行为的一部分，从而成就了中国的礼乐文化。从精神承继上讲，仪式借助神秘力量

① 梁漱溟：《中国文化要义》，上海人民出版社 2011 年第 2 版，第 108 页。
② 姜广辉：《中国经学思想史》，中国社会科学出版社 2003 年版，第 1 卷，第 250 页。

以完成超越现实的控制，其意义表达需要彰显象征意义、神圣观念和神秘信仰等，特别是要借助神灵、天意等超自然力的神异来支撑仪式的权威。礼虽然相较于原初的仪式多了更多的规范性与程序性，意义的呈现也更为隐蔽，但礼仍旧保留了仪式的文化信息、精神内核和信仰记忆，并依靠自身的规制力将其提升到更为抽象的、深远的层次，也通过其世俗影响使之与生活各层面产生联系。譬如，对祖先魂灵的敬畏与安抚是早期崇祖仪式中极其重要的组成部分，在甲骨卜辞中对各种亲疏远近祖先神的祭祀占了很大比例。到了周代，崇拜祖先神的仪式被一分为二，一是养生送死的孝道观念，一是庄重严肃的祭祖之礼。从春秋晚期开始，以孔子为代表的先秦儒家主张祭祖礼之严肃慎重的同时，更是大力歌颂精神上的孝，将祖先神的崇拜转化为不背离人道的责任和义务。

其次，先秦儒家所崇之礼，是对仪式的突破。“仪”在先秦典籍中有“仪容”“仪表”的意义，如，“令仪令色，小心翼翼。”郑玄笺：“嘉，美。令，善也。善威仪，善颜色，容貌翼翼然恭敬。”（《诗经·大雅·烝民》）也有“礼仪”“仪式”的意义，如，“献酬交错，礼仪卒度。”（《诗经·小雅·楚茨》）“凡王之会同、军旅、甸役之祷祠，肄仪为位。”（《周礼·春官宗伯·小宗伯》）据此可知“仪”本是形容外在表征的一个词，用于人身上就是形容人之外表的“仪容”，用于事件或物之上就是指展现形式的“仪式”。既为外在表征，也就有一定的呈现法例和原则，在此基础上“仪”又引申出“法度”“仪轨”“礼法”的意思。《墨子·天志》：“故置此以为法，立此以为仪，将以量度天下之王公大人卿大夫之仁与不仁，譬之犹分黑白也。”① 《国语·周语下》：“所以宣布哲人之令德，示民轨仪也。”《淮南子·修务训》：“设仪立度，可以为法则。”② 都强调了法度、仪轨的意思。源于原始宗教的仪式虽然与生俱来地带有迷幻色彩和情感体验，但也逐渐呈现出脱离宗教环境而独立表意的态势，随着理性的、实用的、社会化的思维方式的发展，源于仪式但比仪式更强调规范和准则的“礼”诞生了。“礼之于正国家也，如权衡之于轻重也，如绳墨之于曲直也。故人无礼不生，事无礼不成，国家无礼不宁。”（《荀子·大略》）礼对于整个国家社会而言就如同衡量轻重的秤、校正曲直的墨线一样，是规范和标准。礼进一步突破了宗教的限制，使心之所念和身之所行有了法规

① （清）孙诒让：《墨子间诂》卷7，孙启治点校，中华书局2001年版，上册，第206页。
② 张双棣：《淮南子校释》（增订本），北京大学出版社2013年第2版，下册，第2025页。

和制度的性质。礼对于仪式还有一定的扩充作用。礼在一方面继承了仪式中的神圣的部分，另一方面它又根据现实的需要而增加了很多关于人世的部分，这部分又反过来丰富了仪式的意义。如礼被视为国家政治命脉之所系："人之命在天，国之命在礼。"（《荀子·天论》）"治国不以礼，犹无耜而耕也。"（《礼记·礼运》）礼还可以凝结人心稳定社会："苟无礼义、忠信、诚悫之心以莅之，虽固结之，民其不解乎？"（《礼记·檀弓下》）礼对社会现实的作用大大超越了宗教仪式。

再次，先秦儒家所崇之礼弱化了仪式中的神话内涵。仪式与神话的关系盘根错节，神话是在神灵崇拜基础上讲述的故事，宗教仪式则通过神话的叙述诠释神能、回想神迹、创造神秘氛围。神话超越时间的永恒，触摸灵魂的最深处，原始宗教仪式突破神与人的限制，物化人的精神世界。相对而言，神话更为独立，在仪式环境之外神话仍有其他的意义表达途径，失去了神话的宗教仪式则很难实现自身的完整。礼则弱化了仪式中的神话内涵，不需要神话情节的叙述，甚至不需要出现具体的神灵偶像，一个不太真切的神秘意象、一种内蕴的神异能力，甚至单单一种心绪状态都可以让礼实现精神寄托并完成程序步骤。同时，随着世俗内容的增加，礼更多地指向于内在的、人世的规律秩序，而不是指向外在的、神灵的氛围环境。当先秦儒家倡导的准则性和秩序性的礼代替了仪式的地位时，宗教仪式中的神话内容和神话思维便逐渐衰灭，转而以更隐秘的、零散的、象征性的成分融入礼典之中。仪式或成为巫祝司祭的数术之事与神圣毫无瓜葛，或成为社会等级、政权秩序的表征与神秘毫无关联，那种既原始纯粹又完整壮阔的神祇故事，那种既迷幻荒诞又肃穆庄重的仪式氛围也就隐没了。借助神灵的力量来控制思想和行为的仪式时代在礼出现的那一刻便宣告结束。由于礼对仪式的反叛，人与神的关系在被规范的同时又被疏离，神话显得更加缥缈和遥不可及。

最后，先秦儒家所崇之礼以更严格的形式发挥着仪式曾经起到的多种作用。礼突破仪式的形制并进一步发展其意义，因而更具时代生机与活力，也更符合社会的现实需求，但礼终究是从仪式衍生而来，它仍旧保留着仪式的意义，以更严格的形式发挥着仪式曾经起到的作用。第一，礼是凝聚集团内部力量的重要方式。在特定群体中进行的程式性行为才能被界定为仪式，一旦脱离了这个群体，仪式的活动方式和内在意义就很难得到认可，再加之早期的仪式往往以族群共同崇拜偶像和共同关注问题为对象和主题，所以仪式是属于族群集团的，具有凝聚人心的作用。受血缘意识和宗法观念影响，礼产生之后进一步发挥了仪式作为族内行为准则的聚合人群的作用，确认血缘亲情、序次等级关系，对某一人群具有强有力的规范效力，是族群的黏合剂和稳定剂。第二，礼维系着权力的稳定。在早期阶段，仪式的主持者亦是最高权力的拥有者，仪式的举行为他们宣告和维护权力提供了契机。礼在一定程度上取代仪式后，礼的规范者即是拥有绝对权力的统治阶层，他们通过礼之内涵的规定及礼典的演示操控人们在其制定的准则和秩序下工作生活。同是重要的权力工具，相较而言礼比仪式更固定和更直接。第三，礼拉近了神圣与世俗的距离。仪式是神圣的也是世俗的，一方面它在精神上蕴含神圣意义，创造了神秘而圣洁的情境与氛围；另一方面它的操作主体是人，表达的是世俗的心理和愿望。礼勾连圣俗的特征更为明显，礼被视为绝不可亵渎的降自天、来于神的法则，其神圣性不言而喻，礼又是指导和规范日常生活的守则，对其世俗性人们有最切实的现实体验。圣与俗兼而有之使得礼的内涵变得复杂，同时又使其自我斗争、自我排斥、自我融合，正是在这种矛盾中礼拉近了神圣与世俗的距离。

总之，仪式与礼的关系错综复杂。一方面，礼继承了仪式中的神圣观念和神灵信仰，维持了活动环境的圣洁氛围与内在意识的恭谨虔诚；另一方面，礼自产生以来就有独立的地位，在中国古代社会以一种近似于法制的形式发挥着自己的功效。仪式的意涵比礼更为纯粹，礼的形制比仪式更为严谨；仪式的表象比礼更为复杂，礼的现实意义更为显著。在维系与改造中，在变形与延续中，礼终究脱离了宗教仪式的母胎，发展成为存留古老文化记忆并带有现实世界气息的精神准则和行为规范。先秦儒家既知晓礼的来处也明晰礼的用处，自孔子之后，先秦儒者莫不知礼、守礼、重礼，在他们的推动下，西周的礼制得以传承和发扬，在他们的倡导下，以礼为界、以礼为节、以礼为解的文化格局被进一步打开。

第二节　双面“礼”“乐”

“礼”“乐”作为精神文化的产物和物质文明的代表在中国文化史上具

有不可替代的地位。是“礼”“乐”的双面属性让其成为文明延续的丰碑，铭刻着中华民族精神气韵的万古长青，是“礼”“乐”的双面属性让其成为文化新生的传奇，书写着炎黄儿女革故鼎新的不朽篇章。互相独立又彼此融合，彰显神圣又融入世俗，这样的双面属性使“礼”“乐”在互补、呼应和矛盾中取得动态平衡，既激发了自身的生命活力，也产生了巨大的文化价值。在文化地位和实际作用上，“礼”“乐”具有互相独立又互相融合的双面性。二者虽都与信仰意志相关，并都影响社会生活，但是渊源有自、指向各异、演变趋势的不同，使“礼”与“乐”分属两个不同的层面，彼此独立存在。随着西周制礼作乐的进行和东周复礼论乐的开展，礼乐相和以通人神的作用被关注和利用，二者治世、化物、感心的价值得到肯定。在先秦儒家的分别改造下，“礼”和“乐”发展为旧的名义和新的形态、旧的精神和新的诉求的结合体，成为治世安民的基本准则和有效手段，“礼”又与“乐”融合为“礼乐”，以系统的、圆融的一体状态实现其价值。在文化属性上，二者具有既“圣”且“俗”的双面性。“礼”与“乐”都含有神灵信仰与神话思维的因子，是神秘而圣洁的，又都是治世理民和兴观群怨的手段，是世俗而现实的。理解“礼”与“乐”的两面性，是理解礼乐之制与文化精神的基础，也是洞悉先秦儒家如何以礼乐迁化鬼神之道的重要途径。

一　由“礼”“乐”而“礼乐”

“礼”源于原始宗教仪式，是仪式的理性化、凝练化、程序化后的产物。“乐”则来自自然的声音、劳动的号子、情绪的宣泄，是现实的情感体验。二者渊源有自、指向各异，发展演变趋势也有不同，保持着自身的独立品格。但当它们同时与神灵信仰发生关联时，礼与乐就以互相配合的形式共同实现崇神降神功能。一者通过具体行为展演发挥沟通人神的作用，一者将由外物映射至人内心而引起的各种情绪和神圣体验浑融一体，并以韵律节拍的方式抒发出来，二者共同表达了人类在精神上实现与神圣连接的渴望。礼与乐又通过相互配合共同完成了对中华文化品格的塑造，共同成为稳定社会、调节人群关系的积极手段。“礼乐”连称就是对“礼”“乐”密切关系的认同。“子曰：‘礼也者，理也，乐也者，节也。君子无理不动，无节不作。不能《诗》，于礼缪。不能乐，于礼素。薄于德，于礼虚。’”（《礼记·仲尼燕居》）只有礼与乐融通相合才能治世、化物、感心，只有礼与乐对接互摄才能通理、修身、明德。西周时期周公的制礼作乐正是建立在“礼”“乐”相和这一认识基础上的。到了东周时期，虽然原有的礼乐制度已被破坏，但王权衰落、战争频仍的动荡社会急切地需要一种人文力量来安抚人心和规制行为，先秦儒家便再次高举起礼乐的旗帜，以复周礼的名义将“礼”与“乐”分别改造，使之成为体仁显德的基本准则和修身为政的有效手段。

由“礼”“乐”发展为“礼乐”并非两个概念或形式的简单相加，而是形成一个既与各自本源密切联系又有所区别、既保留一定的独立性又有效融合的新整体。这一整体通过礼与乐各自的表现方式实现功能，又通过二者的融合传达更深刻的精神意义，并最终以系统的、圆融的一体状态完成对人的规范和影响。

首先，相比分立的“礼”和“乐”，一体的“礼乐”其内部关系更为复杂。“礼”用仪式的、秩序的方式对社会和人际关系实现协调和约束，而“乐”以精神陶冶和情感共鸣的形式对人的情感世界和意识形态施加影响，各司其职，不可随意替代。而随着“礼”的体系化趋势加强与意义扩大，许多内容都包含于其中，“乐”因此又在礼仪展示的过程中起到表达情绪、营造情境的辅助作用。所以“礼乐”可以在一定场合被理解为“礼”中之“乐”。当然，“乐”并没有失去自我，“乐”或许是下属于“礼”，或许是并列于“礼”，又或者是分行于“礼”，但从未完全依附于礼典仪式，而是自有一个既可外放融合又可内敛独立的灵活结构，这种结构以节奏、韵律和曲调为表现形式，可与具体仪式行为产生关联共同发挥作用，也可以独自传情达意。因此，“礼乐”又可以被理解为互相配合的“礼”与“乐”。东周时期，曾经昌盛一时的礼乐共作的文化制度已分崩离析，虽然先秦儒家积极提倡礼制和乐教，在一定程度上维持了礼乐文明的延续并刺激了它的发展，但它必然已不是原本的样子。不过融合了新形式与新内涵的礼乐比以往任何时候都关涉人世，都彼此融通，礼制与乐教组合为重要管理手段，并发展为构建伦理秩序的有效方式，因而新的“礼乐一体”达到了前所未有的高水平。

其次，“礼”与“乐”的差异为“礼乐”的发展提供源源不断的内驱力。“礼乐”作为一个整体通过内部要素的相互作用激发潜力，使之在矛盾的调和中、作用的协同中发挥最大的功能。“礼”与“乐”的不同，正是刺激矛盾生成的关键。其一，“礼”与“乐”的作用方向不同，使得“礼乐”在兼容并蓄中获得更多能量。礼重在异，乐重在同。“乐者天地之和也，礼者天地之序也。和，故百物皆化；序，故群物皆别。”（《礼记·乐记》）礼通过规定等级和辨别尊卑将社会人群划定在不同的阶层和范围里，并以此引导行礼者的行为方式，此种划分是安民治世的基础。乐则通过引起美感的共鸣而合同人心、调节情绪，并在精神上进行潜移默化的影响。“乐由中出，礼自外作。”（《礼记·乐记》）礼指向于外，乐指向于内，二者不同的作用方向分别产生外放与内敛的影响。正所谓：“凡三王教世子必以礼乐。乐所以修内也，礼所以修外也。礼乐交错于中，发形于外，是故其成也怿，恭敬而温文。”（《礼记·文王世子》）“乐”与“礼”内外共举，相互配合，密无间隙，“礼乐”便在组成元素的相异、相对中理人事、承天道。其二，“礼”与“乐”的影响对象不同，扩充了“礼乐”的意涵。礼之终极功用是治国安世，乐之终极功用是抒发情感。早在春秋时期“礼”就被赋予承天道、彰天意的含义，如：“礼以顺天，天之道也。”（《左传·文公二十五年》）“夫礼，天之经也，地之义也，民之行也。”（《左传·昭公二十五年》）到了荀子那里礼更被称为天地万物的最高准则。荀子说：“天地以合，日月以明，四时以序，星辰以行，江河以流，万物以昌，好恶以节，喜怒以当。以为下则顺，以为上则明，万物变而不乱，贰之则丧也。礼岂不至矣哉！立隆以为极，而天下莫之能损益也。”（《荀子·礼论》）在荀子看来，自然万物都是因为礼的作用而正常运行，爱憎喜怒等情感也是因为礼的作用而恰如其分，用礼来治理臣民就可民顺君明，万物千变万化而不混乱，反之，如果背离了礼就会丧失一切。礼被抬升到如此高的地位，其原因就在于人们将礼视为重要的治世手段，礼的关涉对象是天道人伦，是规则秩序。乐的作用则是和同人心、陶冶情操，影响和感化的是人的精神世界，关涉对象是内心情感，是意识心绪。虽然乐同样具备移风易俗的功能，“乐者，圣人之所乐也，而可以善民心，其感人深，其移风易俗，故先王导之以礼乐而民和睦。”（《荀子·乐论》）但乐属于教化于无形，而并非礼那样用外在规制限定人的行为。“礼”与“乐”，一是在“行”，一是在“心”，影响对象不同自然扩充了“礼乐”的意义范围，使之关涉到人类社会生活和精神领域的方方面面。

最后，“礼”与“乐”的和谐又是“礼乐”大昌的基础。“礼”与

“乐”发挥着近似的社会作用，即情感与制度的双向制约。“礼”规范人的行为，同时也内制人的思想，使之在执礼行仪之时保持诚挚之情，也使人在情绪表达时不越于礼。“乐”抒发人的情感，同时也约束人的行为，使之在乐舞建立的环境中行止有度，也使人在节仪展演中寄情抒怀。当它们兼备激发情感和维护秩序的功能时，“礼”“乐”便可默契配合，功能互通，最终融为一体之“礼乐”。“乐”与“礼”的交错始终如一，即便到了礼崩乐坏的春秋战国时期，乐舞与礼仪也保持着密切的关联。“乐”与“礼”彼此协同、相互包容，礼乐一体是其发展的必然趋势，在二者的互渗融合下“礼乐”的作用被最大程度地优化。

二 “礼”“乐”的圣与俗

“礼”是区分等级关系、讲究进退尊卑的重要准则与衡量尺度，是治国安世的手段，起到如此作用的礼是世俗的；礼又是神话思想与神灵信仰的表述形式，有精神上的虔诚与领悟，此时的礼是神圣的。当作用于世的“俗”与超然于世的“圣”合而为一时，礼便兼具人世生活与精神信仰的意义。礼的神圣意义和世俗价值并非同时具备。在礼产生的初期，无论形式上还是内容上，它都没有脱离仪式的影响，仍旧以各种形式的行为和程序表达对鬼神的祈求和敬畏，它具有一定的标准、秩序及规范效应，但还没有成为一种制度体系。从出土器物上看，夏代的仪式已经颇具系统和规模，但因没有文字史料可征，尚不能判断此时是否已形成礼制。从甲骨文所记祭祀活动的种类与规律来看，商代的祭祀礼仪已经比较完备，加之西周时期礼制大盛，可以想见商代的礼仪体系已经成型。此时的礼更倾向于“礼仪”，典雅地、标准地、重复地完成仪式的功能，但还不是独立的文化制度体系。发展到西周，礼已经系统化和制度化了，礼更倾向于“礼典”，且不再作为仪式的衍生物而存在，而是实现了价值的转化——成为调节社会关系的工具及统治人民的措施。再到东周时期，礼崩乐坏的社会现实一方面破坏了原有的礼乐制度，但另一方面又急迫地提出了重整礼乐的现实需要，在先秦儒家的倡导中既继承传统又有新意的新礼体系逐步建立。虽然“向来史家都称春秋社会的动乱导致‘礼坏乐崩’。实际上，如果着眼于孔子学术的主要特点，则春秋时期无疑是西周礼制的‘复述’期（包括改造和突破），郑重其事的礼学和后世儒家所推崇的理想‘周礼’形态都是在这一时期逐步发育和成熟起来的"①。此时的礼已经成为脱离宗教仪式的独立系统，代表的不单单是准则和秩序，更是治世安国的方法和策略。"礼者君之大柄也。"（《礼记·礼运》）"礼，国之干也。"（《左传·僖公十一年》）"礼以体政。"（《左传·桓公二年》）都将礼的价值和意义提升到理政的层面。《礼记·仲尼燕居》更说："是故以之居处有礼，故长幼辨也；以之闺门之内有礼，故三族和也；以之朝廷有礼，故官爵序也；以之田猎有礼，故戎事闲也；以之军旅有礼，故武功成也。是故宫室得其度，量鼎得其象，味得其时，乐得其节，车得其式，鬼神得其飨，丧纪得其哀，辨说得其党，官得其体，政事得其施，加于身而错于前，凡众之动得其宜。"礼对于管理社会、和睦人群、稳定政事、纯正精神如此重要，成为社会运转的重要驱动力。礼一步步走下宗教的祭坛，步入烟火的人间，脱下了神与鬼的外袍，变得一日比一日亲切，但礼又从未完全走出精神的殿堂，隐没于红尘，仍戴着召唤神灵的冠冕，坚守一寸又一寸的信仰净土。所以，"礼"是神圣的，任谁也磨灭不了它闪耀的灵光；"礼"又是世俗的，任谁也否定不了它对现实的参与。礼实现了"圣"与"俗"的双重价值，一方面表达神圣的含义，一方面实现维护社会秩序的功能。

先秦儒家体察的"礼"有诸多内容，其中最能表现礼之既圣且俗特征的非祭礼莫属。在先秦儒家经典文献中，不时有对祭祀问题的探讨，如："祭如在，祭神如神在。"（《论语·八佾》）"所重：民、食、丧、祭。"（《论语·尧曰》）"祭，齐大羹而饱庶羞，贵本而亲用也。"（《荀子·礼论》）"凡治人之道，莫急于礼。礼有五经，莫重于祭。"（《礼记·祭统》）先秦儒者看重祭礼，就在于祭祀之礼鲜活地展现了礼兼具圣俗的双面特征。在彰显神圣方面：对异己力量的肯定与崇拜、对神灵的信仰和敬畏使人们坚信通过某种形式可以实现与超自然力量的交流，这正是祭祀能够产生的最直接原因。"祭祀是为祈求超自然力量的庇佑和祝福而对鬼魂所进行的一种仪式，这是《尚书》《诗经》等孔子之前的文献中清清楚楚记载着的关于祭祀的意义。"② 祭祀之礼不需要另加诠释就能表现出鬼神意识和神灵信仰，它是众礼之中最能直接触及圣域的方式。在连接世俗方面：祭祀之礼带有现实功利色彩，祭祀活动的根本追求就是获得福佑、祛除灾

① 张富祥：《殷礼与周礼之间——孔子创立儒学的地域文化背景》，《光明日报》2003年9月2日史学版。

② ［美］杨庆堃：《中国社会中的宗教》，第198页。

祸。特别是经过西周礼制的提纯和先秦儒者的调和，它作用于现实的潜力得到进一步开发。其团结宗族、和谐社会的能力得以凸显，其道德教化、修养品质的作用受到肯定。从殷商时期的祈求神佑，到西周时期的彰功显德，再到春秋及以后的安邦定国，祭祀的道德、社会功能被不断强调。对于祭礼的此种二元性，荀子总结道："祭者，志意思慕之情也，忠信爱敬之至矣，礼节文貌之盛矣，苟非圣人，莫之能知也。圣人明知之，士君子安行之，官人以为守，百姓以成俗。其在君子，以为人道也；其在百姓，以为鬼事也。"（《荀子·礼论》）对于君子来说，祭祀是做人需要遵守的道德规范；对于百姓来说，祭祀则是侍奉鬼神的事。先秦儒家很好地利用了祭祀之礼兼具圣俗的特征，使之成为神道设教的主要手段和方式。

"乐"亦是圣与俗的结合体。从音乐的起源来讲，它是真实情绪的表达和现实生活的内在体验。当铿锵有力的劳动号子一声声响起，当或悲或喜的呼号一阵阵传来，当穿山越水的叫喊久久回荡，当絮絮低语的呢喃轻轻萦绕，音乐便产生了。音乐抒发着人的情绪，是真实有过的或者正在感受着的情感的具象表达，无论它是舒缓的还是急促的，也无论它营造的氛围是温馨的还是癫狂的，音乐都来自人的现实生活和真切体验。从音乐的应用来讲，它是营造气氛和沟通人神的神圣力量。当急促的节拍鼓起了征战的勇气，当舒缓的节奏衬托了祭祀的庄严，当柔和的曲调制造了欢聚的和乐，当沉谧的声调彰显了巫仪的诡秘，音乐便于神圣空间中振荡着人的灵魂。黄帝之《云门》、帝尧之《咸池》、帝舜之《箫韶》以及三代之《大夏》《大濩》《大武》，之所以能够被视为至雅之乐，就在于它们用于祭祀场合，实现了乐连接神域与人世的功能。

"乐"的圣与俗又体现在其内在的雅俗之别。音乐可以是"雅"的，雅乐从神圣的祭祀乐中衍生而来，在诗、乐、舞合一中讨取神灵的欢心及恩宠，寻求自我精神的安宁，并发展为儒家倡导的乐教之乐的主要内容。与礼共同配合以达到理想社会状态的乐主要就是指雅乐。《周礼·春官宗伯·大司乐》言其职掌云："以乐德教国子：中、和、祗、庸、孝、友。以乐语教国子：兴、道、讽、诵、言、语。以乐舞教国子：舞《云门》《大卷》《大咸》《大韶》《大夏》《大濩》《大武》。以六律、六同、五声、八音、六舞大合乐，以致鬼神，示以和邦国，以谐万民，以安宾客，以说远人，以作动物。乃分乐而序之，以祭、以享、以祀。乃奏黄钟，歌大吕，舞《云门》，以祀天神。乃奏大蔟，歌应钟，舞《咸池》，以祭地示。

乃奏姑洗，歌南吕，舞《大韶》，以祀四望。乃奏蕤宾，歌函钟，舞《大夏》，以祭山川。乃奏夷则，歌小吕，舞《大濩》，以享先妣。乃奏无射，歌夹钟，舞《大武》，以享先祖。凡六乐者，文之以五声，播之以八音。”雅乐可以勾连天地、教化贵族子弟，各类雅歌乐舞各有其适用的祭祀环境。先秦儒家强调以温和醇厚之乐施行教化、移风易俗，正是源于对雅乐神圣意义的了解和利用。音乐也可以是俗的，它们来源于生活、流传于民间，表达情感、自娱自乐、获得审美体验是其主要目的，它们似乎难登大雅之堂，但其旺盛的生命力却是雅乐难以匹敌的。俗乐更容易引起情感的共鸣，由耳入心的音乐影响着社会的秩序与群体的风貌，在潜移默化中触及心灵、改俗迁风。从《诗经》了解乐之雅与俗无疑是最合宜和最直接的。《诗经》中的雅与颂是根据乐曲和功能标准对雅乐的划分，风则是民间音乐。神圣肃穆的氛围，热烈欢快的情绪，其乐融融的场景，便在雅乐与俗乐的应和中创造出来了。

“大乐与天地同和，大礼与天地同节。和，故百物不失；节，故祭天祀地。明则有礼乐，幽则有鬼神，如此，则四海之内合敬同爱矣。”“礼乐之极乎天而蟠乎地，行于阴阳而通乎鬼神，穷高极远而测深厚。”（《礼记·乐记》）礼乐之道与鬼神之道相通，在“圣”的领域内“礼”与“乐”亲密无间。人们所守的日常之礼与用以自娱的世俗之乐结合起来，又在“俗”的领域内实现了调节人群关系、疏导人类情感、整合社会秩序的合作。人们常用礼崩乐坏来描述先秦儒家形成发展的春秋战国时期，但如果不谈周王室衰微、天子权威下移的政治背景，单从礼仪与礼义、乐教与乐论的发展入手，就会发现此时竟仍是一个礼乐昌盛的阶段。正如柳诒徵所言：“春秋之风气，渊源于西周，虽经多年之变乱，而其踪迹犹未尽泯者，无过于尚礼一事。观《春秋左氏传》所载，当时士大夫，觇国之兴衰以礼。”[①] 礼乐之所以能够在社会动荡、文化剧变的东周保有自己卓然独立的地位并进一步发扬光大，以制度和风气的形式传承千年，体现中华民族独有的行为方式与思维特点，要归功于礼与乐能够兼备圣俗的双面特质。神圣领域的信仰和现实社会的功用为礼和乐保持文化生命力提供滋养，并支撑着二者在历史的变迁和政治的鼎革中屹立不倒，更使它们在彼此的交融和呼应中彰显出中华文化的襟怀与光辉。在礼与乐显圣化俗的过

---

① 柳诒徵：《中国文化史》，蔡尚思导读，上海古籍出版社 2001 年版，上册，第 232 页。

程中，先秦儒家的主动干预无疑是颇具功效的。先秦儒者早已意识到了神圣信仰稳定社会秩序的重大价值，也十分清楚礼乐被理性诠释和被世俗接受的无限可能，他们通过礼仪与礼义的分合为礼制注入活力，他们通过雅俗之辨将乐教精神发扬光大。先秦儒家是三代文明的继承者，他们反复强调和倡导周礼，是否合礼是先秦儒者纠察时政的主要准则；他们又是后代文化的启发者，对已有礼乐文明作适应时代的调节和整合，并以意义提炼、价值评判、神圣叙述等方式将礼乐精神告知后人。在儒家思想体系中礼乐精神被长期保留，后人可以在先秦儒家“祭神如神在”的虔诚态度中，在乐教与乐论施展的特定时空里，明辨中华“礼”之真意，体味华夏“乐”之真情。

第三节　从祭祀乐到雅乐[①]

音乐的出现证实了人们有表达情感的需要及驾驭表现方式的能力，也说明了人类已经产生了与神圣连接的渴望。音乐将由外物映射至人内心而引起的各种情绪，与神话思维、宗教观念、巫术信仰等深层心理感受浑融一体，以韵律节拍的方式抒发出来，表情达意，沟通天人。先秦儒家对音乐文化意蕴的深刻认知，对音乐感化心灵作用的积极强调，对音乐社会价值的格外肯定，是其他先秦诸子所不能比肩的，正是其对音乐独有的敏感性，促使先秦儒家的音乐思想得以形成。在先秦儒者看来祭祀乐能够实现神圣性与功能性的完美结合，故而祭祀乐是儒家最为推重的音乐。先秦儒家又积极推动祭祀乐转化为更符合时代需求的雅乐，并在此基础上形成了独特的乐教理论。乐教以充分展现情感又极具神圣色彩的音乐为手段，通过达至心灵的美感触动和驯化民情的教育来实现教化职责。先秦儒家对音乐的理解以及乐教的实施，是其神道观念的表现之一，毕竟先秦儒家所倡导的音乐中蕴藏着神秘思维与神圣感悟，也折射出伦理价值观。“乐”不但是中华文明的一脉精魂，也是开启先秦儒家思想宝库的一把钥匙。

---

① 此部分在已发表文章基础上修改而成。《从祭祀乐到雅乐——先秦儒家乐教传统的文化意蕴》，《中南大学学报》（社会科学版）2011 年第 2 期。

一　祭祀乐：儒家首重之乐

音乐的产生或来自劳动，短促有力的号子是鲜明的节奏，也是歌唱的内容；或来自对自然界各种声音的模仿，风摇水激编织出第一首欢快的歌；或源于人类抒发内心情感的动物本能；抑或源于远古召唤神灵的巫术热情。复杂的起源使早期音乐呈现出一种集歌唱、舞蹈、奏乐为一体的复合特性。“诗言志，歌永言，声依永，律和声。”（《尚书·尧典》）“诵《诗》三百，弦《诗》三百，歌《诗》三百，舞《诗》三百。”（《墨子·公孟》）“昔葛天氏之乐，三人操牛尾，投足以歌八阕。”（《吕氏春秋·古乐》）都呈现了这一特性。在不同性质、风格的音乐中，最能展现诗、乐、舞三位一体特征，最能直接沟通人神，并引发先秦儒家强烈兴趣的非祭祀乐莫属。

从表现力看，作为娱悦祖魂神灵的手段及烘托祭祀仪典氛围的工具，祭祀乐要想实现连接天人、上传下达的预定功能，就需要有足够的活力与感召力，尽可能地引起人内心的情感认同并唤醒肃穆的神秘感，而仅用音阶变化来刺激听觉是难以达到这一效果的。故而诗、乐、舞三位一体的音乐表现形式以相互配合、彼此互补的成熟形态出现在祭祀活动中，全方位地触动人类感官并唤醒人们的表达欲望，将人类的宗教热情展现得淋漓尽致。祭祀对狂热氛围的营造及先民沟通人神、表达情感的向往共同激发了祭祀乐的产生，祭祀乐的综合形态也将先秦古乐塑造得更为立体。

从发生机制讲，震撼人心的节拍被不断重复从而引发人的情感体验，先民将这种体验与神的喻示联系起来，并希冀以声音和肢体的表达将自己的心绪传达给神灵。在祭祀仪式中，音乐是人类达到超然心境，与宇宙天地、祖先神灵实现精神契合的前期准备和必要手段。天人之间的感应系统一旦通过乐舞建立，那么人们对于乐声的认知就不仅限于生理上的反应，而是又将其内化为精神意识的一部分，用以引导灵魂与鬼神的接续并抒发宗教情感。殷人就从远古祭祀乐舞中继承了“乐感天人”的意识，“当殷人在祭祀乐舞这类艺术化了的形式中，证实了自己的所知所感，精神意识的东西与乐舞的表演、音声的感荡相互融合、共鸣，从而达到情与理、心与声、现实与非现实的统一”①。先秦儒者的心理机制与之相类，祭祀乐对

① 修海林：《中国古代音乐美学》，福建教育出版社2004年版，第44—45页。

他们来说不仅是文化传统的遗存，更是实现天人同频、神人合一的精神寄托。先秦儒家又从神道设教出发，为自己的乐教理论找到一个神圣源头，这样以乐和群、以乐别类和以乐化俗便有了至纯至上的依据和至真至恰的道理。先秦儒者以祭祀乐为依托希望将自发的、灵活的、原始的心理体验仪式化、固定化、制度化，进而以理论的而非宗教的形式提升人的精神境界。

从文化背景讲，胡适曾在《说儒》篇中指出孔子时有所谓的“君子儒”和“小人儒”，“小人儒”的特点之一就是“他们熟悉礼乐，人家有丧祭大事，都得请教他们”。“丧礼是他们的专门，乐舞是他们的长技，教学是他们的职业。”① 正是反复地观察乐舞表演甚至长时间主持祭祀乐舞活动，才使得先秦儒者对于音乐有如此深刻的体验，并由衷地认同乐与祭祀、神灵、巫术之间的紧密联系。在形式上祭祀乐满足了表达情感、配合仪式的需要，在意义上它实现了献媚祖先、愉悦神灵的功能，体现了整个祭祀活动的主旨。在乐以娱神的神道观念的影响下，尊崇乐声沟通鬼神的神圣作用是先秦儒家音乐意识中一个比较突出的特点。

当乐的宗教性和神秘性随着时代的发展逐渐掩藏于社会性与伦理性之下时，祭祀乐却较高程度地保持了乐的神圣性与功能性的完美统一，这使得祭祀乐成为先秦儒家首重之乐。睿智的先秦儒者深刻地认识到成功地以乐行教不能忽略乐的宗教性来源，亦不能将乐与礼单独抽离只强调其神秘通感的力量而忽视其伦理规范的能力，于是，儒家将祭祀乐转化为更符合时代需求的雅乐。这一转换的成功，不但为乐教的实施找寻到了神圣的根源，亦引导了音乐的品格划分与价值分层。

二　雅乐：祭祀乐的衍生与俗乐的融合

在先秦儒者看来，最具神圣价值和神秘意味的音乐就是在祭祀仪典上反复奏响的祭祀乐，对祭祀乐进行进一步扩展，就从中引申出一种在内容与形式上承袭祭祀乐，主要用于各种仪典宴会场合的典雅纯正的音乐——雅乐，而雅乐便是先秦儒家施以教化、和群乐众、述志抒怀所用之乐。雅乐作为一种音乐形式兼具祭祀乐与政教乐的作用，以更宽泛的含义和更灵

① 胡适：《说儒》，载庞朴等编《先秦儒家研究》，第183、192页。

活的形态代替了祭祀乐在人们心目中的地位。雅乐在曲调上继承了祭祀乐效法天地自然、沉静肃穆、平和悠长的特色，在内容上继承了祭祀乐歌对英雄、始祖与神灵的歌颂，在精神上又延续了祭祀乐对神圣的敬畏和尊崇。雅乐还突破了祭祀乐在应用领域和内在意义上的局限，走出了迷幻的氛围，走入了秩序井然的人间，它意在称颂先王之道、治国平天下、表达君子之志，故又被推崇为“德音”。雅乐源于祭祀乐，却又根据时代的要求有所变化，与社会伦理、道德教育的联系更为紧密。

春秋战国时期，以“郑卫之音”与“桑间濮上之音”为代表的民间音乐颇受欢迎，它们短小精悍、旋律性强、力求愉悦心情而无需顾及教化价值，这使其符合动荡年代人们寻求精神慰藉和及时享乐的需要，因而在与雅乐的较量中始终保持强劲势头，令儒家推进雅乐的进程步履维艰。先秦儒家遂十分排斥俗乐，在儒者眼中俗乐是靡靡之音，是乱世之音，于治国、修身毫无裨益。“恶郑声之乱雅乐也。”（《论语·阳货》）“放郑声，远佞人，郑声淫，佞人殆。”（《论语·卫灵公》）“君子不听淫声。”“郑、卫之音，乱世之音也，……桑间、濮上之音，亡国之音也。”（《荀子·乐论》）但先秦儒者也意识到无法阻挡音乐世俗化的发展大势，既然不能做到坚决抵制，那便退而求其次接受俗乐的存在。“今之乐，犹古之乐也。”（《孟子·梁惠王下》）古之雅音与今之俗乐，似乎不是不可调和共存的。荀子甚至肯定了音乐的目的是使人欢乐，君子听乐在道德上有所升华而获得欢乐，小人听乐在感官上获得满足也感受到欢乐，其关键不在于音乐本身是雅是俗，而在于如何用从音乐中感受的“道”去引导和战胜“欲”。“乐者，乐也。君子乐得其道，小人乐得其欲。以道制欲，则乐而不乱，以欲忘道，则惑而不乐。故乐者，所以道乐也；金石丝竹，所以道德也。”（《荀子·乐论》）儒者不再希求完全摒除俗乐，而是想通过各种努力在“雅”与“俗”、“情”与“理”、“教化”与“享乐”中寻找制衡点，在给俗乐留下生存空间的同时将雅乐发扬光大。

对俗乐态度的转变，对雅俗共存的认可，是先秦儒者为宣扬雅乐而做的妥协，在其内心深处真正能体现乐之神圣和功能的仍旧是雅乐。先秦儒家为积极推行雅乐不但身体力行，倡导雅乐下移，更以雅乐为核心建立起一套乐教理论，对雅乐的推崇可谓不遗余力。

儒家先圣孔子精通乐器、乐理，曾学鼓琴师襄子，亦可语鲁大师乐。“子之武城，闻弦歌之声。夫子莞尔而笑，曰：‘割鸡焉用牛刀？’”（《论语·阳货》）孔子甚至只闻乐声便可知一地之教化水平。他凭借自身良好的音乐素养对雅乐进行了一番整理，孔子曾说："吾自卫反鲁，然后乐正，《雅》、《颂》各得其所。"（《论语·子罕》）史书也说："三百五篇孔子皆弦歌之，以求合《韶》《武》《雅》《颂》之音。"（《史记·孔子世家》）在教学中孔子更是反复强调雅乐在育人化心方面的重要性，广泛推行其乐教观，提出"兴于诗，立于礼，成于乐"（《论语·泰伯》），将谙习雅乐看作修身立命达于最高阶段的标志。《荀子·乐论》及先秦儒家音乐理论的集大成之作《礼记·乐记》都是承孔门乐教精神而来，均表现出对雅乐的高度推崇。如《荀子·乐论》就说："故听其《雅》《颂》之声，而志意得广焉；执其干戚，习其俯仰屈伸，而容貌得庄焉；行其缀兆，要其节奏，而行列得正焉，进退得齐焉。"先秦儒者的身体力行，使雅乐成为儒家学说的重要内容，进而影响了此后中华千百载的音乐理念。

战国时期是雅乐与俗乐的共存交融期，雅乐下移与俗乐结合，同时，民间的音乐继续自身的发展并传至统治阶层。这种结合是音乐发展与流播的自然趋势，一方面维系贵族尊严的讲究"中平"和"肃庄"的雅乐给人以精神上的指引，要想实现"民和而不流"与"民齐而不乱"就要将雅乐输入民间（《荀子·乐论》）；另一方面，俗曲新调打破了旧有的规范，不但获得了晋平公、卫灵公、魏文侯、齐宣王等统治者的喜爱，更因"其民无不吹竽、鼓瑟、击筑、弹琴"（《战国策·齐策一》）的社会潮流引起了社会上层的关注。雅乐与俗乐的交融又是主动存留雅乐的折中方式，它可以防止俗乐势力过度发展挤占雅乐空间。当"此亡国之声，不可遂也"的制止仍不能消除人们对俗乐的喜爱（《韩非子·十过》）[①]，那么废止俗乐便是不切实际的幻想。先秦儒者发挥聪明才智，应势而为地倡导雅乐下移，既扩展了雅乐的影响领域，又在一定程度上中和俗乐丰富其内涵与意义。儒家倡导"雅"与"俗"结合是不得已而为之，虽然二合一的产物不能保有雅乐的全部特征，但这至少为雅乐留下了一定的生存空间。

先秦儒家还坚持以雅乐为教育工具，形成一套完整的乐教理论，以雅乐的伦理化和政教化限制世俗化，使其功能与精神通过乐教的方式得以保存。以乐教化的思想古已有之。帝舜曾命令夔道："夔，命汝典乐，教胄子。直而温，宽而栗，刚而无虐，简而无傲。诗言志，歌永言，声依永，

① 陈奇猷校注：《韩非子集释》，上海人民出版社 1974 年版，第 171 页。

律和声，八音克谐，无相夺伦，神人以和。”（《尚书·舜典》）音乐是神人以和的媒介，也是教育贵族子弟使之达到“直而温，宽而栗，刚而无虐，简而无傲”境界的手段。先秦儒家便继承了这一思想，注重通过音乐进行感化和教育。“故乐在宗庙之中，君臣上下同听之，则莫不和敬；闺门之内，父子兄弟同听之，则莫不和亲；乡里族长之中，长少同听之，则莫不和顺。故乐者，审一以定和者也，比物以饰节者也，合奏以成文者也，足以率一道，足以治万变。”（《荀子·乐论》）“乐者，通伦理者也。……是故先王之制礼乐也，非以极口腹耳目之欲也，将以教民平好恶，而反人道之正也。”（《礼记·乐记》）雅乐是乐教之枢机，儒家以雅乐施教导人向善，也以雅乐感化人群使之敦和别序。儒家乐教升华了雅乐的意义，使得社会生活中但凡有礼仪与教化的存在就留有雅乐的空间，雅乐不仅仅是在盛大场合演奏的庄严隆重的乐曲，更是具有极大社会意义与教育价值的文化产物。

先秦儒者对雅乐的追求与推崇，从审美角度讲，与祭祀乐在其心中引起的心灵感受相符，在他们看来祭典音乐的肃穆庄重激发了雅乐的美感；从功利角度讲，雅乐的存在符合儒家神道设教的实践，雅乐教化潜移默化地影响了人们的行为和心理；从精神角度讲，雅乐内蕴的是神灵信仰，是神灵崇拜的延续与转化。总之，雅乐产生之后，音乐有了更现实的意义和更神圣的作用，特别是在先秦儒家的积极推动下，乐越发与社会伦理、道德教育紧密相连，除了作为娱神的工具外，乐又具有了调节人际关系的重要作用，乐教理论便在这一基础上经由现实的刺激产生了。

三　乐教：理性与神性的杂糅

先秦儒者一直处于矛盾状态：他们受神灵观念与神话思维影响，却不像墨家那般宗教狂热；他们的政治理性最先觉醒，亦是倡导道德规范的先驱，却又受制于天命。因而被墨子讽刺说：“执无鬼而学祭礼，是犹无客而学客礼也，是犹无鱼而为鱼罟也。”（《墨子·公孟》）胡适评论说：“（孟子）这个人正是儒家的绝好代表：他一面维持他的严格的理智态度，一面还不能抛弃那传统的祭祀职业。”① 先秦儒家的这种天人交战牵涉到政

① 胡适：《说儒》，载庞朴等编《先秦儒家研究》，第232页。

治、修身、为学的各个方面。以雅乐为基础的乐教理论的问世，更真切地体现了先秦儒家思想中理性与神性的错综交杂。

从理性方面说，首先，“乐”是“感于物而动，故形于声”的产物，是表达人类认知、抒发喜怒哀乐的有效工具。“其哀心感者，其声噍以杀；其乐心感者，其声啴以缓；其喜心感者，其声发以散；其怒心感者，其声粗以厉；其敬心感者，其声直以廉；其爱心感者，其声和以柔。”（《礼记·乐记》）乐如此真实地反映人的内心，即便是先王亦要“慎所以感之者”，那么尊王崇圣的儒家，强调理性与人道的儒者，自然会对其格外重视。其次，社会对人的外在行为需用礼来规范，礼又通过乐传达于心，外在与内在产生共鸣，人们会获得与乐营造的氛围类似的心境，心与物和谐安悦的关系自然呈现，儒家学说得以推行的心理条件由此形成。最后，先秦儒者在长期以乐化人的实践活动中体验到雅乐的魅力，它曲调庄严肃穆、节拍较为缓慢且变律不大，其旋律很适合调节人们的行为，使其根据节奏进退行礼，举手投足间庄重感油然而生，儒家学说得以推行的行为条件也由此形成。以雅乐施教就成为儒家学说体系中不可或缺的一部分。

从精神方面来说，乐教是神话思维的遗留，是祭祀仪式中“乐”这一因素的升华与理论化，同时，乐教也是神道设教的具体操作方式之一，对乐教的积极运用反映出先秦儒家隐藏颇深的神道观念。意识中原始而神秘的那部分提醒着先秦儒者：乐的最大价值在于娱乐神灵、沟通人神、物我浑融。先秦儒者在知识上虽高于平民，但他们与普通民众有着共同的文化心理基础，所以他们也承认乐是神圣的，能够讨好神灵，对乐有功利的希冀，认为在合适的时机奏正确的乐能够带来好处，这是先秦儒家乐教立论的基础。儒家将从祭祀乐中发展出的雅乐作为乐教的基调，就是将祭祀乐曲从神界中拉进社会生活，正因如此，民众才愿意认同雅乐的经典、神圣，并认可其沟通人神的功能，进而接受乐教理论。先秦祭祀乐经过儒家一系列的改造发展为雅乐，并因此成为乐教的主旋律，使得儒家的神道设教有了可供凭借的手段。在儒家以神道指导人道的现实造作中乐教地位极高，正是在乐教的支持下其神道观体系才显得更为真实和完整。

乐教，是先秦儒家学说的一个重要方面，也是其理念的切实实践。要真正了解先秦儒家的乐教观念，必须从它对乐的原始文化意蕴的认知谈起，透析其乐教主张中蕴藏的神道观念与折射出的伦理价值观，并辨明其自身对乐的态度的转变，这样才能展现出先秦儒家思想演变的历程，从而了解儒家乐教的真正含义。先秦儒家推行乐教一方面继承了西周的雅乐制度，以驯化人民性情为现实目的。“而要达到使民内和外顺的教化目的，就必须以‘五礼’、‘六乐’去实施教化，以乐辅礼、以乐施教。《周礼·地官》所言‘以六乐防万民之情而教之和’，本质上是针对人心的改造、教化而言的，是以礼为行为规范，以乐为辅助手段，乐教的道德教育内容与情感教育内容相辅相成，从而达到‘以乐教和’的目的。”① 另一方面，先秦儒家推行乐教又是呼应神圣存在、实现天道理想的方式，在乐的欣赏和表演中感受超自然的力量，在乐的传承与教育中传达天人感应的精神。乐教，展现出了先秦儒家沟通圣俗的积极努力，让世人真切地理解了儒者顺天道、循事理的初心，也让人们真正地感受到儒家随时变、通天人的智慧。

总而言之，先秦儒家十分注重礼乐的社会功用及教育意义，而这是以神圣意义认同和神灵信仰崇拜为背景的。“礼乐”所体现的宇宙关系可分为两大层面，即“人”与“神”的关系和“人”与“人”的关系，上一个层面是神圣的，负责精神上的引导、沟通与领悟，下一个层面则是世俗的，负责人间秩序的规范与调节。礼乐活动首先要保证的是心灵的虔诚纯洁，内在的精神层面的要求是第一位的，同时还要注意容色神态、行为举止、曲调音律的适当合谐，外在的行止面貌的要求是第二位的。内在的精神与外在的行为展演共同作用才能达到敬事神灵、抒发内心、稳定秩序的效果，这便是礼乐的本质及作用。礼乐之制不但表现了人们对超自然的敬畏，而且巧妙地利用神圣因素规范了人的行为，磨砺了人的品性。先秦儒家认同、改造并有效地运用礼乐，使之符合时代的需求，使之彰显学派的观念，也使之成为其神道观的载体，在不同场合与背景下展现着儒者的意识与精神。

---

① 修海林：《中国古代音乐美学》，第 49 页。

第五章　圣王与英雄神话

先秦诸子百家立说虽观点殊异、论争不绝，但仍有学术体系中的共同命题，圣人之论即为其中之一。敬颂圣贤者有之，托圣自誉者有之，借往圣警今王者有之，评判先圣后圣优劣者亦有之。崇圣思想逐渐替代敬神信仰，在现实与虚幻中不断挣扎与矛盾着的人们对“神”由全身心的信仰转变为有所保留的敬畏，而更愿意将“圣”作为心灵的寄托。钱穆曾说：“惟就中国古史言，则与其谓之是神话，不如谓之是圣话。因中国古代人观念，圣人地位，早已超越于神之地位之上也。故中国古史，尧舜禹汤文武历圣传统之传说，为后代儒家常所称道者，与其谓之是富于神话性，更不如谓其富于圣话性之远为允惬。因尧舜禹汤文武诸圣之在中国古人观念中，确是圣而非神。”① “圣人”渐处于信仰体系的中心，“圣”则成为价值体系的衡量标准，圣人传说取代神祇神话的地位成为彰显神道观念的重要内容。

先秦诸子赋予圣人不同的含义，儒家的圣人是道德仁义的象征，道家的圣人能够做到自然无为，墨家的圣人讲求事功，法家的圣人注重法则。综观各家崇圣心态，以先秦儒家最为深刻和积极，并于崇圣、化圣、造圣诸方面用力最勤。圣人崇拜对先秦儒家来说不但是一种精神寄托，更是一种兴邦救世之法，是被赋予希望意义的形象符号。圣人从巫的背影中走出来，进入儒家视野，成为先秦儒者最为推崇的论说武器和人世典范。从文献记载中看，先秦儒家经典著作常有论及“圣”或“圣人”的字句篇章；从学说体系上看，崇圣观念是先秦儒家力图通天达世和敦伦传道的关节点；从思想内容上看，圣人传说是体现儒家神道观念和神圣思维的载体。因此，要想从整体上深化对儒家神道观念的认识，就要了解何为圣人，先

---

① 钱穆：《中国学术思想史论丛》（一），生活·读书·新知三联书店2009年版，第93页。

秦儒家圣人观念有怎样的特性、经历了怎样的演变，以及先秦儒者如何通过内在的同质特性将圣王与神话英雄紧密联系在一起，彰显尧、舜、禹等人物兼具英雄与圣王的双重身份。在儒家视野下，神话英雄是圣人的原型，英雄业绩为圣人故事提供了初始素材；圣人是神话英雄的化身，圣人传说书写了神话英雄的精神和命运。

第一节　“圣”的原始意蕴与历时转变

探究先秦儒家圣人崇拜的深刻意蕴，首先要分析“圣”与“圣人”在儒者论说中的意义。《说文解字》言“圣”为“从耳，呈声”。甲骨文“圣”的字形为“”“”等，从“”从“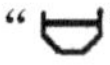”。“，乃以耳形着于人首部位强调耳之功用；从口者，口有言咏，耳得感知者为声；以耳知声则为听；耳具敏锐之听闻之功效是为圣。声、听、圣三字同源，其始本为一字，后世分化其形音义乃有别，然典籍中此三字亦互相通用。”① 圣的原初意义与声音有关，代表感知声音的听觉，顾颉刚在《“圣”、“贤”观念和字义的演变》中就指出，“圣”与“听”实为同字，其意就是“闻声知情”。② 战国楚简《郭店楚墓竹简·语丛一》：“其体有容有色，有声有嗅有味。”③“声”字在简文中也用“圣”字表示，“圣”又是“声”的假借字。“圣”可直接解释为听觉敏锐，那么“圣人”就是听觉敏锐的人。能达到“圣”之境界的“听”并非指简单地听闻人间的言语声音，而是指谛听超自然的命令和告谕，即听取天神上帝之声、闻得自然万物之音，并且能探得个中奥秘。“甲骨文聑字作、、或、、等形。”④“聑”是“听”也是“圣”，既有表达听治、听闻之意的“耳”，也有表达言说、言辞之意的“口”。既然达圣时听闻的不是人间言语，那么所言的也不会是日常对话，甲骨文中圣字所带的“口”形便是与天、与神的言语交流，换

① 徐中舒主编：《甲骨文字典》，第 1287 页。

② 顾颉刚：《“圣”、“贤”观念和字义的演变》，载《中国哲学》（第一辑），生活·读书·新知三联书店 1979 年版，第 81 页。

③ 荆门市博物馆编：《郭店楚墓竹简》，第 195 页。

④ 于省吾：《甲骨文字释林》，中华书局 2009 年版，第 83 页。

言之就是在祭祀活动中向神祷祝并听取神的指令，可见圣人不但有听神降命的荣耀，也有与神对话的资格。叶舒宪说："早期史书和金文开篇常见的'王若曰'与'曰若稽古'一类套语，绝非毫无意义的发语词，而是巫史宗祝们进入通神状态的标记，也是给叙事话语带来降神背景和神圣权威性的标记。"① 这可以从侧面证明"圣"之听与说均与神相关。口中所言与耳中所闻对于圣人身份的确立，对于圣人巫职能的赋予同样重要。圣人能听到凡人无法闻悉的声音，并在理解其内涵的基础上将神圣语言传入人间，与此同时，圣人又将人世间的祈愿和祷祝上呈天神，以期获得神的庇佑和启示。

圣人将天上与人间、神圣与世俗连接在一起，实现了神秘互通的宗教目的，因此，"圣"又由"听"意引申为"通达"之意。《尚书·洪范》即云："睿作圣。"《传》曰："于事无不通谓之圣。"《风俗通义》又言："圣者，声也，通也，言其闻声知情，通于天地，条畅万物也。"（《艺文类聚·人部四·圣》引）② 利用"圣"的引申义"通"，我们就可以从职能角度对圣人的身份作一番分析。圣人可以获悉上帝旨意与领悟天命意图，连接圣俗，拥有此种天赋并肩负此项职能的人正是利用语言、音乐与歌舞等声音媒介实现上传下达功能，代表神圣、知识与权力的巫觋。张光直就说："巫是智者圣者，巫便是有通天通地本事的统治者的通称……"③ 通达至上神的能力和技艺是维系巫觋身份最有力的保障，亦是圣人社会价值的重要体现方式。

圣人的巫属身份从很多方面都可以得到证实。"圣人亨以享上帝，而大亨以养圣贤。"（《周易·鼎·彖传》）圣人用烹饪美食祭祀上帝，大规模地烹饪可以奉养圣贤，烹饪比喻的是尊重敬奉方式，能够有资格敬奉上帝的非圣人莫属，而献祭上帝的活动很明显是大巫的职责。《周易·系辞上》载："圣人设卦观象，系辞焉而明吉凶，刚柔相推而生变化，是故吉凶者，失得之象也。"又："《易》有圣人之道四焉，以言者尚其辞，以动者尚其变，以制器者尚其象，以卜筮者尚其占。"圣人观察天时以设历法、观象体物以明吉凶，这些也都是巫觋的工作。《左传·昭公四年》又载：

① 叶舒宪：《中国的神话历史——从"中国神话"到"神话中国"》，《百色学院学报》2009年第1期。

② （唐）欧阳询：《宋本艺文类聚》卷20，上海古籍出版社2013年影印本，上册，第555页。

③ ［美］张光直：《中国青铜时代》，生活·读书·新知三联书店2013年版，第266页。

“大雨雹。季武子问于申丰曰：‘雹可御乎？’对曰：‘圣人在上，无雹，虽有，不为灾’。”当天降冰雹之时，圣人竟成为决定是否成灾的关键因素，有圣人在就不会有大冰雹，即便有也不会变成大的灾害。孔子说：“天生物，地养物，物备兴而时用常节，曰圣人；主祭于天，曰天子。……圣人有国，则日月不食，星辰不陨，勃海不运，河不满溢，川泽不竭，山不崩解，陵不施谷，川浴不处，深渊不涸。”（《大戴礼记·诰志》）正处当位的圣人可以影响天象，引导自然的流转运行，圣人的这种威慑力量应是神在人间的代言人——巫觋——的特有能力。《论衡·辩祟》说：“圣人举事，先定于义，义已定立，决以卜筮，示不专己，明与鬼神同意共指，欲令众下信用不疑。”① 可见圣人也是依循巫觋理事的程序和模式进行治世管理的。从控制天象到禳灾除祸，从设卦占卜到祭祀享神，由通天达地到合德合序，圣人是与鬼神打交道的通灵人，是把持通天权力的巫。

聆听天命、上通下达是巫觋的职责和本领，但并非所有巫觋都有资格变为圣人。“司巫掌群巫之政令。若国大旱，则帅巫而舞雩；国有大灾，则帅巫而造巫恒；祭祀，则共匰主，及道布，及蒩馆。凡祭事，守瘗。凡丧事，掌巫降之礼。”（《周礼·春官宗伯·司巫》）只有掌管整个族群的神圣事务，统领群巫的巫师之长才会获此殊荣。在早期阶段，群巫之长兼具宗教领袖与政治首领的双重身份，巫既是天神在人间的代言人，也是社会知识的拥有者，天赋异禀与后天习得的优势使他们具有很强的公信力，因而在政治上占有极高地位，巫王同体是当时的普遍情况。陈梦家就曾指出：“王者自己虽为政治领袖，同时仍为群巫之长。卜辞中常有王卜王贞之辞，乃是王亲自卜问，或卜风雨或卜祭祀征伐田游。”② “丙午卜，王，贞妇□……三月甲辰娩，惟……”（《合集》13965）“王其鼎……又大雨。”（《合集》30013）“［王固］曰：雨。四日甲午允雨。”（《合集》12976）此类卜辞中都可以看出占卜由商王亲自完成，而这无疑应是巫的职责。古籍记载也证实了陈梦家的观点，如禹被视为继尧舜之后的君王典范，而其帝王霸业的成就与巫的身份紧密相关。禹代鲧而兴获得了大巫的绝高地位是其可以领治水土的先决条件，“天乃锡禹洪范九畴，彝伦攸叙”（《尚书·洪范》）。禹得到了身份上的认定，被赐予治水平土、兴邦治世的九大法则，才有资格组织治水活动。在具体的理水导流的工作中，禹又

---

① 黄晖：《论衡校释》（附刘盼遂集解）卷24，中华书局1990年版，第3册，第1009页。

② 陈梦家：《商代的神话与巫术》，《燕京学报》（十周年纪念专号）1936年总第20期。

施展了大巫的神奇法力授命神灵，并得到奇禽异兽的帮助："白面长人鱼身出，曰：'吾河精也。'授禹河图而还于渊中。"（《尸子辑本》）"有应龙以尾画地，即水泉流通，禹因而治之。"（《山海经》佚文）《拾遗记》中更详细地描述道："禹尽力沟洫，导川夷岳，黄龙曳尾于前，玄龟负青泥于后。玄龟，河精之使者也。龟颔下有印，文皆古篆，字作九州山川之字。禹所穿凿之处，皆以青泥记其所，使玄龟印其上。"① 通天驱灵，禹的种种神迹都证实了其大巫身份。同样，汤祷的传说也反映了巫王一体的现实。《墨子·兼爱下》载："汤曰：'惟予小子履，敢用玄牡，告于上天后，曰：今天大旱，即当朕身履，未知得罪于上下。有善不敢蔽，有罪不敢赦，简在帝心。万方有罪，即当朕身，朕身有罪，无及万方。'即此言汤贵为天子，富有天下，然且不惮以身为牺牲，以祠说于上帝鬼神，即此汤兼也。"《吕氏春秋·顺民》的说法与之相似："昔者汤克夏而正天下，天大旱，五年不收，汤乃以身祷于桑林，曰：'余一人有罪，无及万夫。万夫有罪，在余一人。无以一人之不敏，使上帝鬼神伤民之命。'于是剪其发，磨其手，以身为牺牲，用祈福于上帝，民乃甚说，雨乃大至。"当天下大旱民不聊生之时，商汤曝身祷雨以求天降甘露，这种行为反映了"雩祭焚巫"的宗教习俗，即在天旱之时将巫师放到烈日下暴晒燎烤甚至焚烧，以活人为牺牲向上天求雨。汤为商王而暴晒求雨就展现了其群巫之长的身份，而"汤达乎鬼神之化，人事之传也"的评价也进一步表明了汤与鬼神的密切联系。

有些虽无"圣王"之名位但有伟大功绩的"圣贤"也往往具有大巫的身份和品格。如，"以尧舜之道要汤"的伊尹被称为"圣之任者也"（《孟子·万章下》），据清华简《赤鹄之集汤之屋》记载，他在机缘之下成了大巫。文云：

> 曰古有赤鹄，集于汤之屋，汤射之获之。乃命小臣曰："旨羹之，我其享之。"……汤怒曰："孰调吾羹？"小臣惧，乃逃于夏。汤乃之，小臣乃眛而寝于路，视而不能言。众乌将食之。巫乌曰："是小臣也，不可食也。夏后有疾，将抚楚，于食其祭。"……众乌乃往。巫乌乃宅小臣之喉胃，小臣乃起而行，至于夏后。夏后曰："尔惟

① （晋）王嘉撰，（梁）萧绮录：《拾遗记校注》，齐治平校注，中华书局1981年版，第37页。

谁?”小臣曰:“我天巫。”①

当伊尹为小臣时，他被汤役使并且惧怕汤，而当他在逃夏的过程中经巫乌附身成为天巫时，他便兼具了圣贤的能力气势和神巫的技能手段，能够与夏后直接对话，身份的转换使他有机会成就神圣功业。不过即便不是王，伊尹代表的圣贤群体也没有脱离政权与王业。

圣，是闻声知情，后引申为通晓神意、冥契天道，此种能力的拥有者就是巫，圣人是从巫中分化发展出来的新身份。身为圣人原型的群巫之长，不单是原始宗教的精神领袖，更集政治特权与社会能量于一身，王权和神权在其身上得到统一并相互为用。从生成顺序来说，巫是较早地存在于人类社会中的群体，而圣则是晚出的带有观念性身份标识的一种人。也就是说，后世的圣人虽然从某种程度上继承了巫的职能，但他们毕竟不等同于巫，而是在巫的功能和特性基础上演化出来的一种新身份，这种身份带有原始宗教的痕迹，但更为现实社会生活所需要，它在保留原型意义的同时更注重的是精神内涵的深化、政治职能的丰富和社会价值的重塑。

第二节　先秦儒家崇圣意识的产生

“祖述尧舜，宪章文武”的先秦儒家以“圣”作为评判是非的标准，以成圣作为人世修行的目标，又在此基础上丰富和改变圣人的意涵，使之成为自身神道观念的有机组成部分。先秦儒家的崇圣意识之所以形成并发展出自己的特色，与其具备的内在条件和外在推动力有密切关联，这主要体现在如下两方面：一是“圣”之原型与“儒”之原型的同质性引起的精神共鸣，一是诸子共同掀起的崇圣风潮激发了先秦儒家的崇圣热情。

一　“圣”“儒”同质引起的精神共鸣

“圣”这一概念在早期有着浓厚的宗教意义，它是巫术—宗教文化的

① 清华大学出土文献研究与保护中心编，李学勤主编：《清华大学藏战国竹简》(三)，中西书局2012年版，第167页。

产物，圣人是从巫阶层中分化出来的，这一点我们在上文中有过讨论。“儒”也是由巫祝一类发展而来，共同的渊源将儒者与圣人紧密联系在一起，同质特性激发了儒者对圣人的情感共鸣。

在原始社会时期，当神灵观念萌发之时，每个人都可以与神灵直接交流，对神异力量的崇拜和信仰属于整个族群。随着族群首领权力日盛，他们逐渐成为迎神送鬼的主要人物，不过通神的资格还没有被垄断，人人祭祀鬼神、家家皆有巫觋依旧是当时的普遍情况。但个体财富的积累与社会阶层的分化终究容不下“民神杂糅”“民神同位”，统治权威的树立和力量的集中更是排斥神与人的直接沟通，于是就有了“绝地天通”的改革。“民兴胥渐，泯泯棼棼，罔中于信，以覆诅盟。……上帝监民，罔有馨香德，刑发闻惟腥。皇帝哀矜庶戮之不辜，报虐以威，遏绝苗民，无世在下。乃命重黎，绝天地通，罔有降格。”（《尚书·吕刑》）在百姓浑浑噩噩，世间混乱无常之时，天帝已无法感受到人间的德政，于是颛顼哀怜世人，制止和消灭行虐的苗民，并禁止人与神的交往。对此，楚昭王向观射父询问了绝地天通的意义：“《周书》所谓重、黎实使天地不通者何也？若无然，民将能登天乎？”观射父回答说：“非此之谓也。古者民神不杂，……各司其序，不相乱也。民是以能有忠信，神是以能有明德，民神异业，敬而不渎。……及少皞之衰也，九黎乱德，民神杂糅，不可方物。……民渎齐盟，无有严威。神狎民则，不蠲其为。……颛顼受之，乃命南正重司天以属神，命火正黎司地以属民。使复旧常，无相侵渎，是谓绝天地通。”（《国语·楚语下》）从此，隔绝了神与人的普遍交往，神事和民事也不再掺杂。当然，与神的联系不能就此切断，那些知识丰富、头脑聪明的人，那些拥有神圣感应力的人，便成为连接人神的中间人。这群能力超群的社会精英，又进一步分化：那些有上传下达之神能，并在战斗征伐、发明创造、治世管理、品德修行上有过赫然功绩的，依靠其尊贵身份、政治威信和通神之能，成为统领大巫兼现实领袖，其中的一部分被后人追奉为圣人；还有一些依靠通神技艺存活、坚守本业，做请神、祷祝、除秽、消灾等具体工作，并在身份上有了巫、祝、卜、史等区分；另外还有为数不多的一部分人在保留职业知识和技能的基础上，将目光对准人世伦理、政治秩序与道德修养，在这类人身上神圣思维与理性诉求合二为一，神道观与世俗论相辅相成，最终形成了一个新的身份——“儒”。

先秦儒家在自成派系之前，那些早期儒者可卜筮占验、表演祭祀乐舞，亦可主丧相礼，他们以传承宗教文化为己任，通过保存知识和展现才艺而获得社会的肯定及统治阶层的青睐。胡适说："儒是一个古宗教的教师，治丧相礼之外他们还要做其它的宗教职务。《论语》记孔子的生活，有一条说：乡人傩，孔子朝服而立于阼阶。傩是赶鬼的仪式。《檀弓》说：岁旱，穆公召县子而问焉，……天久不雨，国君也得请教于儒者。这可见当时的儒者是各种方面的教师与顾问。丧礼是他们的专门，乐舞是他们的长技，教学是他们的职业，而乡人打鬼，国君求雨，他们也都有事……儒的职业需要博学多能，故广义的'儒'为术士的通称。"又说孔子的时候有所谓的"君子儒"和"小人儒"。"小人儒"的特点之一就是"他们也有他们的职业，那是一种宗教的职业：他们熟悉礼乐，人家有丧祭大事，都得请教他们。因为人们必须请他们治丧相礼，所以他们虽然贫穷，却有相当崇高的社会地位。……从这种'小人儒'的生活里，我们更可以明白'儒'的古义：儒是殷民族的教士，靠他们的宗教知识为衣食之端。其实一切儒，无论君子儒与小人儒，品格尽管有高低，生活的路子是一样的。"① 孔子的出现并没有完全终结早期儒者的生活状态，相礼持丧仍然是一些儒者的工作，只不过自孔子之后儒者有了自己更为明确的政治主张和社会理想，将其主持的各项术数、礼仪活动上升到普遍仪典和国家制度的高度，并由此提升了自身的社会地位。孔子开宗立派，儒者自立门户专门从事一派学说的建设和发扬，儒学因积极入世而被视为人伦与社会的学说，但从儒者最初的工作和职能看，"儒"也是从巫中分化出的新身份。

圣人是掌权大巫的追忆性化身，作为一种精神偶像，圣人已成为文化体系中的一个基本符号，是神权与王权的至高结合；儒者则由掌握基本祭祀相礼技能的小巫演化而来，逐渐发展为一个学术派别，尝试利用本学派的学说理论以实现自己的社会愿景与政治理想。"圣"与"儒"原始身份的同质性激发了先秦儒家的认同感，使之相较于其他各家更理解圣人的价值和意义，产生了更强烈的精神共鸣。既然无法从根本上彻底分割圣人的身份来源与儒家的派别缘起，那么先秦儒家格外强调"圣"也就理所当然了。

① 胡适：《说儒》，载庞朴等编《先秦儒家研究》，第 183 页。

二　时代风潮激发的崇圣热情

从外在层面来讲，先秦儒家产生崇圣心理与彼时造圣崇圣风潮的兴起息息相关。东周时期，复杂的社会环境与政治斗争使人们越发意识到用贤使能的重要性和人的力量的不可替代性，也更加理解实际功业的号召力和优秀品格的引导力，再加上商代率民事神的氛围久已淡化，西周以德配天理念的影响仍旧延续，兼备神圣渊源、德行特征与现实功绩的圣人成为诸子共同的精神偶像。

先秦诸子虽对“圣”的理解不同，但在论说中都以圣道为追求、以圣人为榜样，“圣”成为百家争鸣中的重要论争话题。老子的思想以“道”为核心，道是天地初始、万物本源，是宇宙的终极规律，道可以解释一切，又是一切的最终归宿。圣人在老子那里就是知“道”体“道”的人。道家的“圣”是超越世俗的，不在于理政治世，不在于究明事理，而在于“得道”。所以老子说：“圣人在天下，歙歙焉，为天下浑其心。百姓皆注其耳目焉，圣人皆孩之。”（《老子》第四十九章）圣人让天下之心归于淳朴，让天下之人回归至纯，其实就是追求依于道而归本真。墨家眼中的圣人更切近人事，“圣人者，事无辞也，物无违也，故能为天下器”（《墨子·亲士》）。圣人敢于任事而胸怀博大，洞明物理而情理通达，这样有才华能力、有品德道义的人物无疑是最佳的人世楷模。墨家推重的圣人也更关系人民福祉：“圣王作为宫室，便于生，……作为衣服带履，便于身，……圣王作为舟车，以便民之事……”（《墨子·辞过》）圣人是真正掌邦国利民众的人。所以墨子说：“圣人之德，盖总乎天地者也。”（《墨子·尚贤中》）法家认可的圣人则是长于统治权术、具有政治智慧的明君。商鞅说：“圣人明君者，非能尽其万物也，知万物之要也。故其治国也，察要而已矣。”（《商君书·农战》）“圣人审权以操柄，审数以使民。”（《商君书·算地》）韩非说：“圣人不引五色，不淫于声乐，明君贱玩好而去淫丽。”（《韩非子·解老》）能推动历史演化进程，能审时度势以安民心，能自我要求并导人向善的人，才有资格被称为圣。儒家所崇圣人则是神圣相通、圣王一体的存在。“圣人为天地主，为川山主，为鬼神主，为宗庙主。”（《大戴礼记·曾子天圆》）“圣也者，尽伦者也；王也者，尽制者也。两尽者，足以为天下极矣。故学者以圣王为师，案以圣王之制为法，法其法，以求其统类，以务象效其人。”（《荀子·解蔽》）在儒家看来，圣者打通了人、王与神之间的通道，是人世间可以追求的最高远的目标，也是神道中最可触及的存在。诸子以“圣”为论的记载凡此种种，不一而足，崇圣颂圣是思想领域里的一种共识，是诸派合力共同推进的文化热潮。

诸子言必及圣人，一方面是时代的呼唤，在“道术将为天下裂”的环境中（《庄子·天下》），人们需要共同的精神偶像和人世典范，以此激发群体的热情与向往，毕竟礼乐的复兴、社会的安定、人伦秩序的进一步稳定都需要树立一个可供瞻仰和学习的榜样，而圣人恰恰是最为合适的选择，这是对道之不行与王者不兴的社会现实的积极反馈和应对。另一方面以圣人为证是诸子百家宣扬学说的手段，抬出往古圣人的言说事迹无疑能提高论说的可信性与神圣性，是建构自家理论体系的例证手段。先秦诸子一起作了崇圣热潮的推手，圣人成为各家理想之乌托邦的绝佳代言人。这股造圣崇圣的洪流不但将先秦儒家卷入其中，更因先秦儒者对圣人的极致推崇而掀起更大的浪潮。在先秦儒家的积极改造中，圣人有了更加丰满而完整的形象、更多辉煌而伟大的事迹，在先秦儒者的持续推动中，圣人传说有了自己独立的发展轨迹。

第三节　先秦儒家所崇圣人的基本特征

先秦儒者尊奉的圣人具有鲜明特征。具体表现在以下几点：圣人是人也是神，他们有人的情感身躯，也能发挥超人间的力量；圣人是品质尽善尽美的道德标杆，天德与人德于圣人身上达到和谐统一；圣人还通达多智，能体悟天道，也能抓住本质规律和开辟创造，他们以智者的身份积极参与人世社会的构建；圣王合一是儒者的最终诉求，圣王是最能体现先秦儒家政治理想和社会愿景的形象。

一　人神两面

“圣人”这一名称带有天然的不可调和的矛盾性：一方面，圣人是人，有血肉身躯，有七情六欲，即便他们身上被不断附加奇异的色彩，也无法改变其属人的本质。“圣人与我同类者”（《孟子·告子下》），“圣人与众同欲”（《左传·成公六年》），都表明圣人与人同属。“维此圣人，瞻言百里。维彼愚人，覆狂以喜。”（《诗经·大雅·桑柔》）“圣人”与“愚人”相对，也从侧面印证了前者不过是比后者更为智慧而已，二者在本质属性上是一致的。钱穆说：“所谓圣人者，乃人文历史中之杰出人物，而并非自然界之神。换言之，中国古人，早认为人类历史之演化与创进，其主要动力，在人不在神，此所以当称之为人文的历史观也。”① 与同时期的其他学派相比，崇圣的先秦儒家更加强调圣者的属人特性和现实价值。按照孔子的标准，可称为圣人的仅有尧、舜、禹、汤、文、武、周公等，其后，在儒家弟子的大力宣扬下，孔子也位列圣人之席，并成为圣之集大成者。孟子将圣人的范围进一步扩大，“由尧、舜至于汤，五百有余岁，若禹、皋陶则见而知之，若汤则闻而知之。由汤至于文王，五百有余岁，若伊尹、莱朱则见而知之，若文王则闻而知之。由文王至于孔子，五百有余岁，若太公望、散宜生则见而知之，若孔子则闻而知之。由孔子而来至于今，百有余岁，去圣人之世，若此其未远也，近圣人之居，若此其甚也，然而无有乎尔，则亦无有乎尔！”（《孟子·尽心下》）依照孟子的看法，符合圣人标准的人又多了一些。无论圣人队伍怎样扩大，被列于先秦儒家圣人名单中的都是儒者眼中真正存在于历史中的个体，这些人或许改变了历史的轨迹，散发着耀眼的光辉，他们也仍旧是活生生的人，而不是凭空捏造的虚幻存在。同时，即便“民皆有性而圣人不可慕也”（《郭店楚墓竹简·成之闻之》），圣人之道并非普通人可以轻易习得，但先秦儒家依旧肯定普通人有成圣的可能：“人皆可以为尧舜。”（《孟子·告子》）“涂之人可以为禹。”“故圣人者，人之所积而致矣。”（《荀子·性恶》）圣人与凡人不是绝对对立的存在，他们只不过是人在修身修德过程中达到的不同等级。

另一方面，圣人虽然被置于人性的范畴内进行讨论，但它又带有神性。在儒家经典中“神”“圣”时常连言或并见，如：“帝德广运，乃圣乃神。”（《尚书·大禹谟》）“王甚神圣，无恶于诸侯。”（《左传·昭公六年》）以神释圣或以圣释神的情况也常有，如：“大而化之之谓圣，圣而不

---

① 钱穆：《中国学术思想史论丛》（一），第93页。

可知之之谓神。”（《孟子·尽心下》）可见“圣”与“神”是两个能够互通的概念。圣人之神主要表现在知悉天道、与天同位、侍奉神祇等方面。“圣人之于天道也，命也，有性焉，君子不谓命也。”（《孟子·尽心下》）圣人能否认知天道虽然需要命运的眷顾，但也是天性的必然，也就是说只要尽其性圣人便可明天道。“圣人者，道之管也。”（《荀子·儒效》）“圣人，道之极也。”（《荀子·礼论》）“圣人知天道也。”（《郭店楚墓竹简·五行》）天道是宇宙间的普遍法则，是高于一切又指导一切的存在，圣人是宇宙原则和至上规律的参悟者与执行者，只有圣人才可以完全理解天道并顺利融于其中与天地合而为一。圣人不但知天道而且可与天同位。孔子提出君子有“三畏”：“畏天命，畏大人，畏圣人之言。”（《论语·季氏》）“圣人之言”与天界的最高力量“天命”和人间的最高权力代表者“大人”并列而称，一方面凸显了其崇高地位，另一方面暗示了其神秘属性。子贡的“故天纵之将圣”（《论语·子罕》），就继承孔子的思想将“天”与“圣”联系在一起，强调了圣的天赋性与神秘性。圣人还能侍奉神祇。“唯圣人为能飨帝。”（《礼记·祭义》）“圣人亨以享上帝。”（《周易·鼎·彖传》）聪慧绝顶、精诚肃正的人才可能由巫成圣，这就使圣人有能力侍奉神祇，他们理解神的喻示并代神传言，又将人的愿望传达给神。因圣人的神秘性与神圣性，以孔子为代表的先秦儒者始终对圣人保有虔诚信仰。“圣人，吾不得而见之矣；得见君子者，斯可矣。”（《论语·述而》）即便是孔子，圣人对他来说也是不可企及的，如果不是圣人具备神秘莫测的特质，拥有凡人不可窥伺的神圣力量，又怎么会让向来相信天生其德、天之未丧斯文的孔子也有这样情怯向往之态呢？“儒者论圣人，以为前知千岁，后知万世，有独见之明，独听之聪，事来则名，不学自知，不问自晓，故称圣，圣则神矣。”（《论衡·实知》）儒者眼中的圣人通天达地、知往测来、窥知神意，这不但最大程度地保留了圣人的巫的原型意义，也突显了圣人的神性。先秦儒家还主动神化圣人。孔子视尧、舜、禹为圣王，在孔子创造的叙述语境中他们拥有至纯的品格、至高的身份和至上的功业，身份能力等同于神。孔门弟子则走得更远，他们将孔子奉为圣人，并为其编造了许多神异事迹，从孔子为圣之日起，由贤而圣，由圣化神，就成为一条被验证过的可以走通的道路。“圣人参于天地，并于鬼神，以治政也。”（《礼记·礼运》）“圣人为天地主，为川山主，为鬼神主，为宗庙主。”（《大戴礼记·曾子天圆》）在先秦儒家的塑造中圣人不但可与鬼神并列，甚至能够为鬼神主，其神性再明显不过了。

儒家的圣人来自现实又高于现实，他们是人与神的融合，是在自然与超自然的互动中产生的一种身份。圣人的神性主要不表现在他具有怎样的奇异性，而在于他拥有一般人类无法企及的能力和品德；圣人的人性不表现在他的个体情感事迹上，而在于他以一颗赤诚的心始终关注并参与人世生活。

二　道德圆满

在人与神的关系上，圣人是沟通圣俗的中介；在人与人的关系上，圣人是人伦典范。“圣”的内涵受重德文化的影响，由一种神异的能力转化为人的内在心灵素质，正所谓“积善成德，而神明自得，圣心备焉”（《荀子·劝学》）。圣人由此附加了新的身份——道德榜样。

作为圣之前身的大巫就带有道德楷模的意义，虽然其所展现的德不等于西周以后的伦理道德，而更多地具有准则和规范的意义，也缺乏普遍价值，而更多个人色彩，但其示范作用是毋庸置疑的。《国语·楚语下》中观射父曾对巫师所应具备的素质进行过说明，何长文据此提出：“在中国古代的文化观念中，公众巫师是‘懿德’与‘异能’的结合体。人们根据‘同类相生’与‘物类相感’的原始法则，认为只有这德能兼备的巫师才能与神灵真正相感相通，才能完成‘降神’的使命。”[①] 至殷周变革之际，周人发展出的天命靡常、惟德是辅的“这一套新哲学，安定了当时的政治秩序，引导了有周一代的政治行为，也开启了中国人道精神及道德主义的政治传统”[②]。道德意识和道德观念的确立直接影响了“圣”意义的变化，“圣”更多地与“德”而非“神”联系在一起，圣人越来越多地以道德楷模的身份出现。

先秦儒家深受西周文化影响对德极为关注，再加之急于用理性的论说和人世生活的深刻参与完成自身社会角色的重新定位，故而在论及圣人时更倾向于描述道德上的优势。如果说“圣”以“巫”为原型展现了其神圣价值和神秘性，是隐秘而内化的，那么“圣”以“德”为特征则突出了其现实作用和社会性，是彰显而外化的。孔子以“博施于民而能济众”为

① 何长文：《巫与圣的文化关联》，《北方论丛》2004 年第 3 期。

② 许倬云：《西周史》（增补二版），生活·读书·新知三联书店 2012 年版，第 125 页。

“圣”（《论语·雍也》），郭店楚简谈“圣人天德”（《郭店楚墓竹简·成之闻之》），孟子讲“圣人，人伦之至也”（《孟子·离娄上》），荀子言“圣也者，尽伦者也”（《荀子·解蔽》），都强调了圣人的道德意义和人伦楷模作用。孟子还根据人所具备的仁、义、礼、智等品德的状况，按级将其分为善、信、美、大、圣、神，他说：“可欲之谓善，有诸己之谓信，充实之谓美，充实而有光辉之谓大，大而化之之谓圣，圣而不可知之之谓神。”（《孟子·尽心下》）则“圣”为美德的最高点。荀子又说：“积善成德，而神明自得，圣心备焉。”（《荀子·劝学》）多做好事养成高尚的德行，自然会达到精神的最高境界，也就会因此具备圣人之心。这些言论都透露出一个信息，即自西周以后随着道德价值的凸显，先秦儒家十分讲究圣人的“德”的内涵，圣人成为道德标杆。在先秦儒家以圣人品质与事迹警示和垂范众人时，德甚至成为定义圣人的首要关键词，圣人是将天德与人德合一并且内化为自己人格的人，在品德方面圣人具有无与伦比的权威性。

三　通达多智

“圣”原义是指聆听神旨和体悟天道的能力，通天达地不仅需要天赋异禀也需要超常智慧，因此圣也包含了聪慧的意义。作为圣人原型的大巫以预言吉凶、占卜祸福、祈福禳灾为主要职能，这些职能的实现需要以超乎常人的思维能力、经验知识和素质为支撑，延续了其品性特征的圣人自然也是聪明人，他们以智者的身份积极参与人世社会的构建。

“圣”于儒家典籍中很多时候都表达了聪明、智慧的意思。有的直接将“圣”释作睿智，如：“聪作谋，睿作圣。”（《尚书·洪范》）“母氏圣善。”毛传：“圣，睿也。”（《诗经·邶风·凯风》）“唯天下至圣为能聪明睿智。”（《礼记·中庸》）有的将“圣”视为智慧与其他品质的结合体，“昔者子贡问于孔子曰：‘夫子圣矣乎？’孔子曰：‘圣则吾不能，我学而不厌而教不倦也。’子贡曰：‘学不厌，智也，教不倦，仁也。仁且智，夫子既圣矣。’”（《孟子·公孙丑上》）“仁”加上“智”就达到“圣”了。有的“圣”与“智”并列连言共同表达聪慧的意义，如《荀子·宥坐》《荀子·非十二子》《礼记·中庸》之“聪明圣知”。还有的虽未明言但也于字里行间表达了类似的意义，如：“秩秩大猷，圣人莫之。”（《诗经·

小雅·巧言》）聪明智慧之大计，圣人把它谋划好，有资格谋划妙计的当然是睿智的圣人了。“维此圣人，瞻言百里。维彼愚人，覆狂以喜。”（《诗经·大雅·桑柔》）圣人与愚人对举，圣人之智自见。预知未来、通晓过去的智慧，参悟万物流转规律的智慧，融入人世有容乃大的智慧，使圣人受到众人发自内心的敬重。

先秦儒家眼中圣人的智慧主要表现在抓住本质规律和文化创制两方面。荀子说人有“圣人之知”“士君子之知”“小人之知”“役夫之知”四种不同等级的智慧，其中最高级的便是“多言则文而类，终日议其所以，言之千举万变，其统类一也”的“圣人之知”。（《荀子·性恶》）圣人言谈广博而条理清晰，每日谈及自己的主张时说的话虽然千变万化，但万变不离其宗，能坚持自己的总原则，抓住本质与根本规律。圣人掌握事物本质规律，表现在哲思方面是对“大道”的参悟与冥契，表现在现实中就是谐和人与自然。孔子说：“所谓圣者，德合于天地，变通无方。穷万事之终始，协庶品之自然，敷其大道而遂成情性。”（《孔子家语·五仪解》）荀子说：“圣王之用也，上察于天，下错于地，塞备天地之间，加施万物之上。”（《荀子·王制》）圣人上知天文下知地理，将万物和谐统一。圣人在通晓宇宙普遍规律及人与自然的交互关系的基础上，辅助天地万物的孕育发展，“赞天地之化育”使其鼎立天地间（《礼记·中庸》），在谐和人与自然的关系过程中体现了圣人的绝高智慧。体悟天道，抓住事物本质规律，是圣人之智的最高境界；引导人伦秩序与宇宙秩序的和谐，协调社会生活与自然环境的平衡，是圣人的不懈追求。

如果说体悟天道，掌握事物的本质规律是圣人形而上的睿思，那么，进行文化创制，则是圣人形而下的智慧。圣人的前身是大巫，巫者是远古文化的主要创造者和承传者，精通卜筮、祭祀、医药、乐舞、天象观测等方面，拥有相对广博的文化知识，从巫而来的圣人承续了这一文化特征，也被视作文明的创造者。“作者之谓圣。”（《礼记·乐记》）“圣人作而万物睹。”（《周易·乾·文言》）“备物致用，立功成器以为天下利，莫大乎圣人。”（《周易·系辞上》）都肯定了圣人的文化功绩。圣人的文化创制与社会生活息息相关，这不但彰显了圣人之智的现实价值，其“人”的角色属性、“德”的内在价值也因此再次得以体现。

四　圣王合一

圣人是能够交通天地的人、聪明睿智的人、以德垂范的人，这样的特质使之卓然于群，进而与王者的身份联系起来，成就了“圣王”盛名。在现存文献中，《左传》最早出现了“圣王”一词，所谓：“圣王先成人，而后致力于神。”（《左传·桓公六年》）不但将“圣”与“王”统一在一起，也表明了二者合一是社会历史功能与精神信仰本质的结合。先秦儒家由此找到了最能体现其政治理想和社会愿景的形象，“圣人之治”“先王之道”“大同之世”有了鲜活的代言人。甚至在先秦儒家的许多言论中，圣人与王是没有分别的，圣人肩负起王的责任，王彰显着圣人的智慧与品德，二者的本质和功能完美合一。

圣人是至纯至善者，圣王是治世理政者，从圣人到圣王的变化适应了思想文化从神性崇拜到理性思考的转变，也适应了先秦儒家对理性、人文、道德与政治的认知和追求，在与权位、王道、政治的交错中，圣王成为社会政治问题的核心。孔子以圣王作为其理念的实现者、治世希望之所在，对圣王的向往与崇拜激励着孔子，使之始终如一地坚定自己的仁政理想，遂有“修己以安百姓，尧舜其犹病诸”的信念和慨叹。（《论语·宪问》）马王堆汉墓帛书《五行》和郭店楚墓竹简《五行》的出土证明了子思、孟子颇有影响的“五行”说，即“仁、义、礼、智、圣”，说明“圣”在孔子之后的儒家仍旧是关键理念。特别是至孟子时期，个人主义勃兴的思想环境使先秦儒家越发关注圣王的社会角色与历史作用，为了改变现实的乱象、挣脱当位者的束缚，儒者进一步美化圣王形象，并且与孔子的尧、舜、禹或不及圣的观念不同，孔门后学将传说中的古帝王与圣人画上了等号。这样一来圣王的形象与事迹更为明确具体，关于圣王的传说就更为可信，以圣王为证来宣扬学说也显得更加理壮词胜。此时孔子已经被推到圣人的高度，当诸家学说纷出、争论不断时，孟子说：“圣王不作，诸侯放恣，处士横议。”（《孟子·滕文公下》）将“孔子之道不著”等同于“圣王不作”，并将大禹、周公、孔子并举，充分体现了孔子的圣人身份。这样的变化是圣王合一理念的旁证，因为在先秦儒者看来，孔子是素王，周公是无冕之王，二者虽无王位但执行王政、有王道理念，他们被列入圣人行列，就是在新的历史条件下强调圣与王的结合。到荀子时，他说："圣也者，尽伦者也；王也者，尽制者也。两尽者，足以为天下极矣。故学者，以圣王为师，案以圣王之制为法，法其法，以求其统类，以务象效其人。"（《荀子·解蔽》）圣王被抬升到更全面、更权威、更伟大的层面上了。

先秦儒家圣王合一的理念，进一步传承和发扬了以先王为圣王的思想，从"帝德广运，乃圣乃神"（《尚书·大禹谟》）到"古之治天下者必圣人"（《大戴礼记·诰志》），圣者为王越来越被认同和接受。在此基础上，圣王也不再是一个虚悬的名号，在他们身上寄托着人们真实的情绪，是对力量、品格、能力的膜拜，是对超人、英雄、神祇的亲近，于是圣王就和传说中的英雄联系在了一起。圣王身上彰显着英雄的气概，英雄身影里蕴藏着圣王的气息。圣王合一，不但打破了知识、道德与权位之间的壁垒，也打通了王者、英雄与神祇之间的通道，以圣为尊、依道成王的美好图景在二者的交融中缓缓展现。

第四节　人世圣王与神话英雄①

神话英雄身份高贵，或受命于神，或为神裔子孙，他们英武不凡、魄力超群，他们顽强不屈、勇敢抗争，他们推进文明、业绩辉煌。神话英雄以"神"的身份展现"人"的力量，他们是超凡脱俗的人，他们是必死的神。根据神话英雄自身功绩和特征可将其分为战争英雄和文化英雄两大类，前者以驰骋沙场、战功彪炳为首要标志，后者则以发明创造、授人技艺为主要特征。文化英雄又有广义和狭义之分："狭义的界定往往用文化英雄一词来指称那些给人类带来有益的、意义深远的发明和发现的人物，而广义的界定则不仅以'文化英雄'称呼那些最先发现或发明种种文化成果（如使用火和存储火种、创制劳动工具、培育农作物、驯养动物等）并将其技艺授予人类的神话人物，也包括那些制定最初的婚姻制度、习俗礼仪，以及祛凶除怪、消除世间混乱、为人类确立较普通的社会生活秩序的

① 此部分在已发表文章基础上修改而成。《先秦儒家圣人观新论——尧、舜、禹的圣人身份与英雄命运》，《名作欣赏》2014 年第 2 期。

神话英雄。”[①] 简单来说，狭义的文化英雄就是进行发明创造的神话人物，广义的文化英雄则创物、授艺、制序、除患无所不能。据此则战争英雄又可归于广义的文化英雄范围内，彪炳战功也可被归之于英雄的文化功绩之中。

圣人是外在事功与内在修养达于至臻之境的人，他们天赋异禀与后天修习兼具，他们能沟通天地并达本知道，他们是道德的榜样，是贤明的王者，是开辟的先驱，是创造的能手。这样十全十美的圣人与神话中顶天立地的英雄在品质上、行为上、能力上有诸多相似之处，通天达世、人神同体，建功立业、兴邦除患，道德楷模、人伦典范这三方面的同质性将“儒家圣王”与“神话英雄”紧密联系在一起。圣人可以变为神话英雄，以主人公的姿态叙述英雄的传说，从后者身上可以找到前者的文化原型，英雄业绩为圣人故事提供了最初始的素材；神话英雄又常以圣人的身份面对世人，圣人为神话英雄的身份延续和升格提供了凭借，从圣人的传说中总可以看到神话英雄的精神与命运。

英雄和圣王的出现加速了原有神灵信仰体系的崩塌，同时又重塑了人的精神世界，他们代表人的力量和意志，他们展示神的能力和尊贵，英雄与圣王站在了信仰舞台的中央，自此在神道观念中便留下了二者傲然的身影。先秦儒家圣人观在英雄神话的叙述中闪现光芒，英雄神话在先秦儒家的圣人塑造中越发生动鲜活。

一　相同的身份性质：神人过渡的英雄与人神同体的圣王

神话英雄是神之使者或承继着神的血脉，他们以超然的伟力和卓然的智慧创造令世人可望而不可即的功业，他们力拔山河、劈天追日，他们直通天地、役使神鬼，但神话英雄又不是不老不死、神能无限的神祇，他们有自己的情感和血泪，接受着命运的安排和天意的支配，他们深入人世、参与人事，是介于神灵与人之间的特殊存在。同样，圣王是连接圣俗的使者，他们直接与神灵沟通、代天立言规制，同时又来自人间，是民众首脑，圣王既有凡人不可触及和觊觎的神圣，又有神祇难以达到的亲和与真

① 杨利慧：《神话与神话学》，北京师范大学出版社 2009 年版，第 104—105 页。

实，他们是人与神的综合体。因而，神话英雄与圣王有相同的身份特质，他们都高于现实又无法完全脱离现实，是半人半神、半神圣半世俗的存在。

神话英雄与人间圣王相同的身份性质主要体现在奇异外貌、非凡出身、地位尊贵三方面。

从外貌上讲，先秦儒家推崇的圣王与神话英雄都是半人半神的样子。比如黄帝在神话中是文化创造和部落战争的英雄，其外形被形容为“黄龙体”（《史记·天官书》），相聚为轩辕之国的黄帝子孙也是“人面蛇身，尾交首上”（《山海经·海外西经》），从中可见外貌之神异。同时人们也从头脑和品行的角度来描述他，说他“生而神灵，弱而能言，幼而徇齐，长而敦敏，成而聪明”（《史记·五帝本纪》）。从中则可见他作为人的成长经历。先秦儒家推崇的圣王典范尧、舜、禹的外貌也都十分奇怪：“尧眉八彩”，“舜二瞳子”，“禹耳三漏”（《淮南子·修务训》）。“（尧）身修十尺，眉乃八彩。”（《孔丛子·居卫》）“（舜）重瞳。”（《帝王世纪》）“尧八眉，舜四瞳子，禹其跳，汤扁，文王四乳。”（《尚书大传》）尧、舜、禹确非常人之姿但又不失人的形态。传到汉代，神话英雄与人世圣人的异貌传说早已被广泛接受。“传言黄帝龙颜，颛顼戴午，帝喾骈齿，尧眉八采，舜目重瞳，禹耳三漏，汤臂再肘，文王四乳，武王望阳，周公背偻，皋陶马口，孔子反羽。”（《论衡·骨相篇》）在《春秋演孔图》《春秋元命苞》《孝经援神契》《雒书灵准听》等众多纬书的演绎下，异相更是圣人们的必备特征了。从外形上看，无论是至圣的“人”，还是英雄的“神”，他们都不完全归属于人间或天上，而是展现了形体上由神到人的过渡形态，是以人形为主体、附加以动物特征或器官变形而成的半人半神。

从出身上讲，神话英雄与人间圣王往往出身神异或带有神的血统。附宝“见大电绕北斗枢星，光照郊野，感而孕，二十五月而生（黄）帝于寿丘”（《今本竹书纪年》）。“黄帝时，大星如虹，下流华渚，女节梦接，意感而生白帝朱宣。”（《春秋元命苞》）神话英雄的人类母亲感应神力异象而受孕，诞下的孩子或为神，或被视为神的子嗣与神的使者。《山海经·海内经》《世本·帝系》《今本竹书纪年》《史记·夏本纪》《吴越春秋·越王无余外传》等古籍又记载了圣王们的奇异诞生。上海博物馆藏战国楚竹书《子羔》篇更将尧、舜、禹的感生故事并述同举，展现了先秦儒家对圣王感生传说的接受和认同。现将该篇与圣王感生有关的简文摘录如下①：

子羔问于孔子曰："三王者之作也，皆人子也，而其父贱而不足称也舆？殹亦诚天子也舆？"孔子曰："善，尔问之也。久矣，其莫……女也，观于伊而得之，𡒊三年而划于背而生，生而能言，是禹也。契之母，有娀氏之女也，游于央台之上，有燕衔卵而措诸其前，取而吞之，𡒊三年而划于膺，生乃呼曰'钦'，是契也。后稷之母，有邰氏之女也，游于玄咎之内，冬见芺，芵而荐之，乃见人武，履以祈祷，曰：帝之武，尚使【我有子，必报之。】是后稷也。三王者之作也如是。"……

当子羔询问尧、舜、禹三圣王究竟是天子还是人子时，孔子以三者的感生神话肯定了他们的神圣身份，说明他们都是人间女子接触神异之物后孕育出的生命。对高贵血统和神异诞生的严格要求，展现了先秦儒家推崇的圣王与神话英雄在身份上的惊人一致性。

从地位上讲，英雄与圣王都是高高在上的尊者。神农是最为著名的文化英雄之一。"神农之时，天雨粟，神农遂耕而种之；作陶冶斤斧，为耒耜锄耨，以垦草莽，然后五谷兴助，百果藏实。"（《绎史》卷四引《周书》）"神农以赭鞭鞭百草，尽知其平毒寒温之性，臭味所主，以播百谷，故天下号神农也。"（《搜神记》卷一）在天降粟种之时，神农耕田播种，他是农业发展的象征性人物；在对草木无所认知时，神农又辨识其形态和功能，加以选取播种或疗救伤痛。他因自身的本领而获得神农的称号，又因盛大的威名而与作为南方天帝的炎帝合而为一，成为炎帝神农氏，神话里的英雄披上了帝王的外衣。羿本是射日的英雄，在受天帝之命下凡除害后究竟如何发生身份的变化在古书中已没有明确记载。不过这个善射的英

① 此段简文按陈剑编连顺序，详见《上博简〈子羔〉、〈从政〉篇的竹简拼合与编连问题小议》，《文物》2003年第5期。隶定与释文主要参考马承源主编《上海博物馆藏战国楚竹书》（二），第192—198页。"𡒊""芵""玄"三字据李学勤、张富海释读成果。张富海认为"是后稷之母也"中"之母"二字是涉上"后稷之母"而衍，故于此处删去。"我有子，必报之"，廖名春据上下文义拟补。详见李学勤《楚简〈子羔〉研究》，张富海《上博简〈子羔〉篇"后稷之母"节考释》，廖名春《〈子羔〉篇感生简文考释》，载上海大学古代文明研究中心、清华大学思想文化研究所编，朱渊清、廖名春执行主编《上博馆藏战国楚竹书研究续编》，上海书店出版社2004年版，第13—14页；第25页；第46—47页。

雄还是有了“后羿”的名号，甚至像人间君王一样经历着身边人的背叛，“浞娶纯狐，眩妻爰谋。何羿之射革，而交吞揆之?”(《楚辞·天问》)[①] 夸父与精卫都勇敢且不懈地对抗自然力量，但说起英雄时却很少谈及他们，这是因为他们虽有英雄的事迹但缺乏足够的威望。所以被认可的神话英雄，往往对群体产生重要影响，并需要具备一定的领导力和影响力，或者说往往是英雄与帝王的结合体。圣王亦是如此。传说里、历史中的圣人何其多，品质优秀的称圣、交通天地的称圣、发明创造的称圣、平乱征战的称圣、思想深邃的称圣，以及精于一术的也称圣，而能与神话英雄并驱的唯有圣王而已。是圣王的地位与身份，使他们拥有更多与神祇亲近的机会，是圣王的名号，使他们得到更多的群体认同与意志服从。

神话英雄与人间圣王都身世非凡，拥有与生俱来的高贵身份，并以独特的外貌宣告着自己的神异和特殊，同时，他们也是驻足人间的领袖，是比神祇更鲜活的、更近于人的形象。神人过渡的英雄与人神同体的圣王注定成为社会发展的重要推动力，也必将成为神话传说中惊心动魄的篇章。

二　相通的功业意识：普世功勋与实政功绩

英雄神话蕴含的内容十分丰富，从发明创造到抗争自然，从灭患救世到征战兴邦都是英雄的业绩，并且英雄的功勋往往具有普世意义，他们拯救的不是某一个人而是所有人，至少是相当数量的人。圣王虽然没有英雄那样大的神能，但他们理水平土、教人技艺、规制礼俗、发明器物，并通过构建社会组织和治世理政推动人类社会的稳步前进。神话英雄与人世圣王有着相通的功业意识，他们都竭力改变现状，在一次次努力中为世人打开了充满希望的新世界的大门。神话英雄与人世圣王的伟大功业，主要体现在文化创制和兴邦除患两方面。

在文化创制上，人们习惯于将社会生产和再生产的成果，归之于神话英雄的名下，社会的进步和人类的文明都仰赖他们的神异能力和天才发明。如教人钻木取火的燧人氏、发明巢居的有巢氏、发展农业的神农氏等，都是文化功绩十分突出的英雄人物。而被视为人文初祖的黄帝更是文化功业斐然。他“钻燧生火，以熟荤臊”(《管子·轻重戊》)[②]，他“以其

① （宋）洪兴祖：《楚辞补注》，白化文等点校，中华书局1983年版，第100页。
② 黎翔凤：《管子校注》，梁运华整理，中华书局2004年版，下册，第1507页。

缓急作五声，以政五钟”（《管子·五行》），他“作旃”“作冕旒”“始穿井”（《世本·作篇》），他“治日月之行律，治阴阳之气，节四时之度，正律历之数”（《淮南子·览冥训》）。从生火到穿井，从律五音到作冕旒，从治阴阳到正律历，黄帝的文化创造涉及生活领域的诸多方面。先秦儒家推崇的圣王也多是发明创造者。如帝（尧）“乃命羲和，钦若昊天，历象日月星辰，敬授人时”（《尚书·尧典》）。“尧使禹作宫。”（《世本·作篇》）“尧以甲子天元为推术。”（《易乾凿度》）“舜作五弦之琴，以歌《南风》。”（《礼记·乐记》）“舜立，命延乃拌瞽叟之所为瑟，益之八弦，以为二十三弦之瑟。”（《吕氏春秋·古乐》）“舜作（箫），其形参差，像凤翼。十管，长三尺。”（《艺文类聚·乐部四·箫》引《风俗通义》佚文）“舜耕历山……一年而所居成聚，二年成邑，三年成都。”（《史记·五帝本纪》）“禹作舟车，以变象之。”（银雀山竹简《孙膑兵法·势备》）从节气历法的制定到宫室的建筑，从都城的形成到器物的制作，从亲躬自为到指导开创，人们在一个个实政功绩中切实感受到了圣王的智慧和领导力。

在兴邦除患方面，英雄与圣王的功绩主要体现在征服自然和征战伐叛。面对恶劣的自然环境，神话英雄与人间圣王担负起改造自然、征服自然、协调人与自然关系的重任。在与自然抗争的神话传说中后羿的故事最引人注目。“汤谷上有扶桑，十日所浴，在黑齿北。居水中，有大木，九日居下枝，一日居上枝。”（《山海经·海外东经》）“帝俊赐羿彤弓素矰，以扶下国，羿是始去恤下地之百艰。”（《山海经·海内经》）《山海经》中已见后羿射九日、除诸害神异事迹的痕迹。《淮南子》的记载则更为详细具体：“逮至尧之时，十日并出，焦禾稼，杀草木，而民无所食。猰貐、凿齿、九婴、大风、封豨、脩蛇皆为民害。尧乃使羿诛凿齿于畴华之野，杀九婴于凶水之上，缴大风于青丘之泽，上射十日而下杀猰貐，断脩蛇于洞庭，擒封豨于桑林。万民皆喜，置尧以为天子。”（《淮南子·本经训》）后羿带着神弓来到人间射日除害，并诛杀怪兽，解救百姓于危难之中。平治水土则是圣王们常做的工作。“洪水滔天。鲧窃帝之息壤以堙洪水，不待帝命。帝令祝融杀鲧于羽郊。鲧复生禹。帝乃命禹卒布土以定九州。”（《山海经·海内经》）洪水泛滥成灾时，鲧和禹全力以赴，他们的勇敢、智慧和能力都在治水活动中得到了体现。先秦儒家更将治水视为圣王们最为重要的功绩之一，每每论及圣王之政，多会言及理水事迹。孟子说：

“当尧之时，天下犹未平，洪水横流，泛滥于天下，草木畅茂，禽兽繁殖，五谷不登，禽兽逼人，兽蹄鸟迹之道交于中国。尧独忧之，举舜而敷治焉。舜使益掌火，益烈山泽而焚之，禽兽逃匿。禹疏九河，瀹济漯而注诸海，决汝汉，排淮泗而注之江，然后中国可得而食也。”（《孟子·滕文公上》）荀子说：“禹有功，抑下鸿，辟除民害逐共工。北决九河，通十二渚疏三江。禹傅土，平天下，躬亲为民行劳苦。得益、皋陶、横革、直成为辅。”（《荀子·成相》）圣王能够得到人们由衷的敬仰，一个重要原因便是他们切实地领导人民抵御自然灾害，维护了人民的生命财产安全，成为被相信和依赖的力量。

除了与自然斗争，英雄与圣王还要清除反叛势力，征战沙场。对于神话英雄来说，战功彪炳才是其立身的根本，毕竟“英雄”的称谓本就与孔武的力量、英勇的斗争相关。黄帝大战炎帝、完胜蚩尤。“轩辕乃修德振兵，治五气，艺五种，抚万民，度四方，教熊罴貔貅貙虎，以与炎帝战于阪泉之野。三战，然后得其志。蚩尤作乱，不用帝命。于是黄帝乃征师诸侯，与蚩尤战于涿鹿之野，遂禽杀蚩尤。”（《史记·五帝本纪》）在战争中神话英雄有请神助战的神异能力，有指点江山的魄力，还有战神一样的威严与号召力。被儒家敬奉的圣王为了稳定社会秩序也进行着除危平叛的武力斗争。他们不是高坐庙堂、空谈误国的懦弱无能之辈，也不是穷兵黩武的争权夺利之人，而是以天下苍生为己任，凭着自身的战斗智慧与猛士精神安定天下的勇士。“舜却苗民。”“窜三苗于三危。”（《尚书·尧典》）“尧伐驩兜，舜伐有苗，禹伐共工，汤伐有夏。”（《荀子·议兵》）“舜伐三苗，禹伐共工。”（《战国策·秦策》）“（尧）放讙兜于崇山，窜三苗于三危，流共工于幽州，殛鲧于羽山。”（《淮南子·修务训》）这些圣王也有赫赫战功。

神话中的英雄与传说中的圣王之所以有如此多的功绩，一方面缘于神话传说流变过程中“箭靶式”人物的树立，广大民众的共同劳动成果、斗争过程和智慧产物被归之于某几个形象身上；另一方面在于神话英雄与人间圣王本就是人们美好愿望的寄托，他们天然地带有人类祈望却不能具备的能力；还有一方面是社会意识的发展使英雄与圣王有了明确的责任感与功业意识。诸多因素的共同作用下，英雄和圣王便凭卓越功勋获得了无上荣耀。

三　相关的道德准则：道德楷模与失德悲剧

在西方古神话中，英雄因为拥有战绩、奇能和力量而被人尊敬，但他们常有道德的瑕疵，为善为恶全凭自身喜好或一时情绪，追求满足情欲需要与获得物质利益。而中国神话中的英雄关注的却是人民的生存与社会秩序的稳定，他们不但是功业的创造者，更是道德的楷模。圣王则作为道德的形象符号直接展示德和标榜德，其德行有时表现为个人素质的优秀和品德的完善，有时表现为对子民的爱护。如大禹"菲饮食而致孝乎鬼神，恶衣服而致美乎黻冕，卑宫室而尽力乎沟洫"（《论语·泰伯》），"身执耒臿以为民先，股无胈，胫不生毛。"（《韩非子·五蠹》）《淮南子·修务训》又将英雄与圣王的德行一同展示："于是神农乃始教民播植五谷，相土地宜燥湿肥硗高下，尝百草之滋味，水泉之甘苦，令民知所避就。当此之时，一日而遇七十毒。尧立孝慈仁爱，使民如子弟，西教沃民，东至黑齿，北抚幽都，南道交趾。放讙兜于崇山，窜三苗于三危，流共工于幽州，殛鲧于羽山。舜作室，筑墙茨屋，辟地树谷，令民皆知去岩穴，各有家室。南征三苗，道死苍梧。禹沐浴霪雨，栉扶风，决江疏河，凿龙门，辟伊阙，修彭蠡之防，乘四载，随山刊木，平治水土，定千八百国。汤夙兴夜寐，以致聪明；轻赋薄敛，以宽民氓；布德施惠，以振困穷；吊死问疾，以养孤孀。百姓亲附，政令流行。乃整兵鸣条，困夏南巢，谯以其过，放之历山。此五圣者，天下之盛主，劳形尽虑，为民兴利除害而不懈。"他们个人品行高洁，为政理民尽心竭力，全身心地投入与自然抗争的斗争中，为民造福。将他们合称"五圣"的根据就在于其各自美好的品德，能布德而施惠于民。典范人伦的特性使得中国的神话英雄与儒家推崇的人间圣王更接近，在英雄的故事里，他们摒弃了战士的粗野与血腥，磨光了棱角之后便显出了圣人般的光辉；在圣人的世界中，他们还存留着有关斗争与征服的英雄记忆，却以德化的形式去诉说。

诸多相似与相通之处，使得神话英雄与人间圣王会在一定情况下出现身份的重叠，即某个形象从神话的角度看他是英雄，从历史传说的角度解读他又是圣王，大禹便是典型代表。值得注意的是这种身份的叠加并不是绝对的，不是所有的英雄都能成为圣王，在神话中还有一些英雄因没有被置于神话历史化的洪流中心而保留着桀骜不驯的原初色彩，自始至终保持着英雄的身份与称号而没有升格为至善至美的圣人，正由于没有背负伦理的枷锁这类英雄显得分外的鲜活与生动。“德”的有无成为判断神话英雄能否实现圣王身份转化的决定性因素，总有一些英雄因道德的缺失而无法成圣，于其身上平添了些许悲剧色彩，此种色彩在圣王身上则很难找到。圣王的功业是伟大的，品德是完美的，他们的最终结局也是令人艳羡的，或是长寿终老或是羽化成仙，给自己的一生画下了完美的句点。英雄一旦失去了“德”的护佑就被视为难堪重任，也就无法实现圣与神身份的统一，或是以个体身份游离于神话传承谱系之外，或是成为昏君的代表受到后世的责怪与唾弃。

无法与圣王攀上关系的神话英雄以后羿和鲧为典型代表。“羿者，天下之善射者也。”（《荀子·儒效》）上文已言及他最大的功绩在于射日除患，他消灾除害的功勋、射杀太阳的勇力，使之成为一个闪耀着神性光芒的超级英雄。而又有记载说他荒淫享乐、纵情田猎、最终被杀。《楚辞·离骚》载：“羿淫游以佚畋兮，又好射夫封狐。固乱流其鲜终兮，浞又贪夫厥家。”令人敬佩的勇力和让人不屑的昏庸形成了鲜明的对比，一个英雄形象却有如此矛盾的行为，这引起了人们的困惑。屈原便因这一困惑而发出疑问。一方面感叹羿的神能：“羿焉彃日？乌焉解羽？”他到底是怎样射落了那高高在上的太阳？太阳中的金乌又是怎样从空中坠下羽翼散落？另一方面又叹息羿的堕落：“帝降夷羿，革孽夏民。胡射夫河伯，而妻彼雒嫔？冯珧利决，封豨是射。何献蒸肉之膏，而后帝不若？浞娶纯狐，眩妻爰谋。何羿之射革，而交吞揆之？”（《楚辞·天问》）他本是被天帝遣下凡尘解除民忧，为何却行为有失终致丧命？对答案的找寻很早便已开始，一种认同度较高的解释是射日之羿与被杀之羿并非同一个人物，厥功至伟的是“羿”，而无道君主是“后羿”。如高诱注《淮南子·俶真训》“是故虽有羿之知而无所用之”时说：“是尧时羿也，谓能射十日，缴大风，杀窫窳，斩九婴，射河伯之知巧也。非有穷后羿也。”注《淮南子·氾论训》“羿除天下之害，死而为宗布”时又说：“羿，古之诸侯，河伯溺杀人，羿射其左目。风伯坏人屋室，羿射中其膝。又诛九婴、窫窳之属，有功于天下，故死托祀于宗布……此尧时羿，非有穷后羿。”袁珂也说：“羿和后羿是两个人物，不是一个人物，可是在历史传说中每每将他们的故事混淆了。”[①] 我们则认为射日之羿也可以是后羿，虽然身份的演化和事迹的丰富使之看上去性格、作为迥然不同，不似一人，但其身上体现的矛盾性应该是一个形象复杂化的结果。

实际上羿与后羿二者为一人的观点也来源颇久，屈原应是持此观点的，至少在屈原所听闻的传说中羿和后羿没有什么明确的区别，因为只有当他们两个是同一个人物时屈原的“问”才有缘由，毕竟如此矛盾的行为出现在同一个形象身上不能不让人觉得怪异，但如果已知是不同的两个人那这一连串的疑问便成了无疑而问。并且具体的发问内容更显示出屈原对其身份一致性的认同：为何乱用弓矢射人，做如此无德之事？而被射之河伯与封豨，或为河神或为神兽，都非一般能力可及，则有此作为的羿便带有神性。为何献祭天帝却不被接受？而能直接与天帝沟通的也应是有神性的羿。羿与后羿都善射，都领天帝之命而行事，那么羿与后羿应该就仍是同一个形象。只不过随着时间的流逝，人们逐渐将干旱看作一种自然灾害，羿射日的伟大功绩慢慢淡化，而人们又不愿意任凭这个神话英雄就此消逝在时间的长河中，于是便将其设想为人间帝王并为他编造出许多新的故事来，使他可以与更多的神祇产生联系，也可以在这个世界做更多的事情。而那些以神祇子孙自命之人或许真的做了些坏事，这些事情就被附加在真正的羿的身上，他便逐渐变成了一个亦善亦恶的复杂人物。人们将羿的功绩与行为视为一组对立矛盾，并认为具备如此勇力和技能的英雄怎么会贪图享乐呢？这必然是两个人的作为！这样的想法使人自然地又将羿的身份一分为二，而这归根究底是用道德标准进行价值评判的结果，“好”与“坏”最好不要同时出现在同一位英雄身上，如果有了“坏”的成分，那么这样的英雄就失去了身份转换的机会。道德因素的考量也为英雄的悲惨结局找到了一个合乎伦理逻辑的借口，失德者失国丧身总会让人少了些扼腕叹息。

治水窃壤的鲧是积极与自然抗争、为民造福的神话英雄，但他也没有成为人人敬仰的圣王，反而事业未竟被殛于羽山。他并没有后羿那样荒诞昏乱的举动和生活，却一样不得善终，究其原因就是抗争精神的宣扬与“德”之因素的弱化。鲧不告而盗帝息壤就是反叛与抗争的寓言，在他的

① 袁珂：《古神话选释》，人民文学出版社 1979 年版，第 267 页。

实力还没有达到可以推翻旧势力的时候，他就为了人民的福祉而对统治势力进行了坚定的反击，可惜他没有完成位势逆转，天帝铲除了这股新兴力量，使其背负了“不待帝命”的罪责，成为违背权威的反叛者，并被进一步夸大了道德缺陷，“其在有虞，有崇伯鲧，播其淫心，称遂共工之过”（《国语·周语下》）。他的抗争与反叛更被丑化为图谋权位，“尧以天下让舜，鲧为诸侯，怒于尧曰：‘得天之道者为帝，得地之道者为三公。今我得地之道，而不以我为三公。’以尧为失论，欲得三公，怒甚猛兽，欲以为乱。比兽之角能以为城，举其尾能以为旌，召之不来，仿佯于野以患帝。舜于是殛之于羽山，付之以吴刀。”（《吕氏春秋·行论》）鲧最终得到了一个为民受戮的下场。鲧也许有些倨傲和刚戾，但其英雄的实质和伟大的功绩却是不能抹杀的，于是颇有眼光之人便有了“舜之罪也殛鲧，其举也兴禹”的评论（《左传·昭公元年》）。屈原借女嬃之口说：“鲧婞直以亡身兮，终然夭乎羽之野。”（《楚辞·离骚》）慨叹鲧性格刚直却因此丢了性命。“行婞直而不豫兮，鲧功用而不就。”（《九章·惜诵》）也表达了类似的情感，对其人格深表赞许，对其悲剧命运也寄予深切同情。事实上鲧的治水之功并不逊于禹，伍子胥曾劝谏夫差说：“今王既变鲧、禹之功，而高高下下，以罢民于姑苏。”（《国语·吴语》）伍子胥认为夫差为了满足个人享乐而劳民伤财，改变了鲧、禹修德而竞业的成功之法和帝王之道，正肯定了鲧、禹的治水之功是一脉相承的。《韩非子·五蠹》亦指出：“中古之世，天下大水，而鲧禹决渎。”鲧、禹功业并称，足见人们对鲧的称颂。但鲧更多的情况下却以反面的、衬托的形象出现，就是由其反抗之举而招致失德之名进而引发的连锁反应。

勇武多智的神话英雄与先秦儒家推崇的人世圣王具有极大的相似性，从神话角度看他们是英雄，而从社会历史的角度看他们则是圣王。圣王和英雄的发展路径又不相同，神话英雄或是沿着神话的轨迹持续发展，成为神话体系中的华美篇章，或是转而以圣王面貌傲立人世；而圣王则是在神话历史化的视域下向政治与现实的方面转变，最后成为人们追忆往古历史的一个美丽的符号。人们将人类创造文化、征服自然、兴邦立国的美好愿望寄托于英雄与圣王的身上，创造出信仰领域与社会现实中的两类巨人，代替人类自身与诸多反人类的力量进行殊死斗争。神话英雄在能力和特征上与圣王保持着一定的同质性，在同样具备道德因素的前提下二者是可以实现身份的转换和叠加的，但当英雄德行有失无法脱胎为完美的圣人时，英雄身上的缺陷与失败就被铭记和扩大化，属于他们的传奇便没有机会得到充分的整合改造，他们的付出和承受的种种磨难苦痛也被忽略了，只能接受被扭曲的悲惨结局，在无法走通成圣道路时被迫承担原不属于他们的罪责。

第六章　瑞兽与神圣象征

原始宗教信仰、鬼怪神灵想象与神圣思维方式除了蕴藉于神话传说、仪式展演中，还寄寓于象征中。在联想和想象的作用下寓“意”于“象”，将人的主观情感、认识与客观物象相结合，使具体形象富有特殊意义，并且将其代表的意义固定、类化和推演开来，形成更明确也更立体的象征结构。从客观事物中提取原型，经过解释或思考将其抽象为概念系统中的一种重要象征物象，并以物象为媒介表达情感和阐论意义，是先秦诸子思维结构和哲学语言中极其重要的一环。先秦儒家就十分善于选择在公众信仰领域内被高度认同的象征符号并将其融入学说体系中，这一方面拉近了与学说接受者的距离，另一方面又隐秘地传递出更新、更复杂的信息，潜移默化地表达了自身的理念。在先秦儒家推崇的象征物中，龙、凤、麟等神圣瑞兽无疑是很有代表性的，它们兆示的祥瑞的神性与仁义温善的特质符合儒家风范，因而频繁地出现在儒家典籍中，表达被公众普遍认可的象征意涵，它们还通过意蕴的整合与变化彰显时代文化的变迁，并体现儒家神道观念的演变。龙、凤、麟形象的发展演变经历了动物崇拜、图腾崇拜和灵物崇拜三个主要阶段。动物崇拜是最原始的阶段，源于对动物外形、习性和能力的观察和向往。图腾崇拜阶段是过渡阶段，既充分肯定原本的动物属性同时又附加了神异性。当人与物的世界截然分离，龙、凤、麟神格下降为可供驱使的灵物时，人们对它们的情感就变为灵物崇拜。龙、凤形象的最终完善是完整地走过了三阶段发展历程的结果，并在恰当时机充当了动物神的角色，而麟则直接由动物崇拜发展至灵物崇拜。当然这三个阶段并不是简单的代际更迭或截然区分，而是时有交叠和穿插。再加之人类集美之思与趋利心性的影响，龙、凤、麟被不断地美化和夸张，最终成为美与力、礼与德的象征，具有了更复杂的象征意义和更深厚的文化价值。

第一节　龙、凤、麟形象的生成

瑞兽崇拜是中国古代神灵信仰中十分重要而特殊的一部分，它不是将幻想的形象具象化的结果，而是将具体的动物神化后的产物，所以瑞兽崇拜既是原始的科学探索，也是神灵观念的展现，还是解释人与动物关系的途径。龙、凤、麟是中国古代很有代表性的三种瑞兽，通过它们的形象形成过程可以透视瑞兽崇拜的基本内容和演变趋势，也可以知晓先秦儒家如何将象征融入神道观念之中，进而推进中国古代社会思想权威的确立。

一　龙：鳞族之美

在五行思想的影响下，汉以前人们将自然界的高等动物分成鳞虫、介虫、羽虫、毛虫、倮虫五类，“有鳞之虫三百六十，而蛟龙为之长”（《大戴礼记·易本命》）。有鳞动物以龙为首。作为中华民族认同度最高的文化标识符号，龙以其威武的外形、神圣的意义、腾转天地的能力得到了中华儿女的尊敬。刘宗迪说：“对于龙的崇信和敬畏，早已潜移默化变成了华夏民族的集体无意识和族类认同感，流淌在每一个华夏子孙的血液里，成为我们民族世代相承、绵绵不绝的精神血脉和文化基因，以至于我们甚至以‘龙的传人’自居。可以说，龙的神话与信仰作为一个华夏民族自我认同的宏大叙事和伟大传统，深深地塑造了华夏民族的民族性格和历史命运。”① 龙的形象丰富了中华民族的文学与艺术、展现了先民瑰丽而玄妙的想象、代表了人们对自然的认知和对美好生活的向往。

关于龙形象的起源说法众多，影响较大的主要有下述几种。

其一，龙源于蛇说。闻一多最早从学术角度论述龙是以蛇为基础创造出来的产物：“龙图腾，不拘它局部的像马也好，像狗也好，或像鱼，像鸟，像鹿都好，它的主干部分和基本形态却是蛇。这表明在当初那众图腾单位林立的时代，内中以蛇图腾为最强大，众图腾的合并与融化，便是这

① 刘宗迪：《华夏上古龙崇拜的起源》，《民间文化论坛》2004 年第 4 期。

蛇图腾兼并与同化了许多弱小单位的结果。……所谓龙者只是一种大蛇。这种蛇的名字便叫作‘龙’。”① 此后，钟敬文、苏秉琦、王维堤、何星亮、吉成名等许多研究者都结合新的资料阐释和发展了蛇原型学说。龙以蛇为原型的观点接受程度很高，不但以此立论的学者众多，而且此说广泛流布于民间，当今社会蛇还保留着“小龙”的别称。

其二，龙源于鳄说。一些学者通过研究古器物上的图案、观察动物习性、分析龙崇拜的文化源起，指出龙的形象基调是鳄。卫聚贤、周勋初、王明达等均有此论。何新也认同龙的形体原型是鳄并将其具体化为“蛟鳄”，他说：“古中国大陆和海洋上，确曾存在过一种令人恐怖的巨型爬行动物。这种巨型爬行动物，以及与其形态相近的其他几种爬行动物，其实就是上古传说中所谓‘龙’的生物学原型。换句话说，‘龙’在古代是确实存在的，它就是现代生物分类学中称为 Crocodilus Porosus 的一种巨型鳄——蛟鳄。”② 此类观点主要是通过对龙与鳄在生理特征和生活习性两方面的共同点做比照得出的结论，主要从生物学的角度进行探讨和分析。

其三，龙源于鱼说。詹鄞鑫以《左传·昭公二十九年》蔡墨所述传说为线索，分析龙原是可以畜养的水生动物，龙肉可以成为帝王的食品，还有专门负责养龙的人；又以仰韶陶壶上的龙图案、山西襄汾夏墟出土彩绘陶盘上的盘曲龙纹等为证，说：“最早的龙是一种生长于水中的蛇状长鱼。这种鱼的头旁有类似两耳的东西，可能是变态的鳍。”③ 鱼类是渔猎阶段人类最重要的物资来源之一，捕鱼活动对人造成的伤害又相对较小，鱼翔浅底的悠游自在和强大的繁殖力更让先民心生艳羡，因而以鱼为原型创造出神异的动物形象来是极有可能的。如《山海经》泰器之山的文鳐鱼“状如鲤鱼，鱼身而鸟翼”，邽山的蠃鱼“鱼身而鸟翼，音如鸳鸯”，女烝之山的薄鱼“状如鳣鱼而一目”等。有了这些心理基础和实践经验，便不难创造出龙的形象来。从流传的鲤鱼跳龙门的传说中，也能找到一些鱼化龙的证据。

其四，龙源于自然现象说。朱天顺说：“幻想龙这一动物神的契机或起点，可能不是因为古人看到了与龙相类似的动物，而是看到天空中闪电的现象引起的。因为，如果把闪电做为基础来把它幻想成一种动物的话，

① 闻一多：《伏羲考》，田兆元导读，上海古籍出版社 2006 年版，第 26 页。

② 何新：《龙：神话与真相》，时事出版社 2002 年版，第 16 页。

③ 詹鄞鑫：《神灵与祭祀：中国传统宗教综论》，江苏古籍出版社 1992 年版，第 91 页。

它很容易被幻想成一条细长的、有四个脚的动物。"[①] 李炳海则指出龙蛇图腾源于雷图腾，他提出"后来的龙图腾，则是蛇图腾的延续和升华"，龙蛇都是虫类代表，而"雷图腾和蛇虫图腾，二者存在因果关系，是由雷图腾而导致蛇虫图腾。……《吕氏春秋·开春论》写道：'开春始雷，则蛰虫动矣。'《考工记》称：'冒鼓必以启蛰之日。'郑玄注：'启蛰，孟春之中，蛰虫始闻雷声而动。'蛰虫闻春雷而动，太皞氏已经发现了这一规律，并把它作为确定季节的参照物"。[②]《说文解字》虫部有"虹"字，解释为："螮蝀也。状似虫。从虫工声。"甲骨文中"虹"又作""形，像双头龙吸水的样子，因此龙又被说成源于彩虹。此类观点认为龙并非自然界实有之动物，而是自然现象的物化与神化。

此外，还有"马说""河马说""蜥蜴说""恐龙说""胚胎说""河川说"等等。在这里我们不对龙的原型作具体而微的探讨，而是在已有研究的基础上表明我们的看法，即认为龙这一形象符合动物属性，它是在现实动物形貌与特征基础上夸张变形而来的，具有鲜明的复合特质。叶舒宪在综合分析红山文化玉雕造型的基础上提出："猪、熊、鹿、虫每一种都是构成史前神龙想象的原型要素之一，但都不是绝对惟一的要素。"[③] 对动物形态和习性的仿效、综合、美化与夸张才是龙形象产生的途径。

龙形象的成熟经历了一个十分漫长的演变过程。从考古材料可知，早期龙的形象比较简单，以长身、两耳、鳞鳍为基本形态，如半坡陶壶龙纹。"商代早期纹饰抽象，龙纹的形象不大具体，但是商代中期的龙虎尊，肩上的龙已很形象，有实吻和长颈鹿角，体躯婉曲如蟒蛇曲尾。四羊方尊肩部的龙为尖吻，有长颈鹿角状，鳞瓣更加形象，而且有兽爪。"[④] 商代铜器上的龙纹除了继承以往龙纹的主要特征外更富于装饰色彩，特别是角的增加生动地展示了动物形象的融合过程。战国两汉时期龙的形象分化为两大类型，一类是对增加了兽爪的龙进一步发展，逐渐神化，四肢与走兽越发相近，有时还加上翼翅，头扁口大，奠定了后世龙造型的基础；一类是无足长躯形状的延续，保留了有鳞的原始特征。两汉时期这两种龙的形象

① 朱天顺：《中国古代宗教初探》，上海人民出版社 1982 年版，第 103 页。

② 李炳海：《楚辞与东夷族的龙凤图腾》，《求索》1992 年第 5 期。

③ 叶舒宪：《"猪龙"与"熊龙"——"中国维纳斯"与龙之原型的艺术人类学通观》，《文艺研究》2006 年第 4 期。

④ 马承源主编：《中国青铜器》（修订本），上海古籍出版社 2003 年版，第 320—321 页。

经常出现在汉画中，细节多变、姿态各异，从中可见汉代人心目中的龙仍是多样的。在汉及以前的文献里，对龙的描述还很抽象。如《管子·水地》说："龙生于水，被五色而游，故神。欲小则化如蚕蠋，欲大则藏于天下，欲上则凌于云气，欲下则入于深泉。变化无日，上下无时，谓之神。"《说文解字》对"龙"的解说是："龙，鳞虫之长，能幽能明，能细能巨，能短能长。春分而登天，秋分而潜渊。"《新书·容经》又说："龙之神也，其惟兹龙乎？能与细细，能与巨巨，能与高高，能与下下。故吾曰：龙变无常，能幽能章。"① 都注重从威力和特性上描述龙。《广雅》将龙分为有麟的蛟龙、有翼的应龙、有角的虬龙、无角的螭龙、未升天的蟠龙等，也是比较笼统的外貌区分。直到宋代，罗愿《尔雅翼》借"九似"说具体细致地描述了龙的样子：角似鹿，头似驼，眼似鬼，项似蛇，腹似蜃，鳞似鱼，爪似鹰，掌似虎，耳似牛。可见此时龙的外形早已细致化、固定化了。从龙形象的细化过程可以看出龙的创造就是将某种或某些动物的肢体外形特征离析出来并逐步整合，再附加和神化相应的能力而成。

龙的形象在先秦儒家经典中出现频率较高。《周易·乾》爻辞即以龙寓理："初九，潜龙勿用。九二，见龙在田，利见大人。九三，君子终日乾乾，夕惕若厉，无咎。九四，或跃在渊，无咎。九五，飞龙在天，利见大人。上九，亢龙有悔。用九，见群龙无首，吉。"《周易·坤》上六爻辞也言："龙战于野，其血玄黄。"《诗经》里龙更是常用的物象符号："山有乔松，隰有游龙。"（《郑风·山有扶苏》）"龙盾之合，鋈以觼軜。"（《秦风·小戎》）"既见君子，为龙为光。"（《小雅·蓼萧》）"龙旂阳阳，和铃央央。"（《周颂·载见》）"何天之龙，敷奏其勇。"（《商颂·长发》）《尚书》《左传》《周礼》等文献中也时常可见龙的身影："予欲观古人之象，日、月、星辰、山、龙、华虫，作会；宗彝、藻、火、粉米、黼、黻、絺绣，以五采彰施于五色，作服，汝明。"（《尚书·皋陶谟》）"深山大泽，实生龙蛇。"（《左传·襄公二十一年》）"郑大水，龙斗于时门之外洧渊。"（《左传·昭公十九年》）"古者畜龙，故国有豢龙氏，有御龙氏。"（《左传·昭公二十九年》）"交龙为旗。"（《周礼·春官宗伯·司常》）在先秦儒家经典中，龙或是瑞兽，或是神祇，或是图腾，或是职官之名……意义丰富且无须另加解说，可见龙的象征意义已被接受和认同，并具有相

① （汉）贾谊：《新书校注》，阎振益、钟夏校注，中华书局2000年版，第230页。

当的权威性。龙反复出现于经典中，一方面影响了先秦儒者对灵瑞神异之物的认知和态度，另一方面也体现了先秦儒家以灵瑞异兽表达象征意义的神道观念。

二　凤：百鸟之王

人们艳羡悠游水中的有鳞龙鱼，也歆慕翱翔天空的展翅飞鸟，当先民们将神异的能量赋予动物，并复合出更具神话色彩的形象时，作为众鸟之王的凤凰便被创造出来了。“凤，神鸟也，俗呼鸟王。羽虫三百六十，而凤为之长。”（《尔雅·释鸟》）“有羽之虫三百六十，而凤皇为之长。”（《大戴礼记·易本命》）“夫凤皇，鸟之圣者也。”（《论衡·讲瑞》）将凤鸟称为“凤皇”始见于《诗经·大雅·卷阿》，“凤皇于飞”“凤皇鸣矣”皆用“皇”字，“皇”音义同“王”，指鸟中之王，“皇”写作“凰”是汉字偏旁类推演化的结果。所以凤凰起初并无雌雄之分，后来以雄性为“凤”雌性为“凰”不过是阴阳思想影响下的假想性解说。崇凤习俗出现时代较早，在距今7000年的河姆渡遗址中就出土了“双凤朝阳”象牙雕刻碟器，在殷商甲骨文中更有多个“凤”字，如“”等，有冠、有羽、拖尾的外形特征十分明显，是较为完整的凤鸟形象。传世文献对凤的外形描述更为详细，如《说文解字》说：“凤，神鸟也。天老曰：‘凤之象也，鸿前麟后，蛇颈鱼尾，鹳颡鸳思，龙文虎背，燕颔鸡喙，五色备举。出于东方君子之国，翱翔四海之外，过崐崘，饮砥柱，濯羽弱水，莫宿风穴，见则天下大安宁。’”

相较于龙，凤的形象成熟得更早。这一方面可能与东方部族的迅速崛起相关，当部族通过不断扩张、征服、融合而增加影响力时，属于它们的图腾也会被反复改造和深刻铭记；另一方面可能与凤的整体形象不离鸟类、更加日常化相关，比之于完全拼合而成的龙，凤鸟的形象更多的是鸟类外形基础上的夸张和变形，一个更亲近人与自然的形象，其成熟与完善的时长自然相对较短。即便如此，凤的形象的形成过程也并不简单，它的身上有太多鸟类的影子，所以凤的原始形象是什么或者说其形象主体源于何种鸟类仍是人们在一直探讨的问题。关于凤的原型主要有以下几种观点。

其一，以孔雀为凤凰原型。詹鄞鑫分析甲骨卜辞“呼鸣网雉，获凤。”

（甲 3112）、“甲☐贞，褸凤”（屯南 11054）与周初《中鼎》“中呼归（馈）生凤于王”的记载，提出凤鸟是可以在现实中寻获、献祭、馈送的动物。又根据“凤”的甲骨、金文及《说文》所载字形，指出：“凤的特点是头上有冠饰，羽毛丰满而尾长，尾羽上往往带有孔雀尾所特有的圆斑。参照文献所述‘燕颌鸡喙，五色备举’，‘其状如鸡，五采而文’的特征，可以初步判断，所谓的‘凤’就是属于雉类的孔雀。”① 孔雀是体型较大的飞禽，它的尾巴艳丽多姿、神态优雅高傲、声音洪亮清冽，外形、气质与传说中的凤凰如此相近，因而产生以孔雀为凤凰原型的观点并非偶然。

其二，以鸡为凤凰原型。“丹穴之山……有鸟焉。其状如鸡，五采而文，名曰凤皇。”（《山海经·南山经》）直言凤凰外形像鸡。鸡与太阳关系密切，破晓之时伴随着公鸡高鸣太阳冉冉升起，在人们看来鸡仿佛就是太阳的使者。清人富察敦崇在《燕京岁时记》中记载：“二月初一日，市人以米面团成小饼，五枚一层，上贯以寸余小鸡，谓之太阳糕。都人祭日者，买而供之，三五具不等。”② 证实了以鸡为太阳象征物的观念长久地留存于人们的头脑中。凤鸟也被称为火鸟、太阳鸟。从出土器物上可看到的凤鸟图案多与太阳图案或太阳纹组合在一起。如浙江余姚河姆渡一期遗址发掘出的骨匕，正面雕刻两组双头凤纹，身上负载光芒四射的太阳。③ 传世文献也说凤凰为日之精灵。“凤皇火精，生丹穴。”（《初学记》卷三十引纬书《孔演图》）“凤凰者，鹑火之禽，阳之精也。”（《鹖冠子·度万》）因太阳是判定方位和时间的重要标记物，凤凰又被视为洞悉天时之鸟。“我高祖少皞挚之立也，凤鸟适至，故纪于鸟，为鸟师而鸟名，凤鸟氏，历正也。”正义曰：“君有圣德，凤皇乃来，是凤皇知天时也，历正，主治历数正天时之官，故名其官。”（《左传·昭公十七年》）以鸡为凤凰原型的观点的形成是建立在二者都是太阳鸟的基础上的，神化鸡报晓司鸣的动物本能，并改造和夸饰鸡的形象，在现实观察中融入了猎奇心理。

其三，以玄鸟（燕子）为凤凰原型。袁珂说：“舜与伯益盖皆东方殷

---

① 詹鄞鑫：《神灵与祭祀：中国传统宗教综论》，第 99 页。

② （清）潘荣陛，（清）富察敦崇：《帝京岁时纪胜　燕京岁时记》，北京古籍出版社 1981 年版，第 56 页。

③ 浙江省文物管理委员会、浙江省博物馆：《河姆渡遗址第一期发掘报告》，《考古学报》1978 年第 1 期。

民族传说中之祖宗神，亦即《诗·玄鸟》所谓‘天命玄鸟，降而生商’之玄鸟，即燕子之化身。玄鸟再经神话化，又为凤凰。”① 古文献中也有记载可以佐证这一观点。“简狄在台，喾何宜？玄鸟致贻，女何喜？”（《楚辞·天问》）“望瑶台之偃蹇兮，见有娀之佚女。吾令鸩为媒兮，鸩告余以不好。雄鸠之鸣逝兮，余犹恶其佻巧。心犹豫而狐疑兮，欲自适而不可。凤皇既受诒兮，恐高辛之先我。”（《楚辞·离骚》）记载同一传说既曰玄鸟，又曰凤皇，二者或本为一物，玄鸟即凤凰。闻一多也认同玄鸟就是凤凰，他在《离骚解诂》中说：“燕、鷃音同，燕之通鷃，犹经传以宴、燕、讌通用，金文燕国字作匽若郾也。鷃即燕，是凤皇即玄鸟。”② 神话传说的流传和演变，为这种观点的产生提供了依据。

其四，认为凤凰为多种雉鸟的复合体。这种观点认为凤凰的形象未必源于某一种特定的鸟，而是多种飞禽形象特征的综合体，是拼凑出来的灵兽神瑞形象。何新在解释“凤之谜”时，虽认为凤凰崇拜起源于上古石器时代的鸵鸟，但也承认关于凤凰的传说逐渐复杂，他说：“商周秦汉之际，燕子和金（锦）鸡，曾先后为凤凰的替身。但唐宋以后，鸳鸯、鹤、天鹅、鹰雕、孔雀，都曾与凤凰发生或深或浅的关系。因之在同一语词记号下，注入了语义不同的动物学意象。”③ 神鸟凤凰集中了诸多飞禽的美与力，从而成为完美的理想的神异动物。将凤凰视为多种雉鸟的复合体比较客观地展现了其形象的演变过程，将讨论的重心从“它从何而来”转向“它如何而来”，提示人们从时空的变迁中认知和理解凤凰形象的生成。

此外，还有学者认为“凤”除了具有动物的性质外还是“风”这一自然力的具象化。过常宝说：“在甲骨文时代，自然风与拥有某种神性的凤，并不是两种东西，而是二而一；也就是说，自然风本身就具有莫大的神性，而‘凤’在一开始就是自然风和神性的复合体。用鸟形来表明无形而有神性之风，正与初民的思维能力相称。只有当风的自然性受到特别的重视，人们逐渐从万物有灵的原始思维定式中解脱出来，‘风’字才会出现，而‘凤’也就成为纯粹的神鸟。”④ 此类观点是将凤凰从具体的禽鸟形象中剥离出来，将其视为自然力量的具象载体和象征，关注的不是凤凰源于

① 袁珂校注：《山海经校注》（增补修订本），第252页。
② 闻一多：《闻一多全集》，生活·读书·新知三联书店1982年版，第二册，第308页。
③ 何新：《诸神的起源：中国远古太阳神崇拜》，光明日报出版社1996年版，第351页。
④ 过常宝：《“风”义流变考》，《北京师范大学学报》（社会科学版）1998年第2期。

什么鸟，而是凤凰形象的原始意涵。

学者们从不同视角出发分析了凤鸟的原型，观点之丰富、讨论之热烈、材料之多样说明了凤鸟形象与其意蕴的复杂性，也说明了对于凤鸟的关注是长久的、持续的、影响深远的。相信以之为主题的研究和论争还会持续下去，因为这不仅仅涉及一个具体的神瑞灵兽形象的生成问题，也关涉到神灵观念的演化、文化品格的塑造、精神信仰的转型等诸多方面。我们概举上述观点，其意不在于探讨凤凰究竟长成什么样子或者从哪些形象发展而来，而是为理解先秦儒家眼中的凤鸟做好准备，明晰儒者将其视为瑞兽象征的历史渊源和文化意义。“凤皇于飞，翙翙其羽。”（《诗经·大雅·卷阿》）“《箫韶》九成，凤皇来仪。”（《尚书·益稷》）“凤兮凤兮，何德之衰。”（《论语·微子》）“凤凰于飞，和鸣锵锵。”（《左传·庄公二十二年》）或作为具体的描述对象，或作为祥瑞符号，或是指代才俊之士，“凤”渗透于儒家典籍的字里行间。在先秦儒者的视野里，凤鸟就是凤鸟，至于它的本来面貌是什么、和哪些飞禽有渊源关系不需要特别在意，他们关注的是凤鸟作为群鸟之王的姿态、地位，是其带有的君子气度与天然神性，是将其作为本派学说的物象论据的合理性与有效性。

三　麟：仁瑞之灵

麟，即麒麟，其名始见于《诗经·周南·麟之趾》。“有毛之虫三百六十，而麒麟为之长。”（《大戴礼记·易本命》）《说苑·辨物》说它：“含仁怀义，音中律吕。行步中规，折旋中矩。择土而践，位平然后处。不群居，不旅行。纷兮其有质文也。”① 麒麟为走兽之首，其君子品格和仁者风范正符合中国礼教传统和儒家品格，因而为世人崇敬和喜爱。

麟的形象是以“麇、麢、獐”等鹿科动物为原型经过变形和复合加工而成。“麟，大牝鹿也。”“麒，仁兽也，麇身，牛尾，一角。”（《说文解字》）“麟：麢身，牛尾，一角。”（《尔雅·释兽》）“麒麟：麇身，牛尾，圆顶，一角。”（《说苑·辨物》）“獐而角者，则是麒麟矣。”（《论衡·讲瑞》）甲骨文中就出现过“麟”字。《甲骨文字典》列举了麟的字形，如

① （汉）刘向：《说苑校证》，向宗鲁校证，中华书局 1987 年版，第 455 页。

“[illegible]”“[illegible]”，并解释道：“从鹿从夂（文），与《说文》麐字篆文略同。……《说文》：‘麐，牝麒也。从鹿，吝声。’”① 王晖也说：“古文献中的麒麟在先秦两汉时期多单称为‘麟’，也写作‘麐’，以‘鹿’为形符，以‘吝’为声符。但在出土的商周甲骨金文中作‘麐’字，是以‘鹿’为形符，以‘文’为声符。但因为‘吝’字也是以‘文’为声符的，可见古文字中的‘麐’与《尔雅》、《广雅》等书中的‘麐’字造字方式是基本一致的。”② 从字的形体构成来看，麟的形态确实与鹿科动物相关。考古发掘的麒麟图案或麒麟形制物品也证实，时间越往前麒麟的形象就越接近于鹿的体态，时间越往后麒麟形象就越复杂，鹿的主体形象也越模糊。

在先秦古籍中经常有以麟喻人、见麟、获麟的记载，如《诗经·周南·麟之趾》以麟为喻赞美周文王子孙众多而贤能，《春秋》以西狩获麟绝笔。这一方面说明麒麟是被广泛接受且有稳定象征意义的形象，另一方面又说明麒麟是现实中少见且有神异色彩的动物。相较于龙与凤，麒麟多了些“圣”的意味而淡化了“神”的特质。龙与凤往往关涉到生命与王权这样的大事，并且有呼风唤雨和飞天腾云的神奇能力，既有属于人世道德范畴的含义，也有属于信仰演化范畴的意义，而麒麟则更多的是展示人间美德，“仁”是儒者赋予它的精神内核，“麟者，仁兽也，有王者则至，无王者则不至”（《公羊传·哀公十四年》）③。“仁”使麒麟摆脱了普通兽类的平凡出身，也阻止它野蛮生长为动物精灵，而让它成为四灵之一的神兽。麒麟形象长久地、深入地融入现实话语之中，从《诗经》中就被赋予道德意义与人伦价值，到《春秋》以孔子泣麟结束，再到汉武帝时，“郊雍，获一角兽，若麃然。有司曰：‘陛下肃祗郊祀，上帝报享，锡一角兽，盖麟云。’”（《史记·封禅书》）麒麟已经成为独立的、意义鲜明的符兆，人们借助隐喻的手法使之具有固定的、被广泛认同的象征意涵，进而反映出彼时的社会意识。

龙、凤、麟形象的产生与完善经历了曲折而漫长的发展过程，展现出了思想观念中物象世界的变迁，以及人与动物的彼此影响、相互依赖。与

① 徐中舒主编：《甲骨文字典》，第1081页。

② 王晖：《古文字中“麐”字与麒麟原型考——兼论麒麟圣化为灵兽的原因》，《北京师范大学学报》（社会科学版）2009年第2期。

③ （清）阮元校刻：《十三经注疏·春秋公羊传注疏》（清嘉庆刊本）卷28，中华书局2009年影印本，第5册，第5112—5113页。

龙、凤、麟的形象发展相配合，它们的意义和在文化体系中的地位也不断发生变化，龙与凤的地位逐渐升高最后成为皇权威严的象征；而麟的地位则有升有降，从最初在《诗经》中被比作文王子孙而受人赞美，奠定其作为仁兽的文化基础，到战国前后被列于四灵之一，成为走兽之长，再到汉代被美化为仁德的标志，地位达至巅峰，最后因其形象意义不像龙凤那样与族群缘起、生命诞生相关而淡出了王权政治的核心领域，凭借自身的仁德意涵保住了祥瑞象征的地位和尊严。

第二节　从动物到灵物的意义变迁

龙、凤、麟形象的形成与发展，反映了人们对动物世界的认知，对人与动物关系的探究，以及对动物如何影响社会政治、民俗、思想等方面的思考。因而不仅仅龙、凤、麟外在形象的变化值得被关注，三者内在意义的凝练、升华和蜕变更值得深入探索。从八千多年前的新石器时代早期遗存下来的龙形象印记，到河姆渡文化遗址、仰韶文化遗址、马家窑文化遗址都出土过的以凤鸟为题材的图像，再到早于红山文化千余年的赵宝沟—小山类型文化中就已出现的麒麟游云图案，龙、凤、麟形象的形成历史非常久远，从最早期的物的崇拜与神的信仰，到后来的品质的歌颂与政治作用的强调，在不同阶段，龙、凤、麟代表的意义也不尽相同。我们认为龙、凤、麟自产生以来，其意义主要经历了三个发展阶段：一是动物崇拜阶段，二是图腾崇拜阶段，三是灵物崇拜阶段。龙、凤形象的最终完善是完整地走过了这三阶段发展历程的结果，在一定时机下还会充当动物神的角色，而麟则直接由动物崇拜发展至灵物崇拜。当然这三个阶段并不是简单的线性接替，而是时有穿插、交叠，在曲折前进的过程中龙、凤、麟具有了明确的象征作用和复杂的意涵。

一　动物崇拜

在依靠采集和狩猎满足生存需要的人类社会早期阶段，人与动物的关系十分亲密。一方面，人类还没有完全将自身从自然环境中分离出来，

“三皇之时，坐者于于，行者居居，乍自以为马，乍自以为牛。纯德行而民瞳蒙，晓惠之心未形生也”。(《论衡·自然》) 万物与人同属于一个世界，彼此一脉贯通，没有物种之别，没有分类范畴，动物也被视为灵魂的宿主，可以与人交流、转化，因而人们对动物怀有比后世任何时期都要深切的情感。另一方面，动物又是人类的食物和敌人，是被猎杀、饲养、驯化、献祭和食用的对象，是被异化的他者。因而，人与动物既亲近又隔阂，既共存又搏杀，既怀有感激之心又畏惧其威胁，种种复杂的情感交错在一起，使得人类产生了复杂的动物崇拜心理：亲近动物，以感受自身的价值和意义；膜拜动物，以希求得到保护和宽恕；镇压动物，以扭转人类的身体和心理弱势。在动物崇拜中，人们赞叹和敬畏的是动物的某些特性和能力而不是原原本本的动物本体，于是自然界的动物被夸张、整合、肢解和歪曲，逐渐从现实世界的真实存在演化为半实半虚的神灵。

在中国早期曾经盛行的动物崇拜留存着大量痕迹。内蒙古阴山山脉岩画上马、牛、羊、蛇、龟等四十余种动物图像，西安半坡陶器上的人面鱼纹图，陕西临潼姜寨陶盆上的蛙纹图；商代古父己卣上的牛角形兽面纹，西周四虎青铜镈上的虎形饰，西周貉子卣上的鹿纹；河北唐山贾各庄战国墓铜壶上的斗兽场面，湖北喻家台出土的战国木胎漆绘上的孔雀与蛇，湖南长沙出土的战国人物龙凤帛画……从史前到战国，从北漠到南方，或是写实的，或是神异的，动物图像之多，举不胜举。在现存的文献典籍中也保留了与动物相关的大量记载。《周易·系辞下》：“古者包牺氏之王天下也，仰则观象于天，俯则观法于地，观鸟兽之文，与地之宜，近取诸身，远取诸物，于是始作八卦，以通神明之德，以类万物之情。”观察动物是认知宇宙的途径，取法动物是总结规律的手段。《逸周书·职方》以“其畜宜”列出了九州适宜生长的动物，《周礼·地官司徒·大司徒》把土地分为五类，每类都有相应的动物：“一曰山林，其动物宜毛物……二曰川泽，其动物宜鳞物……三曰丘陵，其动物宜羽物……四曰坟衍，其动物宜介物……五曰原隰，其动物宜裸物……”动物被作为识别地理环境的重要标志。“听凤皇之鸣，以别十二律。”(《吕氏春秋·古乐》) 黄帝得夔，“以其皮为鼓，橛以雷兽之骨，声闻五百里。”(《山海经·大荒东经》) 动物的鸣叫和身躯又被作为音乐的起源和乐器。“凤鸟首文曰德，翼文曰顺，膺文曰仁，背文曰义，见则天下和。”(《山海经·海内经》) 动物更体现了种种道德寓意。“凤鸟适至，故纪于鸟，为鸟师而鸟名。凤鸟氏，历正也；玄鸟氏，司分者也；伯赵氏，司至者也；青鸟氏，司启者也；丹鸟氏，司闭者也……”（《左传·昭公十七年》）动物还是政治权力和社会地位的象征，分官设职以鸟类作参考。“在战国和中华帝国早期，动物身兼多用，除了在畜牧、狩猎、运输、饮食等活动中发挥实用功能，还用作献祭的牺牲、仪式的对象和媒介，或在社会性权力模式的创建过程中充当象征和隐喻。人们表达社会、道德、宗教、宇宙论等方面的重要思想，也时常从动物世界这个丰富的宝库中取材。”① 无论是图像的描刻还是文字的书写，无论是真实的动物还是虚幻的神兽，这些以各种形态存留下来的动物形象涵括了对现实的描述和崇拜情感的寄托，生动地反映了华夏先民对动物的认知和喜爱，人们对动物的崇拜渗透到社会生活的方方面面。

“在原始社会，人们认识周围世界是通过两条各不相干并列而行的途径：一条是实践经验的途径，即从不断积累的生产实践经验中总结出反映客观规律的认识；另一条是非实践经验的神秘途径，即通过神灵启示的途径得出关于自然界的种种认识。……后者即非实践经验的神秘途径由于脱离实践，把认识建立在对于超自然的神的信仰的基础上，因而完全属于宗教范畴。”② 动物崇拜，以感受自然、认识自然的实践经验为基础，但它却未必会发展为对客观规律的理性认识，也有可能形成一种以部分客观为表象的超自然信仰，即对动物的神化和虚幻认识。所以说，动物崇拜是一条岔路口，它可以启发后世生物学的科学认识，也可以成为生发神话思维、神秘信仰的一个起始点，龙、凤、麟形象的创造就是选择了神化那条路径的结果。龙、凤、麟都不是现实生活中存在的动物，但它们都以真实动物为原型，是多种动物外在形态与内在特征的综合体，普通的动物被披上神秘外衣，现实所见被变形为脑中幻想。动物崇拜是龙、凤、麟形象生成的前提和准备，也是龙、凤、麟形象产生长久影响力的支撑力量。

二　图腾崇拜

随着人类社会由狩猎时代步入农耕时代，动物与人的关系发生了变化，动物不再以亲近的、平等的、同类的身份与人类相处，而是走向两个发展极端——或化为神，或变为畜。有的动物因为无法与人类共存而隐没

① ［英］胡司德：《古代中国的动物与灵异》，蓝旭译，江苏人民出版社2016年版，第3页。

② 赵沛霖：《先秦神话思想史论》，第101页。

于深渊密林之中，它们强大的能力与远离世人的距离感，使之保留着曾经被赋予的神异色彩，并进一步演变为动物神。有的动物因为已无法激起人们的敬畏情绪而失去了神秘性，并成为被驯养和役使的对象。当动物化为神时，它们虽然从实体层面疏远了人类的现实生活，但在精神层面发展为人类信仰领域中极为重要的组成部分，它们是被崇拜的精神偶像，是神的使者，也是神异能力的象征；当动物变为畜时，则恰与前者相反，虽对于人类日常生活不可或缺，却又对精神需求无关痛痒。动物世界从此被一分为二，一边是被崇拜的对象，是神祇，是神谕，是神瑞，是神话传说中的角色，是图腾信仰的符号；另一边是被支配的对象，是劳力，是牺牲，是食物，是现实生活中的事物，是人类社会发展的实证。当人们对动物的崇拜从动物本体崇拜发展为动物神崇拜，从对动物的普遍崇拜变为有选择的、有等级的崇拜，而某一族群又将由多种动物特征组合而成的神异动物视为与自己有亲缘关系的祖先时，动物就由崇拜的对象转化为图腾的一种。

中文“图腾”一词是印第安语“Totem”的音译，本义为“他的亲属”“他的亲族”“他的氏族标记”等。一般来说图腾是伴随着氏族社会的产生而产生的，从原始社会进入氏族社会时，人的意识和心理更加成熟，有了更多的求知欲和更强烈的集团情感，图腾应运而生。“图腾总是宗族的祖先，同时也是其守护者；它发布神谕，虽然令人敬畏，但图腾能识得且眷怜它的子民。同一图腾的人有着不得杀害（或毁坏）其图腾的神圣义务，不可以吃它的肉或用任何方法来取乐。任何对于这类禁令的违背者，都会自取祸应。”① 人们认为本氏族跟图腾之间存在血缘亲属关系，图腾是本氏族的始祖和亲人，从而将图腾尊奉为本氏族的名称或标志（徽帜）、象征和保护神，这就形成了图腾崇拜。图腾崇拜是人类对自身生命来源的一种朦胧的、非理性的解释，同时也是对自身血缘始祖的一种设想。受生产力发展水平和认知能力限制，能够成为图腾的或是被选择为图腾原型的都是先民日常生活中有密切接触的，并引发认同感和敬畏心的事物，动植物无疑是最先进入人们视野的。特别是动物，它们是人类生产生活的亲密伙伴、有力助手、食物来源，还是生存敌人和区分物我的标准与媒介，具有强大的生命力和各种人类艳羡的能力，人们既希望获得同样的

① ［奥］弗洛伊德：《图腾与禁忌》，杨庸一译，中国民间文艺出版社1986年版，第14—15页。

力量又惧怕此种力量，因而将动物想象成本氏族的始祖和保护神就顺理成章了。虽然图腾学说是个舶来品，很多学者不赞同用此种理论来研究中国古代神话传说，怀疑用其研究中国古代社会和文化的适应性，但就龙、凤、麟、龟“四灵”信仰来说图腾崇拜的确是考察其发生发展过程，认识龙、凤超然社会地位的重要文化观念。

动物崇拜能够转化为图腾崇拜，根本原因在于人类产生了集团意识与血缘意识。生产与生活使人们发现自己与周围的环境存在着一种特殊关系，某种动物能为族群提供更多物质资料或产生更大威胁，于是对它怀有一种专属的亲近或敬畏之情，这类动物就被族群选择作为自己的亲属，并抬升至祖先的高度，动物图腾崇拜便兴盛了起来，它是动物崇拜、生殖崇拜与祖先意识的综合产物。龙、凤的原型都是现实生活中有强大能力的动物，它们是翱翔蓝天的鸟，是悠游池泽的鱼蛇，本就因自身的生物特质而获得人们的钦羡和畏惧，当人们将其视为族群的源头或与第一代先祖的交感物时，它们就升格为氏族的图腾，揭开了这个氏族社会文化史的新篇章。在动物崇拜阶段动物的形象主要是对某些特征与能力的夸张变形，形象的复合性不是特别突出，而在图腾崇拜阶段动物的面貌发生了巨大变化，人们首先会对图腾作若干装饰美化，随后又因新氏族的出现、新聚落的建设和部落的联合进一步改造图腾，有图腾的融合，也有图腾的衍生和再衍生，形成复杂的图腾层次。龙、凤就这样一步步由形态夸张的动物发展成形象复杂的图腾。龙、凤形象在中国文化史上之所以地位超然，一个关键因素就是它们经历了图腾崇拜阶段，象征的不仅仅是某些自然力量、神异能力，更是人类族群集团的兴盛变迁及血脉神圣，这就使其形象有机会脱离具体物象层面而抬升至象征人文演化水平与趋势的新高度。

在很多考古实物遗迹中都能发现龙、凤图腾崇拜的痕迹。比较有代表性的是龙、凤图腾柱。“在氏族社会，以图腾为宗神，每个家族的闾里之口都立有图腾柱（Totem pole）以保护他们的氏族。所谓图腾柱，大抵雕刻为鸟兽怪物形。”① 鸟兽怪物形中最有名的非龙、凤莫属。实物有山东泰安大汶口文化墓地第75号墓中出土的背壶上的太阳鸟图腾柱形象。陆思贤在《神话考古》中说：“有朱绘‘’形图案，这个图案的中心画一个大圆点，表示鸟的身体，又象征太阳，顶上伸出一个向左侧视的长喙鸟

① 丁山：《甲骨文所见氏族及其制度》，中华书局1988年版，第3—4页。

头，两侧用芒刺纹表示对称展开的翅膀，下面是两分叉的羽尾；这是扑翅待飞的鸟，且在左右张望，有雄鹰展翅之意，称它‘太阳鸟’。下面的‘⊥’形符号表示立柱，太阳鸟落在立柱的顶端，立柱又插在横木上，可以固着于地面，作为图腾柱的形象是比较完整的。”① 他又引《拾遗记》卷一所载少昊古史传说证明该图形在文献中就有记载。《拾遗记》云少昊诞生时“时有五凤，随方之色，集于帝庭，因曰凤鸟氏”。从侧面印证了此“太阳鸟”图腾柱就是凤鸟图腾柱。龙、凤图腾柱历史悠久，即便在后世它们已经逐渐弱化了图腾意义而重在象征，但仍以各种形态遍布于中华大地。汉画像中也有蕴含龙、凤图腾崇拜意义的图像。如马王堆T形帛画中两条穿璧腾起的龙，洛阳卜千秋墓墓主升仙图中的飞天载具三头凤鸟，是引魂升天的使者，是延续和恢复生命的力量。又如在山东、河南、江苏、四川、山西、陕西等地分布的伏羲、女娲两尾相交像，二者人首蛇身（龙身）的形体特征也显示出龙蛇图腾崇拜的痕迹，是图腾意识在汉代民众记忆中的保留。

古籍记载也不乏三代以前的龙、凤图腾崇拜传说。如《左传·昭公十七年》载：“昔者黄帝氏以云纪，故为云师而云名；炎帝氏以火纪，故为火师而火名；共工氏以水纪，故为水师而水名；大皞氏以龙纪，故为龙师而龙名。我高祖少皞挚之立也，凤鸟适至，故纪于鸟，为鸟师而鸟名。”龙与凤都作为某一氏族的象征，带有图腾的印记。“在部落政权和职官制度形成之初，往往以部落内各氏族的图腾作为部落政权的职官名称。”② 以龙、凤名官就从侧面揭示了图腾徽识对本部族的代表意义。图腾崇拜一个突出的特点，就是相信其崇拜的图腾祖先与自身有亲缘关系，古籍中大量感生神话的存在就在一定程度上说明了图腾与氏族的血缘关系。如：“天命玄鸟，降而生商。”（《诗经·商颂·玄鸟》）玄鸟遗卵被简狄吞食然后生下了商的始祖契，很多学人认为玄鸟就是凤，如果确实如此，那么凤就是商人的图腾。图腾往往又与禁忌联系在一起，“（禁忌）代表了两种不同方面的意义。首先，是‘崇高的’、‘神圣的’，另外一方面，则是‘神秘的’、‘危险的’、‘禁止的’、‘不洁的’”③。龙图腾在汉民族文化心理中，一方面是神圣的，这表现为龙崇拜；一方面是禁止的，这表现为龙图腾的

① 陆思贤：《神话考古》，文物出版社1995年版，第71—72页。

② 何星亮：《龙：图腾——神》，《民族研究》1993年第2期。

③ ［奥］弗洛伊德：《图腾与禁忌》，第31页。

禁忌。如，睡虎地秦简《日书》中龙就含有禁忌的意义。《日书》甲种《秦除》篇云："禾忌日，稷龙寅，秫丑。"整理小组注曰："《淮南子·要略》：'操舍开塞，各有龙忌。'注：'中国以鬼神之日忌，北胡、南越皆谓之请龙。'故龙意即禁忌。"① 传世文献也有此类用法。"俗人险心，好信禁龙。"（《论衡·难岁》）"太原一郡，旧俗以介子推焚骸，有龙忌之禁。"（《后汉书·周举传》）龙、禁龙、龙忌都是禁忌的意思，由禁忌与图腾的密切关系可以进一步确定龙的图腾性质。

与龙、凤不同，在经历动物崇拜阶段后，麒麟没有向图腾崇拜演进。麒麟虽有合体动物的神异性和特殊性，但其主体面貌仍是现实所见的鹿，性格也是亲人而温驯的，它没有在很早阶段就发展出龙、凤那样极为夸张而神奇的面貌，甚至从江苏溧阳出土的陶瓷麟俑可知，晚至北宋，麒麟仍保留着四脚走兽的朴素样子，这样的形象作为世代尊奉的图腾难免少了些玄幻的色彩和震慑的威力。麒麟形象的塑造本就与回溯氏族血缘亲属关系没有关联，而其象征意义也不适于承担图腾功能。人们以麒麟为吉符祥兆并非因它与族群有亲缘关系，也并非因它象征着不可悖逆的权威力量，而是因为这个形象先是集合了陆地动物善跑、机敏、生命力旺盛等特征，让人心生崇拜，然后随着其形象的复杂化和人格化，麒麟又代表了仁厚的君子之德，令人无限向往。这样的象征意义显然不会出现在图腾形成与兴盛时期，也不会在已经存在的图腾中单纯地保留或增加这类特征，毕竟人们信奉图腾的原因和目的在于血脉源起、神圣力量和统治权威，而不是某种可被模仿，甚至被超越的能力，也不是某种促进人类社会和谐稳定的美德。图腾带有天然的功利性，图腾的价值体现在它在人认识世界、适应世界和改造世界的过程中能否起到作用，无论是对生命来源的解答，还是对周围环境的认知，抑或是对自然的征服，只要某物能够起到此类作用，那么它就有成为图腾的可能，相反，如果某物没有起到此类作用，或是所起作用很不明显，那么它就被排斥于图腾队伍之外。麒麟并非由实际功利目的催生的产物，人们不用它解释族群起源，也不用它抵御风险，麒麟更像一个象征物，象征人对自然的好奇和敬畏，也象征人对自我品格的认知和对崇高感的渴望。图腾重在实用，而麒麟重在审美，因而麒麟缺乏成为图腾的现实与心理基础，也就无法如龙、凤那样成为族群的图腾。在围绕着

① 睡虎地秦墓竹简整理小组编：《睡虎地秦墓竹简》，文物出版社 1990 年版，第 336 页。

圣主贤臣建立的有道德寓意的动物世界里，四灵的身影时时闪现，其中最具神秘色彩和图腾意味的非龙、凤莫属，最具生命意义和占筮价值的非灵龟莫属，而最具仁德精神和符瑞意义的则非麒麟莫属。麒麟形象的存在，将人类世界和动物世界通过道德上的勾连贯通为一个整体，它彰显人类道德特质，又受人类道德的熏陶，其品质源于自然的法则，又感化外物。正是因为麒麟走上了与龙、凤不同的发展路径，在后世它在地位、能力、象征意义上都与后两者有着很大的差异，麒麟直接进入了灵物崇拜的阶段，比龙、凤更早地重新接触到人世与现实。

三 灵物崇拜

灵物崇拜是受万物有灵观念影响而形成的信仰模式，它将自然界的动植物或无生命物视为神异主体，认为它们具有神圣性和象征性，能够影响和反映社会生活，并对人有预示、告诫、保护的作用。灵物崇拜起源很早，可以说是万物有灵意识最直接的产物，但它并不极度依赖彼时的文化土壤，而是通过改变自身的表现形式、扩充承载意义而保持蓬勃的生命力，嵌合于变动不居的时空网络中。它是灵活的，可以表现为这种形态，也可以表现为那种形态；它是具有普泛意义的，可以承载这个人的愿望，也可以成为那个人的精神寄托；它还是能被多重解读的，可以被理解为浅层的物象意义，也可被理解为深层的隐喻意义。灵物崇拜既延续了以往的神秘思维，又打破了自然崇拜的局限，将客观事物想象成有能量供给能力、邪祟压制能力、神人沟通能力的存在，并将其特性抽象化使之更广泛地适用于多种场合。当然，不是所有被赋予灵魂的事物都有机会成为灵物，也不是所有曾经被供奉的灵物都能够长久地留存下来，那些意义单纯的、形态固定的往往会因为无法再起到充分的象征作用而被逐渐忘却，而龙、凤、麟则因被赋予了更丰富的意义、更特殊的灵性而成为灵兽代表。当原始信仰被人文精神所取代，神祇越来越人形化和人性化，龙、凤、麟已无法成为新神灵系统的重要神祇，但演变为灵兽却延续了它们的活力。人们认为龙、凤、麟可以感应和领会神意，可以施展法力造福苍生，如果说圣人是神在人间树立的榜样，是人形的灵媒，那么龙、凤、麟便是神在世俗的使者，是动物形的沟通人神的桥梁。

龙、凤是灵物，也是动物神，这两种身份紧密相关又有所不同。作为曾经的氏族图腾，龙、凤有着被整个氏族所敬奉的神圣性，这种神圣性又随着氏族的融合与衍生而不断放大，直到它们成为华夏文化的象征时，龙、凤就由被崇拜的图腾蜕变为动物形态的神。脱离了图腾的性质局限，它们的功能更为强大，从一族一群的守护神、祖先与标识发展成为被普遍信仰的神灵。即便它们不具有人的外形，也不像某些人化之神可以明确地表现内心的喜怒哀乐，但是它们仍旧具有强大的控制力量，遂被列于与神祇同等的地位，径视之为神。“龙，水物也。”（《左传·昭公二十九年》）《说文解字》在解释“珑”字时说：“祷旱玉。龙文。从玉，从龙。龙亦声。”高诱注《淮南子·地形训》“土龙致雨”曰：“汤遭旱，作土龙以象龙，云从龙，故致雨也。”以上材料说明，龙被人们当作水神（雨神）来崇拜。《楚辞·天问》：“河海应龙，何尽何历？”王逸注：“或曰：禹治洪水时，有神龙以尾画地，导水所注当决者，因而治之也。”这里的龙无疑是带有神力的龙，相当于动物外形的神灵。随着人增强对自我力量的认同，人格神的地位变得无与伦比，动物神的地位逐渐下降，有的成为某山某河的精怪，而龙、凤仍旧保留了其原生于图腾的骄傲与尊严，转而成为具有祥瑞喻示功能的灵物。灵物与神都具有神秘的力量，都是人类崇拜和敬畏的对象，但灵物与神相比降低了神格，也不强调人格之于神格的改造，它们对于人类的要求做出机械反应并凭借自身特征给人以昭示。将龙、凤视为动物神是对其神秘力量的敬畏与尊重，而称龙、凤为灵物则是认识到了其象征功能和自然属性。

无论三者在象征意义和影响范围上有怎样的差距，在灵物崇拜阶段，龙、凤与麟开始处于相同的层级上。它们都是禽兽之长，“有羽之虫三百六十，而凤皇为之长；有毛之虫三百六十，而麒麟为之长；有甲之虫三百六十，而神龟为之长；有鳞之虫三百六十，而蛟龙为之长。”（《大戴礼记·易本命》）“麒麟之于走兽，凤凰之于飞鸟，泰山之于丘垤，河海之于行潦，类也。圣人之于民，亦类也。”（《孟子·公孙丑上》）龙、凤、麟既来源于普通动物又高于普通动物，它们掌领一类禽兽，是代表，也是首领。龙、凤、麟都有威严气势和超自然力量：“龙，生于水。被五色而游，故神。欲小则化如蚕蠋，欲大则藏于天下。欲上，则凌于云气，欲下则入于深渊。”（《管子·水地篇》）“龙，鳞虫之长，能幽能明，能细能巨，能短能长，春分而登天，秋分而潜渊。”（《说文解字》）“凤，神鸟也。……出于东方君子之国，翱翔四海之外，过昆仑，饮砥柱，濯羽弱水，暮宿风穴，见则天下大安宁。”（《说文解字》）“故麒麟麕身、牛尾，圆顶一角，合仁怀义，音中律吕，行步中规，折旋中矩，择土而践，位平然后处，不群居，不旅行，纷兮其有质文也，幽闲则循循如也，动则有仪容。”（《说苑·辨物》）龙、凤、麟能够诏令同类百物，能够凌云翱翔、逐游四海，能合中规矩、体仁怀义，显示了作为灵物的神异能力和象征作用。

随着道德观念的产生和成熟，作为灵兽的龙、凤、麟又成为道德的体现者。“有鸟焉，其状如鸡，五采而文，名曰凤皇，首文曰德，翼文曰义，背文曰礼，膺文曰仁，腹文曰信。是鸟也，饮食自然，自歌自舞，见则天下安宁。”（《山海经·南山经》）“德”之总称与“义”“礼”“仁”“信”这四类德行分科竟以花纹成字的形式长于凤凰之身，从凤凰形象的塑造就可以看出时人对凤的显德含义的认同。“凤鸟者，戴仁报义掖信。”（《逸周书·王会》）更直接地说明了凤鸟象征的德究竟为何。麒麟更是灵物中含仁怀义的代表，甚至与其他灵兽相比，麒麟的突出特征就在于它的显德。“麟之趾，振振公子，于嗟麟兮！麟之定，振振公姓，于嗟麟兮！麟之角，振振公族，于嗟麟兮！”（《诗经·周南·麟之趾》）《毛传》曰：“振振，信厚也。”虽生有角却以肉包之不妄伤人，麟之德主要就表现在它的“设武备而不为害”，慈悲敦厚的性格展现出中华先民本性的美和善。“麟者，仁兽也。”（《公羊传·哀公十四年》）“夫凤皇，鸟之圣者也；骐，兽之圣者也；五帝、三王、皋陶、孔子，人之圣也。”（《论衡·讲瑞》）《春秋》止于获麟，《史记》载孔子见西狩获麟，慨叹“吾道穷矣”，这些无不证明了麒麟作为四灵之一彰显道德的意义。“刳胎杀夭则麒麟不至郊，竭泽涸渔则蛟龙不合阴阳，覆巢毁卵则凤皇不翔。何则？君子讳伤其类也。”（《史记·孔子世家》）“刳胎杀夭，麒麟不游，覆巢毁卵，凤凰不翔。”（《淮南子·本经训》）麒麟、凤凰、蛟龙都抛却了动物弱肉强食的野性，而带有德行君子的风度。故而“龙鳞有文，于蛇为神；凤羽五色，于鸟为君”（《论衡·书解》）。龙、凤、麟也因之被用来指称品质高尚而受人敬仰的人。“老子见孔子，从弟子五人。……老子叹曰：‘吾闻南方有鸟，其名为凤。所居积石千里，天为生食。其树名琼枝，高百仞，以璆琳琅玕为实。天又为生离珠，一人三头，递卧递起，以伺琅玕。凤鸟之文，戴圣婴仁，右智左贤。”（《艺文类聚》卷九〇引《庄子》佚文）老子将孔子喻为凤，称颂孔子德高望重而群贤毕至。“楚狂接舆歌而过孔子，曰：‘凤兮凤兮，何德之衰，往者不可谏，来者犹可追。’”（《论语·微子》）

直接以凤比孔子，凤德即指孔子之德。正因为道德观念的融入，使得龙、凤、麟获得了成为祥瑞之物的资格。“凤凰之翔至德也，雷霆不作，风雨不兴，川谷不澹，草木不摇，而燕雀佼之，以为不能与之争于宇宙之间。”（《淮南子·览冥训》）“夫凤，……首戴德，顶揭义，背负仁，心信智。……夫惟凤为能究万物，随天祉，象百状，达于道。去则有灾，见则有福。”（《说苑·辨物》）龙的出现也被视为盛世太平和天命所降的象征。史书所载汉文帝十五年“龙见于成纪”、成帝鸿嘉元年“黄龙见真定”、东汉光武帝时“黄龙见于东阿”等，虽然都是为了统治的稳定、彰显天命所归而编造的故事，但是确实证明了龙形象的符瑞价值。龙、凤、麟的神异特征、君子之风和美好德行使其成为灵兽中的佼佼者，也成为天下气象与世间圣贤的象征，三者形象的塑造不但注入了人们丰富的想象力，更寄托了人类对善与美的执着追求。

第三节　先秦儒家认同的祥瑞符号

灵兽作为动物神灵化的产物，其本质是中性的，既可以为善亦可能作恶，既可以被人崇敬亦可能被人畏惧。受到集美之思与趋利心性的影响，当人们将关注的目光由灵兽的自然属性和超自然神力转向其喻示昭告功能时，灵兽本性中恶的部分被抹杀了，作乱的可能也被忽略了，它们成为天地互通的神圣使者，通晓神谕的伟大启发者，故而被升华为美与力、礼与德的象征，灵兽进而成为瑞兽，龙、凤、麟便是这类灵兽的典型代表。发展到这一阶段的龙、凤、麟已被大大弱化了动物属性，而作为一种象征符号存在，可以象征生命的蓬勃、世间的太平、德行的美好、能力的神异……在此基础上，龙、凤、麟又与帝王基业联系在了一起，最大限度地被赋予了政治价值与社会意义。这样的龙、凤、麟必然是先秦诸子不能忽略的论说武器，利用这些长久存在的、被社会各阶层接受的、可被赋予不同意义的形象符号，使之成为论说的组成部分，无疑有助于生动地阐述自己的观点。先秦儒家就将龙、凤、麟视为体现自己世界观、价值论、政治思想与审美理念的重要信息载体，这是先秦儒者对动物神异能力的认同，对传统道德精神的肯定，也是对灵物瑞兆价值的进一步夸大。

一　先秦儒家与龙、凤、麟的同声相应

在先秦儒者眼中灵兽是神的使者，是社会生活取法于自然的榜样，是人类道德模式的投射，因而在先秦儒家经典中出现过许多灵兽，它们是神圣的、奇异的，并可以与人同声相应的。龙、凤、麟作为不同类别动物之首，它们出类拔萃的灵通能力、华美威严的外在形象、王道仁政的象征价值使之成为众多动物中最能彰显儒家观念与心理的存在。

孔子的形象常与辨识动物、德化鸟兽、以动物参悟天道联系在一起。孔子曾教育弟子学诗，认为其作用之一便是“多识于鸟兽草木之名”（《论语·阳货》）。为什么要学“鸟兽草木之名”？除了增长知识之外，另一个重要原因便是识鸟兽而通其性，通其性而知其德，知其德而彰其用，彰其用而利己说。知晓了鸟兽的特性就可以理解、深化和利用其象征意义，进而证明自己的观点和弘扬本派的学说。如古书记载了孔子识坟羊的故事：“季桓子穿井如获土缶，其中有羊焉。使问之仲尼曰：‘吾穿井而获狗，何也？’对曰：‘以丘之所闻，羊也。丘闻之：木石之怪曰夔、蝄蜽，水之怪曰龙、罔象，土之怪曰坟羊。’”（《国语·鲁语下》）孔子能轻松地辨识一般人不知道的怪物，又按照“木石之怪、水之怪、土之怪”做了总结归类，显示出自身的博学广闻、对神异事物的存在的肯定，以及探索外物的积极与理性。以孔子为代表的儒者还认为动物对道德标准和人类美德有着敏锐的感受力及灵活的表现力，龙、凤、麟因本就带有仁德的色彩，故而对道德的感应尤为突出。上文于此已有详述，现仅举二例论说。孔子曾说：“舜之为君也，其政好生而恶杀，其任授贤而替不肖，德若天地而静虚，化若四时而变物，是以四海承风，畅于异类，凤翔麟至，鸟兽驯德，无他也，好生故也。”（《孔子家语·好生》）舜爱惜生灵之心使之树立了良好的道德榜样，万物都有所感触，鸟兽、凤麟无不顺从其德化。正所谓：“圣人有国，……于时龙至不闭，凤降忘翼，蛰兽忘攫，爪鸟忘距，蜂虿不螫婴儿，蚊虻不食夭驹。”（《大戴礼记·诰志》）当圣德之君统治国家时，以龙、凤为代表的动物也纷纷受到道德感化，抑制了自己兽的本性。孔子还将对待动物的态度视作评判道德水平和教化效果的重要标准。孔子的弟子宓子贱治理亶父时，观化者发现此地夜渔者将鱼放归，渔人解

释说："宓子不欲人之取小鱼也。所舍者小鱼也。"孔子对宓子贱品德影响下形成的此种风气表示赞赏，认为宓子贱做到了自己曾经对他所讲的"诚乎此者刑乎彼"（《吕氏春秋·具备》）。这种观念对后世儒者也有很大影响。孟子说："数罟不入洿池，鱼鳖不可胜食也。"（《孟子·梁惠王上》）荀子说："鼋鼍、鱼鳖、鳝鳣孕别之时，罔罟毒药不入泽。"（《荀子·王制》）

先秦儒家还强调人与动物的和谐，认为当人与动物彼此和谐共处时可通过观察动物升华社会理念，还可得到动物的保护和照拂，更能在动物的沟通下与神相通、与天相应。先秦儒者常用对动物的驯养比喻治国驭民，指出如同不能用蛮力控制、妨碍动物的天性和活动一样，对待百姓也不能一味地役使和镇压，而要有精神上的积极引导，使之自主顺从。如孟子说："民之归仁也，犹水之就下、兽之走圹也。故为渊驱鱼者，獭也；为丛驱爵者，鹯也；为汤武驱民者，桀与纣也。"通过对动物本性的认识和理解，对动物行为的归纳和判断，进而得出牧民以德、化民以仁的观点。当人受到迫害或承受苦难时，特别是当这个人是天选之子或仁德之士时，动物还能给予其帮助。周始祖后稷便有此类经历，"诞置之隘巷，牛羊腓字之。诞置之平林，会伐平林。诞置之寒冰，鸟覆翼之。鸟乃去矣，后稷呱矣。"（《诗经·大雅·生民》）当后稷被弃时，是牛、羊和大鸟救了周始祖的命。还有一项为先秦儒者看重的，便是动物沟通人神、昭示天意的能力。从青铜器上各类动物纹样，到子弹库楚帛书上杂糅了动物特征的十二月神像，从武梁祠中的黄龙玉马画像，到曾侯乙墓漆绘撞钟图上扮作鸟形的乐师，对动物具有连通天地灵力的认识由来已久。先秦儒者延续传统，在讨论人世社会变迁与天命天道规律时，也肯定了动物告谕通天的神灵之力，并能根据动物的形貌和行为做出推测，从而给出积极的反馈。比如，《列子·说符》载宋国一家人祖孙三代好行仁义，家中无故黑牛生白犊，孔子曰："此吉祥也，以荐上帝。"一年后，其父无故而盲。黑牛又生白犊，孔子仍然以为吉兆，复教以祭。再过一年，其子无故而盲。待到楚攻宋城时，宋国父子因有眼疾幸免于战死，围困解除后便又复明。孔子以黑牛生白犊为祥兆，并主张通过祭祀以应和天意。故事意在证明从动物处获得神的指示并有所行动可以得到很好的结果。再比如，动物的形态变化被视为昭示王权更迭和国家兴亡的重要标记。"动物有变，大家常以为是社会政治发生变动的信号。观察动物的形貌变化和行为变化，成了社会变迁理论和王朝兴替理论的题中之义。”[1]《春秋》记载了昭公二十五年鸜鹆巢于鲁的事件。《公羊传·昭公二十五年》言：“有鸜鹆来巢，何以书？记异也。何异？尔非中国之禽也。宜穴又巢也。”据此鸜鹆出现于其生存活动地域之外的鲁并在此筑巢，改变了原有的活动轨迹和本性，是一件十分奇怪的事情。而鸜鹆巢于鲁正预言了昭公出奔之事。《左传》载师己言：“异哉！吾闻文、成之世，童谣有之，曰：‘鸜之鹆之，公出辱之。鸜鹆之羽，公在外野，往馈之马。鸜鹆跦跦，公在乾侯，征褰与襦。鸜鹆之巢，远哉遥遥，稠父丧劳，宋父以骄。鸜鹆鸜鹆，往歌来哭。’”由此可见，在儒者眼中，动物特别是异兽确实能够起到警示社会变迁和政治异变的作用。

相较于一般动物，龙、凤、麟因形象生成的虚幻性和神圣性而具有更直接、更强大的贯通天地、勾连人神的能力，它们可以蕴含深刻寓意并在象征天意方面起到更突出的作用，这也就为龙、凤、麟成为被广泛认同的祥瑞之兆、成为被儒者认可的政运盛衰的象征奠定了坚实基础。

二　先秦儒家对龙、凤、麟瑞兆意义的确信

龙、凤、麟是具有特殊能力、形象非凡的灵物，人们尊敬与喜爱它们，认为它们的出现往往代表了对某些事件、人物的认同，昭示着吉祥美好，三者的含义由此从“通天灵兽”向“祥瑞象征”方面侧重。

作为上天的使者，当神意触动时龙、凤、麟就会带来谕示，有时还会伴随着其他一系列奇异现象，以提示神圣力量与神圣事物的出现。“故圣王所以顺，……故天降膏露，地出醴泉，山出器车，河出马图，凤皇麒麟皆在郊棷，龟龙在宫沼，其余鸟兽之卵胎，皆可俯而窥也。”（《礼记·礼运》）龙、凤、麟与其他被视为瑞兆的特殊情况同时出现，表明它们可以预告美好和吉祥。

对于龙、凤、麟的祥瑞性质，典籍中有大量记载。首先，它具有“预示”作用，它们的出现预告了祥和美好的未来，如果三者避而不出或者出现的时机、状态不对则代表世道混乱必有灾异。“（凤皇）见则天下大安宁。”（《山海经·南山经》）“凤，神鸟也。……见则天下大安宁。”（《说

---

① ［英］胡司德：《古代中国的动物与灵异》，第248页。

文解字》）“及西狩见麟，（孔子）曰：‘吾道穷矣！’”《集解》：“麟者，太平之兽，圣人之类也。时得而死，此天亦告夫子将殁之证，故云尔。”（《史记·孔子世家》）龙、凤、麟祥瑞是否出现、何时出现、以何种方式出现预示了事情与人物的发展走向。

其次，它具有“昭告”作用，龙、凤、麟这些平时罕见的吉祥之物在国家安定格局已经确立之时翩然而至，昭示太平治世、王者当位，此时它们的出现证明了君圣民和现世安好。“《箫韶》九成，凤皇来仪。”（《尚书·益稷》）“我高祖少皞挚之立也，凤鸟适至。”（《左传·昭公十七年》）“昔者黄帝治天下……凤凰翔于庭，麒麟游于郊。”（《淮南子·览冥训》）“于是禹乃兴《九招》之乐，致异物，凤皇来翔。”（《史记·五帝本纪》）当天下大治、圣王当政之时，龙、凤、麟就翩然降世昭示太平繁盛。

第三，它有“警示”作用，龙、凤、麟逢善与吉则出现，遇恶与凶则隐匿，如果它们不出世就代表着社会还没有达到完美和谐的程度，甚至警示着社会的动荡不安。孔子曾慨叹：“凤鸟不至，河不出图，吾已矣夫！”（《论语·子罕》）凤鸟不现于世，孔子已从中觉察到了世道衰微不可挽救，于是心生悲凉。管仲以事例劝说桓公不要封禅，说：“古之封禅，鄗上黍，北里禾，所以为盛；江、淮间一茅三脊，所以为藉也。东海致比目之鱼，西海致比翼之鸟。然后物有不召而自至者十有五焉。今凤皇麒麟不至，嘉禾不生，而蓬蒿藜莠茂，鸱枭群翔，而欲封禅，无乃不可乎？”（《汉书·郊祀志》）管子认为古时封禅，是王者功业大成、天下安乐、祥瑞现世时才举行的仪式，而是时凤凰、麒麟这类的祥瑞之物并没有出现，是不是就在警告此时不适合封禅呢？于是桓公作罢。瑞兽出现与否已经成为人们了解社会风气与政治情况的风向标了。

先秦儒家是一个矛盾的学派，他们源于巫、长于术的原始身份，对三代文明的向往和承续，使之对天命天道有着由衷的信仰，对鬼神精怪也多持敬而远之之心，同时，他们对社会现实的关注，对理性精神、伦理道德与政治秩序的倡导，使之更愿意将人世生活作为讨论的议题。为调和这种矛盾以便更好地适应时代发展与学说阐论的需求，先秦儒家回避了对于龙、凤、麟等祥瑞存在合理性的推理论证，而是直接利用其象征意义，将其作为神的奖惩征兆显示政治秩序、社会法则与道德伦理关系，这是一种明智的学说策略，是对文化传统的主动契合。最能够展现先秦儒家以灵兽为瑞兆，认同瑞兽文化价值的便是“获麟”之论。《春秋》所记之事终于鲁哀公十四年（公元前481年）。“十四年春，西狩于大野，叔孙氏之车子钼商获麟，以为不祥，以赐虞人。仲尼观之，曰：‘麟也。’然后取之。”（《左传·哀公十四年》）“十有四年，春，西狩获麟。……麟者，仁兽也，有王者则至，无王者则不至，有以告者曰：‘有麇而角者。’孔子曰：‘孰为来哉？孰为来哉？’反袂拭面，涕沾袍。”（《公羊传·哀公十四年》）《孔子家语》亦载孔子见获麟而涕，子贡问：“夫子何泣尔？”孔子回答：“麟之至，为明王也，出非其时而害，吾是以伤焉。”《春秋》以“获麟”之事作为记述的结尾，是因为麒麟在孔子的眼中不仅仅是灵兽，还是降临人世的祥瑞，标志着太平盛世、圣人持政、王者仁德，但麟恰恰在王室衰微、社会动荡不安的情况下出现，这本就不合情理，它出现之后又被无知的人们伤害，更是逆天害理。孔子“及西狩见麟，曰：‘吾道穷矣！’”并慨叹道：“弗乎弗乎，君子病没世而名不称焉。吾道不行矣，吾何以自见于后世哉？”由此孔子“乃因史记做《春秋》，上至隐公，下讫哀公十四年，十二公。”（《史记·孔子世家》）西狩获麟在孔子看来是一件不得了的大事，它意味着一个时代的终结，更预示着自己以礼乐仁义兴国安邦的理想完全破灭。孔子在失望、悲悯又困惑的心绪中停止了历史的记述。孔子的这种思想在他处也有表现。《孔丛子》云：“冉有告夫子曰：‘麇身而肉角，岂天之妖乎？’夫子曰：‘今何在？吾将观焉。’遂往，谓其御高柴曰：‘若求之言，其必麟乎？’到视之，果信。言偃问曰：‘飞者宗凤，走者宗麟，为其难至也。敢问今见，其谁应之？’子曰：‘天子布德，将致太平，则麟凤龟龙先为之祥；今周宗将灭，天下无主，孰为来哉？’”[①] 麟之于孔子本是王道和仁政的象征，是昭示吉祥的神物，最终却在乱世中为微贱者所获，孔子的政治理想由于麒麟不合时宜地出现而最终幻灭。

先秦儒家对龙、凤、麟祥瑞符兆作用的重视和利用并非凭空产生，社会发展、时代风气和思想更新都要求彼时的知识分子充分运用这一文化遗存，但不可辩驳的是，随着儒家学说在先秦诸子中逐渐发展为显学，随着汉代独尊儒术理念的确立，先秦儒家以龙、凤、麟为瑞应的态度使三者进一步演化为特定阶层、群体的象征——龙、凤是帝王的身份标记，麟是君侯的品德参照。受原始宗教观念和神灵信仰的影响，人们认为特殊事件的发生必然有神赐预示或天降征兆，帝王受命尤其如此，正所谓“三代之

① 傅亚庶：《孔丛子校释》，中华书局2011年版，第97页。

兴，各据祯祥”（《史记·龟策列传》）。统治者为证明自己获得统治权力符合天意而对祥瑞之事格外重视。在这样的背景下，龙、凤、麟或是凭借其奇异而威严的外形，或是凭借其往古图腾的尊贵身份，或是凭借仁爱天下的伟大品格，成为代表统治阶层的象征符号。龙、凤、麟的意义由避邪御凶的灵兽转为权威吉祥的符瑞，帝王的威势被普遍接受的、具有神圣意义的形象所代表。例如，中国的政治传统中龙是至高无上的权力象征，最高统治者被称为“真龙天子”，他们感龙而生，“轩辕，黄龙坠”（《史记·天官书》）；他们御龙而行，“有龙髯垂胡，下迎黄帝，黄帝上骑”（《史记·封禅书》）；他们可号令神龙，黄帝“令飞龙作效八风之章，名曰承云”（《吕氏春秋·古乐》）；他们可化身为龙，“鲧死三岁不腐，剖之以吴刀，化为黄龙”（《山海经·海内经》注引《归藏·启筮》）。龙的形象已经与最高统治者画上了等号。龙、凤、麟的形象在被不断赋予各种意义后，逐渐由古朴简单走向繁复华丽，由民间信仰走向礼教伦理，最终来自自然山野的形象转变为庙堂文化的帝王象征，表达了古人对仁道德政、对贤明君主的向往和赞美。龙、凤、麟与帝王崇拜的最终结合是与秦汉中央政权的高度集中相统一的，但是这种关系的孕育却经历了很长时间，在这一过程中先秦儒家可谓功不可没。“元狩元年冬十月，行幸雍，祠五畤。获白麟，作《白麟之歌》。”（《汉书·武帝纪》）“获白麟”后武帝不但直接改元为“元狩”，而且亲自创作了祭歌《白麟之歌》，可见该事件的影响甚大。如果不是《春秋》止于获麟事件，如果不是孔子对麟出乱世的不甘慨叹，西汉时期或许不会如此高调地对待获白麟一事，这是麟之象征意义的传承，是王朝鼎盛时期对君王的肯定和献媚，更是先秦儒者以瑞兽应王道观念的延续。在祥瑞之兽与帝王基业产生联系的过程中，先秦儒家起到了很大的推动作用，他们特别善于运用三者的象征意义，或是从维护统治阶层利益出发，或是为了给自家关于历史进程、社会变革和王朝动荡的解说寻找物象证据，将龙、凤、麟与政治事件、社会人物联系在一起，推动了灵物崇拜的祥瑞化，以及瑞应理念的政治化。

在龙、凤、麟产生的初期，它们的形象、意义、作用与《山海经》中那些如今看来诡秘古怪的奇珍异兽没什么太大的差别，甚至还要更质朴些、弱小些。而随着龙、凤、麟与族源、品德、王权的联系日益加强，它们从众多物象中脱颖而出，不再单纯地展现人对自然的征服或防御，不再是社会生活的简单投射，甚至不再单独地表达意义，而是以复合的、呼应的、更加神圣与权威的形象意涵融入思想体系与表达系统中。龙、凤、麟的形象意义经历了一次次脱胎换骨的蜕变，从万物有灵世界中附着魂灵的兽到孕育和护佑族群的图腾，从被崇拜的动物神到承载美好愿景的瑞应，在时空的交错中，在意义的更新中，实现了由神圣向世俗、由功利向审美、由解释到证明、由信仰到王权的平稳过渡。龙、凤、麟意义的凝练和变迁有其内在的驱动力，那是古朴神话与政治权威、神圣信仰与道德意识、历史记忆与社会现实斗争后的结果；也有外在的推进力，那是时代需求、文化风潮、思维进步、学术发展的综合影响。先秦儒家的积极作用无疑是外在推进力中十分重要的一种，以孔子为代表，先秦儒者肯定龙、凤、麟的灵性，并从虚构的灵物形象中体察内涵深意，认同它们彰显神意与天命的祥瑞价值，并利用其阐发自己观点、印证本派学说。随着积极参与政治生活的儒者的社会地位不断提升，受到儒者认可的龙、凤、麟更加稳固了其象征意义，三者被看作实现仁政和王者出现的嘉瑞，在极力的渲染下最终成为含有政治权威意义的神物。另外，儒者以龙、凤、麟为祥瑞也成为儒学神化的一大催化剂。儒学被供上神坛，孔孟被奉为圣人，不仅仅出于道统执一、思想独尊的现实需要，也是儒学内在神圣性的适时彰显，而对龙、凤、麟等灵兽祥瑞的认同无疑展示着儒学的神秘色彩与神圣意蕴。

龙、凤、麟是中华文化、精神信仰与审美取向的载体，它们不独属于某一地域、时代或派别，而是承载着共同的文明记忆。同时，龙、凤、麟的意义范畴又非与生俱来和固定不变，它们在以先秦儒家为代表的思想者的努力下、在王道变迁的现实需求下、在民俗的浸染下顺应环境而发生变化，自变态而常态，自生灵变象征，在理性的推演中，在神圣的延续中，构建起与人类社会紧密相融、息息相关的神灵世界，也化为与人类精神相互印证、彼此参照的秩序镜像。没有儒家的积极反馈，龙、凤、麟的崇信仍会延续，但或许没有后世那般兴盛热烈；没有龙、凤、麟的参与，儒家的神圣仍有其他彰显形式，但或许不会让人感受到如此的肃穆威严。所以，龙、凤、麟之于先秦儒家是偶然更是必然，具有兆示神性的灵兽被视为仁义温善的化身、国泰民安的象征，它们具备了儒者积极追求的品质，也彰显了儒家风范。通过挖掘龙、凤、麟的象征意蕴，可以窥见先秦儒家如何运用神话思维、信仰传统、政道归附实现象征符号的意义赋予和改造，又如何利用象征符号展现自身的神道观。儒者将多样的、隐性的象征符号融入学说体系中，释放出其承载的文化信息以表达自身的态度、观点而又跳出了主观臆断的评价。这般做法的聪明之处，在充分考察象征符号在儒家学说中出现的频率、环境及代表的意义之后才可能窥知一二。因而，对龙、凤、麟象征意蕴的探析是认知早期瑞兽观念的必由途径，也是考察儒家神道观念内涵的重要切入点，更是值得进一步探究的思想文化领域。

第七章　流水与神秘隐喻

“水”是自然的恩赐，是万物流转的条件，是生命孕育的母体。对人类生存来说，人就繁衍在一个巨大的水球上，从最初浮游于母亲的子宫在羊水中呼吸成长，到诞生后依靠水维持生命，再到最后魂归黄泉，“水”伴随着人的一生。对文明生发来说，智慧的曙光在水波的涵养中闪现，古老的人类文明在长江、黄河、幼发拉底河、底格里斯河、恒河及尼罗河等母亲河畔蕴蓄勃发。水作为建构自然环境和孕育万物的基础物质赋予整个世界以生机，作为培育智慧与思想的意象又滋养了人类的头脑。人们通过自己的思考创造了水文明，形成了一个形而上的水世界，化作人类文化的一道亮丽风景。先秦诸子将水纳入到自己的思维世界中，用自然原则类比人类社会，用水性喻指人性，通过体察自然而洞悉人世的方法阐述学说。先秦儒家典籍中就留下了孔、孟、荀观水、叹水和析水的记载，对于先秦儒者来说水不是一种简单的客观存在物，而是一种帮助思考、辅助表达的媒介和物象，儒者将自然之水与道德伦理、生活体验、政治秩序紧密地联系在一起，使之成为哲思载体与神显喻示。走进先秦儒家营造的微妙而灵动、深邃而浩渺的水世界，探讨其隐喻意义和价值，理解儒者如何将对水的感性认识转化为对水的哲学思辨和生命体悟，是认识先秦儒家的重要途径。

第一节　水的生命力量

水是孕育的母体，万物于其中获得生机；水是疗救的力量，治愈诸多疾患；水是毁灭的劫难，抹灭世间的存在；水调节生命的节律，实现一个又一个生死循环。水总是和生命紧密联系在一起，在它的波涛汹涌中，在它的潺潺流动中，生命的种种形式、变化和转换得以维系和实现。

一　水的孕育与创造

水直接孕育了生命，又蕴含全部潜在性，代表了创造、生发、滋养等一切可能。“印度《梨俱吠陀》中的《水胎歌》说：‘水最初确实怀着胚胎，其中聚着宇宙间的一切天神。’埃及新王国时期的《尼罗河颂》说：尼罗河‘给一切动物以生命’。我国哈尼族的史诗《哈尼阿培聪坡坡》说：‘先祖的人种种在大水里’，在水中生长。彝族典籍《六祖史诗》说：‘人祖来自水，我祖水中生。’在神话、古诗及先哲名言中，我们看到了人类共同的生命里程，以及水在人类心灵撒下的温爱。”① 无论在哪种文化中，水都被视为生命之源，“在宇宙起源的神话中，在神话、仪式以及图像中，在我们所发现的各种文化类型中，水都有相同的文化范型，它先于一切形式，支持一切创造”②。在众多的宇宙生成论中，水都是生发之源，又是最早的存在物，还是包容天地的容器与环境，在其作用下天地破开混沌，生命获得蕴养，万物被赋予生机。

在中国先秦典籍中可找到许多以水为万物起源的论说。《尚书·洪范》将水列于“五行”之一：“五行：一曰水，二曰火，三曰木，四曰金，五曰土。”所谓“五行”是中国古人归纳出来的最基础、最重要的五种物质。《国语·郑语》载周太史史伯语：“夫和实生物，同则不继。……故先王以土与金、木、水、火杂，以成百物。”明确说明五行相配世间万物得以化生，而水是其中不可或缺的要素。《管子·水地》又说：“故曰：水者何也？万物之本原也，诸生之宗室也，美恶贤不肖愚俊之所产也。”此中之水脱离了五行分类的物质层面，独立地作为万物之本，直接发挥更大的创生作用。在先秦完整的创世神话和系统的宇宙创生论中，水的创生力也得以凸显。它可以是静谧的沉睡之夜，在水的环境中神祇出现、生命诞生、天地运转；它可以是生命循环的端点，在水的化育下天地生，四时辅，岁时成。1942 年被盗掘出土的湖南长沙子弹库楚帛书是已发现的年代最早的

---

① 刘毓庆：《中国文学中水之神话意象的考察》，《文艺研究》1996 年第 1 期。

② ［美］米尔恰·伊利亚德：《神圣的存在：比较宗教的范型》，晏可佳、姚蓓琴译，广西师范大学出版社 2008 年版，第 179 页。

战国时期楚地古文帛书，全文凡三篇，其中八行一篇，叙述宇宙的起源与形成，提到了大量的神话人物，被称为“神话篇”，是中国先秦时期最为完整的创世神话文献。楚帛书开头叙述了万物生成前的宇宙状态：“粤古⧄熊雹包戏，出自巾霆，居于睢⧄，氒⧄[亻鱼][亻鱼]，⧄⧄⧄女，梦梦墨墨，亡章弼弼，⧄妟水⧄，风雨是於。”① 在这则创世神话中，天地生成前的宇宙完全是一个水世界，混沌苍茫、风雨积聚。虽伏羲“乃娶虘遅□子之子，曰女娲”，生四神，然后才真正启动了天地开辟的程序，但水汽弥漫构成了创世的环境基础。水浩瀚无尽、流动不息、情状万变，这样的太初之势潜藏着一切事物、现象、规律，也涌动着新生与创造的激情。尽管水于此处并没有直接地生发万物，但如果没有水的涵养就等同孕育离开了母体、创造失去了契机，作为宇宙鸿蒙的现实表象的水为将要诞生的一切提供了可能。就连创世过程中间也会出现水的踪影，为山川四海命名“以为其疏”后“以涉山陵，泷汩函濑”，高山从此耸立，漫水终归其壑。天地开辟的最终完成也以风雨不再违时乱作为标志。楚帛书创世神话中的水就这样营造了创世的环境，并深入参与到创世过程。水被封印的力量还可能被直接激发，由它开启孕生万物的进程，先于一切形式并支持一切创造。生命对水的依赖性远远超过了其他任何自然物，如郭店一号楚墓出土的《太一生水》篇叙述的那样：“太一生水，水反辅太一，是以成天。天反辅太一，是以成地。天地□□□也，是以成神明。神明复相辅也，是以成阴阳。阴阳复相辅也，是以成四时。四时复相辅也，是以成滄热。滄热复相辅也，是以成湿燥。湿燥复相辅也，成岁而止。”② 水是生化万物的关键，从“太一”这一抽象性概念到“水”这一具象性实体是质的飞跃，无形到有形、虚无到实在，水成为创生万物的基础物质。在混沌鸿蒙中，天地、阴阳、四时、寒热等等一系列元素一一出现，世界在水的滋养中建成。《庄子·应帝王》用寓言化的手法记载了这样一个神话：“南海之帝为倏，北海之帝为忽，中央之帝为浑沌。倏与忽时相与遇于浑沌之地，浑沌待之甚善。倏与忽谋报浑沌之德，曰：人皆有七窍以视听食息，此独无有，尝试凿之。日凿一窍，七日而浑沌死。”浑沌死而天地生，而开浑沌的恰恰是“南海”与“北海”之帝，在神话宇宙观中水的创生冲击力可见一斑。创生后的世界也被想象成天圆地方、大地环水，《山海经》中现实与虚幻

---

① 李零：《楚帛书研究（十一种）》，中西书局 2013 年版，第 137 页。

② 荆门市博物馆编：《郭店楚墓竹简》，第 125 页。

相结合的地理空间更是直接以海内、海外相别。在宇宙生成中水彰显了本体的创生力量，也以水汽、浓雾、雨雪等变化形态发挥作用，还以江河湖海的澎湃之姿出现，水是基础，是源头，是绝不可或缺的存在。

水所能赋予的强大生命力，不仅仅表现为创造式的新生，也表现为繁殖性的丰产。生殖力量与创生能力相关却又不同，水的创生让人们感受到从无到有的惊奇，水的繁殖则让人体味到了生命传承与勃发的活力。在原始人眼中水等同于繁育的精液，它以各种形态涵养万物并使之多产。雨水洒落人间，它与大地的接触使五谷丰登；流水四季潺潺，它是妇女们的求子圣泉；鱼蛙繁育力惊人，它们是被艳羡的生殖偶像，在水的柔波与浩瀚中，生命得以孕育和延续。在神话传说中有许多女性因水浴或饮水而怀孕生子的情节。“女子国在巫咸北，两女子居，水周之。一曰居一门中。”郭璞注：“有黄池，妇人入浴，出即怀妊矣。”（《山海经·海外西经》）女人因为浴水而得以孕育生命。“殷契，母曰简狄，有娀氏之女，为帝喾次妃。三人行浴，见玄鸟堕其卵，简狄取吞之，因孕生契。”（《史记·殷本纪》）简狄吞卵感生的环境正是浴水，没有行浴的前提条件便不得机缘吞卵孕契。上博简《子羔》篇记录了夏商周始祖的感生神话，禹母观于伊水而妊娠、契母游于央台而有孕、稷母游于玄丘而怀子，三位始祖母有感而孕的地点分别为“伊水”“央台”“玄丘”，或本为流水，或环绕以水，都离不开水的环境。“女巫掌岁时祓除衅浴。”郑玄注：“今三月三日水上戒浴是也。云衅浴，谓以香薰草药沐浴者。”（《周礼·春官宗伯·女巫》）由女巫掌管的祓禊起初就是针对女性的免除不孕、祈求生子的活动。将女性怀孕的缘由归之于浴水，是从水中获取生命力这一观念的具体演示。水的繁殖力还体现在对水生或两栖动物的生殖崇拜。为了生存而选择临水而居，一方面让人们时时警惕水情变化，另一方面也让人们在捕食水产的同时关注到了鱼、蛙、龟一类动物超越人类的繁殖能力。在出土发掘的新石器时代的陶器上多次出现鱼与蛙的图像，如西安半坡陶器上的人面鱼纹图，陕西临潼姜寨陶盆上的蛙纹图，都是先民崇拜其强大生殖力的写照。先民习惯于将事物及所处环境视为一体，因而水生动物的繁殖力便被推及水本身。

先秦诸子之中，道家最为直观地表达了对水之生命力的认同。“上善若水。水善利万物而不争，处众人之所恶，故几于道。”（《老子》第八章）老子将“水”等同于“道”。老子又将宇宙生成秩序描述为：“道生一，一生二，二生三，三生万物。”（《老子》第四十二章）则水在某种程度上就是宇宙生发之源。无论是出土文献还是传世文献，众多道家文献在一定程度上发展和延续了此种观点。与之相比，儒家对水之生命力的关注则更为隐晦。先秦儒者并不把学说的阐论建立在宇宙观的基础上，对形而上的问题大多避而不谈，但他们同样肯定水的创生作用并视其为生命之源，更以独特的方式将其发展为一种意义深刻的隐喻，用以表达着自身对于宇宙天地、生命来源的认知。当“道不行”时，孔子便打算“乘桴浮于海”（《论语·公冶长》）。这并非简单地设想一种乘舟浮游的归隐状态，而是将人世之海视为宇宙之海，回归精神家园。孔子之所以将浩瀚的大海视为最终归宿，是因为在他心中大海代表的苍茫之水不仅仅是一种客观物象，更是心的港湾、灵的圣土，那是宇宙的创生处、万物的生发地，它可创造一切，亦可治愈一切，于是“浮于海”既是一段疗救的旅程，也是一段回归本源重新探索的路程。对水的信仰最先源于对水生命力的深切感悟，“水为万物之本”的观念渗透到集体无意识之中，水的生命感召功能被深刻地烙印在人们头脑里，并化为一种形式含蓄而内意昭明的隐喻。先秦诸子就将其用于社会生活的说明与宇宙终极的思考当中，先秦儒家也用其解释自身的心灵感受和神道观念。

二　水的破坏与更生

水孕育生命，生发一切、关照一切，赋予宇宙生机；水也诱发死亡，终结一切、摧毁一切，沉积着人类的痛苦。孕育和滋养万物并非水的全部意义，带给人希望的同时，水也使人失望甚至绝望，它既是维持生命的必要条件，也是死亡与毁灭的潜在根源。在族群的历史记忆和文化遗痕中，能够凸显水之破坏力的当属以洪水为主题或背景的神话传说。“汤汤洪水方割，荡荡怀山襄陵，浩浩滔天。”（《尚书·尧典》）“昔上古龙门未开，吕梁未发，河出孟门，大溢逆流，无有丘陵沃衍平原高阜尽皆灭之，名曰‘鸿水’。”（《吕氏春秋·爱类》）“往古之时，四极废，九州裂；天不兼覆，地不周载；火爁炎而不灭，水浩洋而不息；猛兽食颛民，鸷鸟攫老弱。于是女娲炼五色石以补苍天，断鳌足以立四极，杀黑龙以济冀州，积芦灰以止淫水。苍天补，四极正；淫水涸，冀州平；狡虫死，颛民生。”（《淮南子·览冥训》）漫天大水淹没大地，随之而来的鸟兽食民、疾病蔓延更断绝了人类的生机，洪水强大的破坏力几乎等同于它的创造力，人们在颂赞着它孕育一切的至伟功勋时，也因其毁灭一切的力量而胆寒心惊。为了纪念那些抗洪治水的伟业，为了表达平治水土的愿望，出现了以鲧、禹为代表的治水神话英雄。“洪水滔天，鲧窃帝之息壤以堙洪水，不待帝命。帝令祝融杀鲧于羽郊。鲧复生禹。帝乃命禹卒布土以定九州。”（《山海经·海内经》）“禹敷土，随山刊木，奠高山大川。”（《尚书·禹贡》）“洪水芒芒，禹敷下土方。”（《诗经·商颂·长发》）“禹有功，抑下鸿，辟除民害逐共工。”（《荀子·成相》）“禹于是疏河决江，为彭蠡之障，干东土，所活者千八百国。”（《吕氏春秋·爱类》）“禹凿龙门，辟伊阙，平治水土，使民得陆处。”（《淮南子·人间训》）在洪水破坏已经建立的文明时，治水平土的神话人物挺身而出，他们恢复了宇宙秩序，避免了人类遭受灭顶之灾，这使得他们有了极高的地位。特别是禹，不仅仅被看作治世掌权的王，也被视为救民于水火的英雄，能力、功业、道德集于一身，进而被先秦儒家作为圣智典范以引导君王、教化民众。

在中国神话中水患一般会连带产生两种结果：其一，积极治水与防洪，彰显了人类的自强不息与抗争精神，大禹治水便是生动写照；其二，灾后秩序重建，挽狂澜于既倒、延性命于危时，女娲抑洪补天、伏羲女娲兄妹避水再造人类便是如此。“好”与“坏”共存、“生”与“死”同生的特性使水在大破坏时总会留下一丝生机。这为宇宙循环的进行和再创世的发生留下伏笔，也喻示了水的其他功能——洁净和更生。

水是最佳的清洁物，每一种肮脏的事物都可以被洁净，每一种错乱的形式都可以被规整。经过水的洗礼后事物或回归本真面貌，或比原本更纯洁和更有活力，洗去了污垢与罪孽，赋予了新生与力量。由此便可理解沐浴之于原始宗教活动的重要性，也可感受到以物浸水的巫术意义与神圣价值。水能祛除污秽带来纯净的观念深植于先民头脑之中，使他们在战争、围猎、占卜、祭祀及迎客等几乎一切重大事情之前都要清洁沐浴以表达内心的虔诚。为新逝者清洗遗体更是丧葬之礼的重要环节，这种行为在现实中意味着将死者的身体清洗干净，使其如初生般纯洁地离去；在意识中则意味着去除生前的污秽和罪恶，为其保留拜见祖先的权利和颜面。用水清洁不是最终追求，达到身体和心灵的纯洁只是第一步，终极目的是获得新的生机，这就将水的清洁作用和再生功能结合在了一起。万物起源于水，当事物发展到一定阶段的时候总要经历一番脱胎换骨，打破旧有的秩序、蜕去衰败的躯壳以实现涅槃新生，此时最基本的操作就是复归其本源，即以大劫难的方式回到水的怀抱。水是宇宙的起点，也是历史循环的转折点和再生枢纽，“没入水中象征回到原初形式、整体复活、新的诞生，因为潜入水中便意味着形式的解体、重归存在以前的无形；从水中诞生则是重复创造的行为，通过此种行为便首次出现了形式”①。水，预示着新的开端，也昭告了重生节点的出现。

对水的清洁作用和更生意义，先秦儒者深有感触。徐中舒在《论甲骨文中所见的儒》中分析“儒”的本义，“需字在甲骨文中作、，象以水濡身之形。……沐浴濡身本是生活常事，为什么成为儒家的专名呢？原来古代的儒为人相礼，祭祖，事神，办理丧事，都必须斋戒沐浴”②。解释了儒之所以称之为儒，是因为需要运用水的清洁力去除污秽、致其诚敬。儒者将沐浴作为神圣仪式的组成部分，通过沐浴增强自身的纯洁性和神圣性，进而顺利完成主持仪典的工作。虽然后世的儒者逐渐从践行仪式之“术”转为遵从仪礼之“道”，但对群体身份来源的认同早已成为其头脑中根深蒂固的一部分，这样的儒者自然与水有着亲近的关系，对水的认识也必然十分深刻。儒者在水中净化灵魂，儒者在水中见证重生。孔子“浴乎沂”之说就隐含了对水之清洁作用与更生力量的肯定。《论语·先进》篇记载了这样一件事：孔子让自己的几位弟子谈谈各自的志向，子路志在治理“千乘之国”，冉求志在治理“方六七十，如五六十”的小国，公西华说自己“愿为小相”，对此孔子都没有当面做出明确评价，直至曾皙说出自己的志向：“暮春者，春服既成，冠者五六人，童子六七人，浴乎沂，风乎舞雩，咏而归。”孔子这才喟然叹曰：“吾与点也！”对曾子观点十分赞同。为何孔子对弟子们表达的政治理想不甚中意，唯独对“浴乎沂”这件事特别上心呢？这里面透露出一则信息——浴于水对于孔子一定有特别的意义。虽然学说不行、礼乐不昌的现实让此时的孔子不免失意和怅然，但这愁思成为不了孔子向往“浴乎沂”的决定因素，毕竟他不是消极避世的隐者而是积极入世的儒宗，忘乎所以地去享乐，不顾一切地去忘却，并非他的立世原则和人生追求。因此孔子愿沐浴于潺潺之水的心情不是踏春戏水就可以解释的，必然有更深刻的、直通内心的原因使其对“浴乎沂”产生喜悦的、雀跃的、盼望的情绪，这种由内而发的情感极有可能来自对

① ［美］米尔恰·伊利亚德：《神圣的存在：比较宗教的范型》，第179页。

② 徐中舒：《徐中舒文存》，江苏人民出版社2015年版，第272页。

水之净化能力和更生力量的肯定与向往。在水崇拜思想的影响下，将沐浴于水视为洁净自身、净化心灵的方式和手段，从而达到心理上的满足与精神上的飞跃，如同生命重新开始，如同生机再次获取。“浴乎沂”虽不过三字而已，但从中可见孔子对水之能量的信任和向往，水被视作一种再生的灵剂，一种给予生命和精神以绝对力量的神圣存在。先秦儒家领悟并感受着水的神奇，即便没有像道家那样直接地“水”“道”互喻，将水抬升到宇宙论层面，但也婉曲、隐晦地传达着水的内在意义，并将其运用到自身的论说中，透过滚滚浪潮倾诉着对宇宙与人生的理解。

水的更生力量不仅蕴含在世间流波中，也体现在静谧阴沉的黄泉里。黄泉，本指地下的泉水，如：“夫蚓，上食槁壤，下饮黄泉。”（《孟子·滕文公下》）“蚓无爪牙之利，筋骨之强，上食埃土，下饮黄泉，用心一也。”（《荀子·劝学》）因地下被想象为人死后的归宿，黄泉就用以指代阴间、地府。“不及黄泉，无相见也。”（《左传·隐公元年》）“应公之赐，杀之黄泉，死且不朽。”（《管子·小匡》）就是此种意思。以黄泉代表地下世界，表明了水之于幽冥的重要意义。在地下之水的洗礼中，过往的记忆被抹掉，曾经的污秽被清除，结束了作为“人”的生存状态，准备步入下一个阶段。黄泉被赋予黑暗、阴间、死亡的意义，它是汹涌的暗流，也是幽森的死地，在此处旧的一切被清洗和消解，新的生命等待滋长和重生。更有引魂之舟载人渡水奔向新生，1973 年湖南长沙子弹库一号墓出土的《人物御龙帛画》便以图像的形式展现了魂渡地泉的意义。在地下水世界中，生命处于相对静止的状态，等待救赎并重新参与宇宙的轮回。死亡不是生机完全断绝的魂飞魄散，而是再生的等待和生命变形的过渡，这种假死观念之所以能够产生，地下之水的更生能力功不可没。黑暗之中水推动着生命齿轮旋转，在成始成终的水域空间中，生气在此凝聚，活力再次获取。地下之水是平静幽暗的，宣告着生命的终结，地下之水又是躁动不息的，预示着重塑和新变，在它的净化与催动下，人间获得了源源不断的生机供给，所以阴间的黄泉并非独立地存在，而是与世间之水共同组成了一个水循环体系。

相较于抽象的哲思和婉转的喻示，神话传说更为生动地体现了水的更生能力。如日月沐浴神话，“下有汤谷。汤谷上有扶桑，十日所浴，在黑齿北。居水中，有大木，九日居下枝，一日居上枝。”（《山海经·海外东经》）“东南海之外，甘水之间，有羲和之国。有女子名曰羲和，方日浴于甘渊。羲和者，帝俊之妻，生十日。”（《山海经·大荒南经》）“有女子方浴月。帝俊妻常羲，生月十有二，此始浴之。”（《山海经·大荒西经》）即便日月是神之子，也要经过水的洗礼才能激发无比强大的光芒与热量。同时，因为太阳和月亮在天空中循环出现，“日往则月来，月往则日来，日月相推而明生焉。”（《周易·系辞下》）这种交替变化的情形给人以生死往复的印象，进而人们认为日与月不具有恒久的能量，当其衰竭时必然会从某处获取生机，而水便是日月的能源补充源泉。每一天日月从汤谷升起都被水激发了生气，每一次日月高悬都象征一个新生命的出现，汤谷不只是日月的休憩地，更是日月焕发生机的能量场。又如溺水复生神话，主人公在殒于水难后又以崭新的面貌开始生活，淹没于波涛中的炎帝少女、宓妃、娥皇女英便是如此。“炎帝之少女名曰女娃，女娃游于东海，溺而不返，故为精卫，常衔西山之木石，以堙于东海。”（《山海经·北次三经》）“吾令丰隆乘云兮，求宓妃之所在。”王逸注：“宓妃，神女。”（《楚辞·离骚》）“大舜之陟方也，二妃从征，溺于湘江，神游洞庭之渊，出入潇湘之浦。”（《水经·湘水注》）①沉水者或化为精灵，或成为神祇，都在水中获得了重生，以更生的形式摆脱了衰亡的阴影。

水无处不在、无形不化、川流不息，其稳定的孕生力与创造力令人由衷崇拜，强大的破坏力与洁净力使人心生敬畏，独一无二的复生力又让人心驰神往。水的多元性造成人们且惧且敬的矛盾心理，进而塑造了众多面貌多样、性格各异的水神形象：它是青春婉约的少女，也是威严肃穆的男子，它静若处子涓涓细流沁人心脾，它狂躁暴虐翻江倒海致人惊恐。人们因水带来生机而喜爱、崇拜它，又因水危及生存而惧怕、躲避它。水如此神奇，在神话故事中它能将丑变美、返老还童，在巫术仪式中它能治病救人、赋予新生，在文化心理中它带来希望、预示变化，时时处处展示着它的超然灵性。

第二节 水的神秘隐喻——河图洛书

先秦儒家对水的生命力与破坏力有深刻的认知，这既建立在儒者的现

① （北魏）郦道元：《水经注校证》，陈桥驿校证，中华书局2007年版，第896页。

实观察与理性理解之上，也建立在对超自然力量、神异迹象的接受之上。先秦儒家兴起于一个神灵信仰渗透到社会生活各层面的时代，吸收了许多神话思维和神圣信仰的元素，因而早期儒学无法达到完全去魅的思想境界，而是生成一种既具有理性教化意义又具有神学感召力的学说体系。在这个由理性精神与神道观念共同支撑的体系中，那些由原始自然崇拜与早期神灵信仰发展出来的隐喻具有格外重要的作用，它既能展现儒者的现实观察，也能彰显儒者的神道观念，既能表达儒家复杂的情感态度，又能潜移默化地引导民众思想。水本就因其蓬勃的生命力、强大的洁净力，以及多变的形态，吸引着儒者的关注，当水以彰显神迹或呈现神谕的形式延续其神秘性和神圣意义之时，儒家就更为看重其价值。河图洛书的出现就显示了水的告谕之能。

河图与洛书是中国历史传说中具有神圣价值和神秘意义的事物，长久以来求其原貌、释其意义者众多，但仍无法达成共识，故为中国学术史、文化史的一大悬案。关于河图洛书的记载，最早见于《尚书·顾命》，文云："越玉五重，陈宝，赤刀，大训，弘璧，琬琰，在西序。大玉，夷玉，天球，河图，在东序。"河图与美玉、宝刀、先王的典谟遗训等物同列，可见其珍贵。东周典籍中也有河图洛书的身影。"昔人之受命者，龙龟假，河出图，洛出书，地出乘黄，今三祥未见有者也。"（《管子·小匡》）"河出绿图，地出乘黄。"（《墨子·非攻下》）二者都只提及河图、洛书之名而对具体内容没有诠释，从它们出现的语境中看大抵是稀见的祥瑞之物。

到两汉时期，随着经典注疏的兴盛，河图洛书的内容有了一些展示。"河出图，洛出书，圣人则之。"孔颖达："《河图》有九篇，《洛书》有六篇。孔安国以为《河图》则八卦是也，《洛书》则九畴是也。"（《周易·系辞上》）上引《尚书·顾命》其《传》云："河图八卦，伏羲王天下，龙马出河，遂则其文，以画八卦，谓之河图，及典谟皆历代传宝之。"《周易·系辞下》又说："古者庖牺氏之王天下也，仰者观象于天，俯者观法于地，观鸟兽之文，与地之宜，近取诸身，远取诸物，于是始作八卦，以通神明之德，以类万物之情。"《礼含文嘉》也说："伏羲德洽上下，天应之以鸟兽文章，地应之龟书，伏羲则而象之，乃作易卦。"① 这是以河图为八卦的底本，是启发伏羲参悟宇宙规律、万物法则的神谕。大禹治水则得

① ［日］安居香山、中村璋八辑：《纬书集成》，河北人民出版社1994年版，中册，第494页。

到了洛书的启迪。《尚书·洪范》："天乃锡禹洪范九畴，彝伦攸叙。"《传》云："天与禹，洛出书。神龟负文而出，列于背，有数至于九，禹遂因而第之，以成九类，常道所以次叙。"大禹依据神龟负载的洛书治水成功，并且从中悟出了治国安民之法，后流传下来编为《尚书·洪范》。班固《汉书》记载刘歆也将河图与八卦、洛书与《洪范》联系在一起："刘歆以为伏羲氏继天而王，受《河图》，则而画之，八卦是也；禹治洪水，赐《洛书》，法而陈之，《洪范》是也。"河图、洛书被解释成总结万物规律、掌握治理天下之法的八卦、九畴之文图，具有天人交通寓意，可为圣人出世、王者受命的象征。汉代纬书又进一步强化了河图洛书的神秘性和神圣性，形成了河图洛书神话。"伏牺氏王天下，有神龙负图出于黄河。法而效之，始画八卦，推阴阳之道，知吉凶所在，谓之河图。""黄龙从雒水出，诣虞舜，鳞甲成字。舜令写之，写竟去。"① 虽然纬书的《河图》《洛书》与原始之河图、洛书并非一物，但仍延续了河图、洛书的征兆性质和象征作用，展现了神秘文字、图式与天命王权、治世规则之间的关系。

由于对河图、洛书的描述和解说十分简略，所以河图、洛书是否存在过，它们的真实内容是什么，它们的性质如何等，是自古至今一直存有争议的问题。就内容而言，有人认为其中包含数理关系，表达的是一种数学思想，是对最早的、最初级的数学规律的总结；有人将其与古代的天象观察相联系，认为河图出于立竿见影，是古代测日的晷仪，洛书是演示了天文原理的天文图；也有人认为河图为地理之原，洛书与之相为表里；还有人认为河图洛书是古人在观察天象的基础上总结出的宇宙构成和运行规律，说法众多，不一而足。无论河图洛书的实质如何，是地理标识也好，是八卦起源也罢，抑或是数理演示也无所谓，就其外在形式和出现方式而言，它们都相当于符命一类的东西。其内容比较神秘、玄奥，并非一般人能够认知和理解，它们的出现又十分奇特，带有强烈的神谕降世的色彩，是通过物质载体将上天的旨意以图文的形式交付于被选定的神子手上。神谕的问世兆示着接收者会担当大责为天帝安世立言，体悟河图洛书的意义不但可以从中获得极有价值的信息，更证实了自身真命天子的身份。"天降膏露，地出醴泉，山出器车，河出马图，凤皇麒麟，皆在郊椒。"（《礼

① ［日］安居香山、中村璋八辑：《纬书集成》，下册，第1149、1150页。

记·礼运》）从符命祥瑞的角度讲，河图、洛书与龙、凤、麟的作用是相似的，都是天命的预兆和诰示，特别当河图、洛书是由“四灵”之中的龟或龙驮负而出时，它们相似的喻示性质就显得更为突出了。无论河图、洛书中包含着怎样的科学内容，凝结了多少天文、地理或哲学的深思，它的外表都裹着一层神学的外衣，是明确天意、理解天意、顺应天意的途径和手段。

河图洛书作为重要的符瑞象征时常出现在汉及以前的论说中，先秦儒家更是格外看重河图、洛书的告谕作用，究其原因主要有三：其一，儒家所崇经典对河图、洛书有特殊记载；其二，河图、洛书的象征意涵与儒家内在理念相应；其三，河图、洛书彰显了水的神圣性与隐喻作用，符合先秦儒家的水崇拜心理。

正如前文所言，儒者所崇经典《尚书》最早提及了河图、洛书，《顾命》篇写周成王临终时命令召公、毕公率诸侯辅佐康王，是临终之命，内容包括周成王的丧礼和周康王的即位典礼。在叙述仪典时对祖庙中的陈设进行了详细的描述，河图就被陈列席前。能被置于祖庙中的东西本就珍贵非常，与河图、洛书同列及对列的更是起通神作用的各种玉器，这就愈加显示出河图洛书的神圣性和符瑞价值。它们绝不是单纯的装饰品，而是承载了通神功能，起到传达天命作用的象征物。崇尚经典的儒者自然不会忽略河图洛书在《尚书》中的特殊意义，还在适当的时机加以发挥和引申，使之成为解释天命事理的依据和支持自身论说的例证。河图、洛书由此便时常出现在儒者的言谈论说间。“子曰：‘凤鸟不至，河不出图，吾已矣夫！’”（《论语·子罕》）《史记·孔子世家》完整叙述道：“鲁哀公十四年春，狩大野。叔孙氏车子锄商获兽，以为不祥。仲尼视之，曰：‘麟也。’取之。曰：‘河不出图，洛不出书，吾已矣夫！’”正所谓：“天不爱其道，地不爱其宝，人不爱其情，是以天降甘露，地出醴泉，山出器车，河出马图，凤凰麒麟，皆在郊掫，龟龙在宫沼。”（《孔子家语·礼运》）河图、洛书早已出现在儒家推崇的典籍中，并且没有随着时间的流逝被磨灭痕迹，而是成为儒者普遍认同和接受的物象。

河图、洛书的具体内容到底是什么在孔子之时就已经难以考究了，因而河图、洛书对儒者来讲重要的不是它们的具体内容，而是它们的象征意涵。正如前文所说，河图、洛书是王者受命的证明和天人交通的媒介，是表示圣王降世并获得神之首肯的符瑞。河图、洛书的这个意义恰好应和了儒家天命王权的思想，先秦儒者便以之为依据阐论己说。孔子可称为将河图、洛书视为天降神谕的第一人。他将“凤鸟至”和“河出图”视为天命所归、天下太平的标志，当没有凤鸟、河图等瑞应出现时，就代表着世道已经到了无可挽救的没落境地，自己主张的王道与仁政也就没有了被宣扬和施行的机会，孔子故而失望至极。在儒者的思想观念中，河图、洛书包含着天命与神谕，是同嘉禾瑞兽一同体现天道神意的符命，是同谣谶梦占一同发挥作用的神道设教手段，是一种生动演示宇宙法则的神秘存在。至汉代，纬书更举起河图、洛书的旗帜，不但发展出独立的《河图》《洛书》门类，而且创造出与之相关的古圣王的传说故事。《论语比考》载：“仲尼曰：吾闻帝尧率舜等游首山，观河渚。有五老游河渚。一曰：河图将来告帝期。二曰：河图将来告帝谋。三曰：河图将来告帝书。四曰：河图将来告帝图。五曰：河图将来告帝符。有顷，赤龙衔玉苞，舒图刻版，题命可卷，金泥玉检，封盛书。威曰：知我者重童也。五老乃为流星，上入昴。黄姚视之，龙没图在。尧等共发曰：帝常枢百，则禅于虞。尧喟然曰：咨汝舜，天之历数在汝躬，允执其中，四海困穷，天禄永终。”[①] 这则纬书记载借孔子之口讲述了一个圣王得符命而禅让帝位的传说。先秦儒家所推崇的尧因河图而知天命始终与转移，遂禅位于舜，同时，舜在获得河图的启示后才真正有资格承担帝命。儒家的圣人受命说因河图的出现而得到了印证。

河图、洛书以“水出”的姿态面世，究其原因就在于肯定了水的神圣力量，这是隐于水的预言，这是波涛中蕴含的智慧。比起天地告谕的玄奥与灵物祥瑞的随性，由水而生的预言纯净而深奥、神圣而真实，它需要天赐的智慧才能认知和解读，但又没有艰深到让人彻底糊涂，它展现了水萌发万物的蓬勃生机，又表达了水中世界的诡秘莫测，因此劈波斩浪破水而出的河图、洛书是水之神秘与神圣的最佳呈现。河图与洛书中包含的数理、天文、地理、历法、五行等诸多知识在水的孕育中诞生了，宇宙间的精华浓缩于水，又从水波中被神兽奉献出来，留给人们许多可供探寻的宇宙奥秘。河图、洛书与祥瑞灵物、天地异象一起组成了先秦儒家的告谕系统，神启通过无生命的存在、有生命的灵物和宇宙之水共同宣示出来，全方位地证实了这告谕的神圣性与不可违抗性。先秦儒家是那样地坚信水的

① ［日］安居香山、中村璋八辑：《纬书集成》，中册，第1065—1066页。

力量，从水中出现的河图、洛书被赋予了极大的价值，既是一种特殊的、代表天命归属的符瑞，也是生命活力、无限智慧的象征。

第三节 水的类比价值

先秦儒家观水重水，对水的感情既来源于江河决、天淫雨的创伤记忆与万物生、黎氓育的历史追念，带有原始冲动与亢奋激情；也来自承天道、成圣王的崇高理想与存学说、顺民心的社会要求，带有现实思考与理性精神。从水的流淌涌动中，从水的形态变化里，儒者感受到无限生机与力量；从水性与人性的相通中，从水之德与政之道的相似中，儒者通过类比类推的方式将水代表的自然规律运用于对人类社会的探讨。

贺麟将人生与自然主客关系的逻辑发展过程大致分为三个阶段："在第一个阶段里，主客混一。在此阶段里自然与人生是混沌不分的，……人类的个性均埋没在外界的自然中，没有自我意识的存在。……在第二个阶段里，主客是分离的。自然和人生，彼此是隔膜的，……自然与人生，互争主奴，自然是人生的敌对，不是人生征服自然，就是自然征服人生。……到了第三个阶段，就成为主客合一。……合一是分中之合，自我由解除自然与人生的对立中得到了发展，自然成为精神化的自然。人生成为自然化的人生。"① 水作为自然的代表物，在与人的主客关系上也同样经历了这三个阶段：从最开始的混沌不分、主客不辨，人与包括水在内的整个自然混融一体；到人对水的主动认知、积极利用和不懈征服，将外在的水与内在的思想感受截然区分，人与水代表的自然做着你死我活的斗争；再到在了解水性的基础上以水观人、以水喻世，将客观的水世界变为精神化、人文化的自然，同时协调人的精神节奏使之与自然律动相同。东周时期，正处于人与水主客合一、和谐共生的第三阶段。此时，先秦诸子运用类比原则将自然水世界与人类社会联系在了一起，展现了以宇宙普遍原则解说人类社会和人类行为的思维模式。这种思维模式之所以能够大行其道且颇具价值，究其根源就在于人类社会与自然界都属于同一个客观世界，

① 贺麟：《文化与人生》，商务印书馆2017年版，第130—131页。

支配自然的规律也支配着人类，从自然中归纳的原则也可指导人世。另外，人类社会又是自然界衍生出的一部分，只有顺应了天地大法、宇宙规律才能与自然和谐一致、共生同存。以水喻人、以水喻世作为一种体悟方式和思维模式，不但蕴含着和谐天人的思想，也表达了对水的创生能力、改造能力与协调能力的肯定。

先秦诸子用水来形容和比附自己的观点，一方面生动形象地表达学说观念，拉近了论者与听者的距离，一方面显示了其论说有理可据、依道而存，儒家在以水世界类比人类社会方面尤其显得兴味盎然。这既因儒者崇拜水的神圣力量，也因儒者对社会生活密切关注。他们从对水这种最常见也最多变的自然现象的沉思冥想中，抽离出其特性，归纳出其原则，并将其作为指导人类社会的准则，将水视为理解人类行为的参照系。先秦儒家意识到当人类融入整个天地自然的周流循环中时，会通过自身特征与他者特征的比附而更深刻地认识他者，同时也会通过探索他者来映射自身，进而有更明确的自我认知，而水便是自然界中与人呼应程度最高的他者。由此，以水观人、以水喻世便成为先秦儒家用之得心、运之应手的论说手段，水的多重样态和内在特质为先秦儒家的人世论述提供了作用强大的隐喻喻体。孔子、孟子、荀子都是对水有深切体验和深刻认知的人，他们不仅洞察了水所代表的生命内涵，更时常以水来阐明自己知人、治世、论政的诸多观点，水在儒家思想领域的地位不言而喻。

一 智者乐水

先秦儒家善于找寻人的品质与水的性质之间的对应关系。“子曰：‘知者乐水，仁者乐山；知者动，仁者静；知者乐，仁者寿。’”（《论语·雍也》）为何孔子说那些通晓天地至理的智者喜欢水？《韩诗外传》记载了孔子自己的解答：“夫水者缘理而行，不遗小间，似有智者。动而下之，似有礼者。蹈深不疑，似有勇者。障防而清，似知命者。历险致远，卒成不毁，似有德者。天地以成，群物以生，国家以平，品物以正。此智者所以乐于水也。”① 孔子说真正的智者拥有水一样的品质，顺势、勇敢、清醒、有德等，因为有了水，天地万物得以生成、国家安宁、万事平顺，所

① （汉）韩婴：《韩诗外传集释》卷3，许维遹校释，中华书局1980年版，第110页。

以智者乐水。孔子将智者的品性、风度与水的属性、特质联系在了一起。智者是乐天知命、通达事理、随机而变且自任其性的，水是富有活力、灵动多姿、包容万物且展现规律的，二者有着类似的气韵品质。因而，水极易引起智者情感和心理上的共鸣，孔子由此才有“智者乐水”的论断。

乐水的智者崇尚动态也追求欢乐，他们所欣赏的必然是富于变化且能够带来愉悦内心体验的水。孔子是真正的智者，他不但对水的隐喻价值和原型意义有深切感悟，而且能够从滚滚逝水中感受到生命的跃动，从“浴乎沂”中体味到别样的乐趣，这正体现了智者对灵动之水、快乐之水的兴味。比起静谧如潭的死水，儒者更加欣赏川流不息的活水，正所谓“水流而不盈”（《周易·坎》）。流动之水的活泼身姿，浩荡之水的渺渺烟波，映照了智者内心的活跃与快乐。聪明的人是不拘一格、自我认同与自我发展的人，他们不囿于一个狭窄的圈子自怨自艾，他们思考的是宇宙与社会，即便遇到艰难险阻也会以积极的、充满活力的姿态去面对，不败给命运，更不输给自己，就如同流动之水奔腾向前，不盘桓不停止。水的川流不息是动态的形象展示，智者捷于应对、敏于事功亦是活动状态，二者的相同特质创造了一种特殊的交感关系。当然，儒者所强调的“动”并非肆无忌惮的“妄动”，而是动静结合张弛有度的“活动”。荀子说：“人心譬如盘水，正错而勿动，则湛浊在下而清明在上，则足以见须眉而察理矣。微风过之，湛浊动乎下，清明乱于上，则不可以得大形之正也。心亦如是矣。”（《荀子·解蔽》）水不妄动便上清下浊，如果外力搅动则一团污浊，人心也是如此，如果持中守静虚心以待，再以理导之好好教化，就会如清浊立显的水一样自然地明辨道理，外力扰动则脑中混乱一团是非不分。荀子以盘水自静喻人心自明，从另一个角度看未尝不是以水的自然而然主张理的动静相生。

智者能够接纳一切，并有能力对接纳的事物加以改造使之按照自己设定的方向发展，或满足自己的要求；水同样能够容纳一切，并以自己勃发的生命力赋予那些投入自己怀抱的事物以希望与生机。智者所乐之水是充满生命活力的水，乐水的智者是具有包容力和更生力的智者，人与水再次实现了气韵上的呼应。孟子说：“伯夷辟纣，居北海之滨……太公辟纣，居东海之滨……”（《孟子·离娄上》）又说：“舜视弃天下，犹弃敝蹝也。窃负而逃，遵海滨而处，终身欣然，乐而忘天下。”（《孟子·尽心上》）能够收留容纳大智大圣者的处所不在庙堂、不在田园、不在高山，而在浩瀚的大水之畔。出于同类相吸的原则，智者没有投奔他处而是选择了在水边停息，这是因为水之力和水之德给了他们足够的安全感和归属感，水成为他们的心灵栖息地与生存家园。

水拥有自己的智慧，凭借着动与静平衡着清与浊，智者也有自己的智慧，依靠着守静虚心和积极探索追求着天下之道并保持着生命的活力。浩瀚无涯、流动不竭、生机活跃的水具有无可比拟的灵性，包含着各种潜能，孕育着各种希望，也最能显示出生生不息的力量，智者与之产生共鸣并在百川奔流中体味到自己鲜活的生命。

二　逝者如斯

人们对时间的最初认识来源于日升月落、春去秋来的直观感知；其后衰老和死亡又让人们对时间有了半具体半抽象的理解，并尝试通过联想和想象描述时间变化过程；当时间被定义为标记发生先后顺序的线性坐标与记录物质运动、变化的持续性度量时，人对时间的认识就愈加清晰而理性了。无论发展到哪一阶段，人类头脑中都不存在完全抽象化的时间，总需要用一种现象或过程作为载体来承载时间。这个载体可以是太阳与四季，可以是距离和星辰，还可以是一棵树的枯荣、一只鸟的迁徙、一个族群的兴衰，一切具有象征性、描述性、线程性的物象都可以成为时间的标记，水自然也可以，河流的涸溢和潮汐涨落，总能让人感受到时间的变化与流逝。“时光如水”的慨叹常常出现，以水的流动比喻时光如梭的做法也渊源颇久。孔子说：“逝者如斯夫，不舍昼夜!”（《论语·子罕》）在这样的语句中可以感受到孔子对水的生命力意涵与时间载体价值的关注和认同。在孔子看来河流的奔腾隐喻着人匆匆流逝的一生，他在感慨转瞬经年时用水流之逝喻指日月无情、时不我待，以水流比时逝，是传统的继承也是智慧的新光。

先秦儒家以水承载时间，不仅仅体现在淙淙流水中的时光消逝，也体现在回波旋浪中的周而复始。即便是一泻千里飞流直下，即便是惊涛拍岸东注大海，水也不会一去不返、消失不见，它总会以某种形式再回归源头、获得生机。水的这一特质正可以用来解释或描述人们想象的死而复生：水流转归源就如同人重回母体；水化雨、化雪滋润大地激发生机就如同人逝去的生命力变形恢复；水的往复循环就如同人的生死转换。先秦儒家深谙水的此种特性，儒者将神话思维、精纯哲思与礼典仪俗融合在一起，综合表达对生命与时间的深刻思考。儒家重礼乃世所公认，而儒者所重之礼莫过于“丧”与“祭”，此二礼都带有生命力赋予的意义。特别是丧礼，儒家在送别、纪念死者的仪式中将生命力的维系和转移具体化，使之更倾向于展现神圣意识和生命观念，而非呆板机械的行为模式，所以对孔子来说“为礼不敬，居丧不哀”（《论语·八佾》）是万万不能接受的。在丧礼之中清洁逝者的身体是极为重要的一个环节。《仪礼·士丧礼》载人死后要将沐巾、浴巾、浴衣等洗漱用品备好，“外御受沐入。……乃沐栉，挋用巾。浴用巾，挋用浴衣”[①]。及时为尸身洗头、梳发、洗澡是丧葬仪礼的必备程序，既是对死者的尊重，也是重新唤醒生命力的努力。人们希望逝者不会永久消散，在死后的世界仍能够保持并汲取活力，进而以新的身躯、形态恢复生命力，水于此时是清洁剂，也是回春露，是激发新生的事物，也是生命轮回的隐喻。仪式中的水便如同时钟的暂停键或是回拨键，它一面标记着时间流动，一面拒绝并挽救着时间带来的衰弱、颓败与死亡。

抓住时间、静止时间、倒流时间的愿望是美好的，但现实又是残酷的，时光易逝、生命无常使人恐惧和无力，壮志未酬、人生悲凉又让人不甘和遗憾，岁月逐渐老去，万物终将付诸流水，时间似乎总是浸透着悲伤。但是如果将个体生命与宇宙循环融合起来，找到自己应有的位置并发挥全部能力，那么终究会让有限的生命迸发出最灿烂的火花，就如同溪水汇入海洋，生命的价值被最大程度地保存下来，时间也在辉煌的那刻实现永恒。孔子“逝者如斯夫”的感慨并非悲观绝望的呻吟，这里有对时光飞逝的认知，亦有不舍昼夜、不断前进的进取，更有义无反顾、执着追求的人生信仰。正如朱熹注《论语》而所引程子言：“天运而不已，日往则月来，寒往则暑来，水流而不息，物生而不穷，皆与道为体，运乎昼夜，未尝已也。是以君子法之，自强不息。及其至也，纯亦不已焉。”朱熹并下按语：“自此至篇终，皆勉人进学不已之辞。”[②] 孔子以水类比时间，又跳出了时间的阈限，将自身对人生的思考、对理想的追求，以及对运动、变化与永恒的探索，都贯注到对川流之水的观察与慨叹中。

---

① （清）阮元校刻：《十三经注疏·仪礼注疏》（清嘉庆刊本）卷 36，中华书局 2009 年影印本，第 2 册，第 2455 页。

② （宋）朱熹：《四书章句集注》，中华书局 2012 年第 2 版，第 113—114 页。

三　水性人心

水之形与水之性还被先秦儒家用以类比人的品行和社会伦理关系。比如先秦儒者善于以水喻政，用源与流、舟与水来比喻君主和臣民之间的关系。《荀子·君道》："君子者，治之原也。官人守数，君子养原，原清则流清，原浊则流浊。"荀子说君主才是治理国家的根本，君为源，民臣为流，君主对臣民有绝对的领导力，君主的作为影响着人民的作为，君主的德行更是人民德行的榜样。所以《君道》又云："君者，仪也，仪正而景正。君者，盘也，盘圆而水圆。君者，盂也，盂方而水方。君射则臣决。楚庄王好细腰，故朝有饿人。"影子端正与否取决于日晷，水之形状取决于盘、盂的形状，人民品行如何取决于上位者的自身修养。观水观澜而溯源，观政观民而征君，君王之于百姓臣民如同渊源之于河流川溪，前者起着引导和决定的作用。君主可以是洪流之源，也可以是水载之舟。《荀子·哀公》引孔子语："且丘闻之：君者舟也，庶人者水也。水则载舟，水则覆舟；君以此思危，则危将焉而不至矣！"黎民百姓能在历史变迁与政治时局中起到"人民洪流"的作用。统治者如果能做仁德之君用心理政，使百姓安居乐业，使国家繁荣富强，那么百姓就能拥护他、支持他，领航的巨轮就会平稳行进；但如果君主暴虐昏聩不敏于政事，导致生灵涂炭，致使家国动荡，那么人民掀起的滔天巨浪就会摧毁这条朽烂的小船。这就是水能载舟亦能覆舟。君与臣如同源与流，舟与水，其关系并非简单地单向支配而是互相作用。政治关系如想保持长久就要实现动态的平衡，君主不能一味地役使，也要听取臣民的意见和谏言，从而纠正自己的偏失，君主还要做臣民的领路人，使之手足有所措、德行有所效、心智有所成。

水之源流的比喻也适用于解释人的个体成长。徐子曾问："仲尼亟称于水曰：'水哉水哉！'何取于水也？"孟子回答说："源泉混混，不舍昼夜；盈科而后进，放乎四海，有本者如是，是之取尔。苟为无本，七八月之间雨集，沟浍皆盈；其涸也，可立而待也。故声闻过情，君子耻之。"（《孟子·离娄下》）为何孔子盛赞水？孟子的回答是因为孔子取象于水，从水的形态与特质中能体察到为人做事的道理，例如水有所本而源源不竭，人有所本而生命不竭。有本之水与有本之德是同理的，水无本源总会干涸，人无本心即便侥幸得到名望地位也不能长久。人如若成长发展就要通过不断地增加知识、修习品德来涵养自己，只有这样才能拥有稳定的内在向上力量。对水来说其本便是其源，对人来说其本即是心性。孟子言："凡有四端于我者，知皆扩而充之矣，若火之始然，泉之始达。苟能充之，足以保四海；苟不充之，不足以事父母。"（《孟子·公孙丑上》）孟子提出心性有仁、义、礼、智四种善之萌芽，如果将其扩充起来，就会如同燎原之火、汇聚的溪流，气势磅礴不可阻挡。只有源头充沛水流才会不竭，只有善端被保养和扩充，人的天性才会得到发挥。引导人的发展走向正途，也应从具体行为中考察其本始初衷，人观其行如同水观其澜。"观水有术，必观其澜。日月有明，容光必照焉。"（《孟子·尽心上》）源头的涵养决定着水流的流势，水之波澜又显示着源头的情况，同样，人的言行由其思想影响和造就，人的言行又反映着内在的精神世界。

《荀子·宥坐》记载了这样一段对话："孔子观于东流之水，子贡问于孔子曰：'君子之所以见大水必观焉者是何？'孔子曰：'夫水，大遍与诸生而无为也，似德；其流也埤下，裾拘必循其理，似义；其洸洸乎不淈尽，似道；若有决行之，其应佚若声响，其赴百仞之谷不惧，似勇；主量必平，似法；盈不求概，似正；淖约微达，似察；以出以入，以就鲜洁，似善化；其万折也必东，似志。是故君子见大水必观焉。'"荀子借孔子之口直接而具体地将水的隐喻意义与人的品性、德行联系在一起，用流水来说明人应该如何去追求理想品德，并用水的特性比附儒家理想中的道德风范和君子人格。先秦儒家以水性比人德，通过对水之自然属性的观察来探究人的道德修养和品格特征，赋予了水更为丰富的内涵。

水可以静如处子涵养神思，水可以汹涌澎湃激发活力；水是生命之源，创造一切，水又是毁灭之力，破坏一切；人类对水充满感激之情，又对水心怀畏惧。水不只是一种自然存在，也象征着生命的力量，又是映射在人们观念世界中的物象隐喻。水很早便以其独特的魅力根植于先秦诸家的理论与思想中，对水的沉思是对生命和宇宙的探索，对水的考察是对道德原则与人之本性的认知，理解水的隐喻意义是儒者了解宇宙、认识自身的有效方式。在先秦诸子之中，儒家并不是一个反复申说宇宙规律的学派，也不是专注于自然环境的群体，但他们是一群真正的智者，儒者以水为媒介将学文、砺行的修己之功，复礼、继圣的时代理想，与论心知性、循规遵法的精深哲思完美圆融在一起。在儒家的字里行间，在儒者的眼里心中，水承载着往圣之智、人之本性、家国之思流向宇宙天地的尽头。

结　语

先秦儒家是中华文明的重要奠基者，其思想与学说对民族的形成、统一与稳定，对文化的发展、淬炼与流播，起到了无可替代的重要作用。如果没有先秦儒者复礼承圣的执着追求，即便礼乐文明、仁德之治仍有后人踵武，但王者仁政可能无法成为稳定国家统治的核心理念；如果没有先秦儒者知人论世的热烈讨论，即便政通人和、忠奸明辨自有达成之法，但超越时代与民族的智慧便无所承继；如果没有先秦儒家谈天言命的思辨，即便宇宙法则、天地鬼神仍有人积极探求，但难以这般在意天人和谐、大化神圣。先秦儒家是如此重要的学术派别、如此宝贵的精神文化资源，因而对于它的研究很早就已开始并且未曾断绝。不过以往对先秦儒家的探讨主要集中在人文理性与政治传统，即便先秦儒家论说中存在天命神鬼的内容，前辈学者却较少从“非正统”的角度解说被奉之为经的先秦儒家典籍，并对其进行主流以外的判断。现代新儒家的兴起在一定程度上改变了旧有的研究思路，他们坚信中国传统文化具有现实价值和无限活力，尝试重建儒家价值系统，并吸纳和会通西学，进而探求中国文化现代化的发展路径。先秦儒者精神领域的信仰得到更多关注，以神道观为指引和表现形式的先秦儒家对整个宇宙的理解被重新认识。但相关问题仍有较大的研究空间，系统探讨仍在孕育之中。

汤一介在《中国儒学史》丛书总序中谈到考察儒学的三个角度：政统的儒学、道统的儒学和学统的儒学。并强调要特别重视学术思想的传统，即“学统”的部分，其中包括儒家的“世界观、思维方法和对真、善、美境界的追求等等”。① 这三个研究角度关注了儒学本身的特质并兼顾了以往的研究传统，将儒学与政治的关系、儒学的学术特性与文化追求，以及儒学的精神内蕴都涵盖其中。在此基础上，本书又延伸出从神道观的角度考

① 王博：《中国儒学史·先秦卷》，北京大学出版社 2011 年版，第 7 页。

察儒学，即关注“神统的儒学”。将曾经隐匿在政统、道统、学统之下的儒家对鬼魅之道、巫觋之术、神灵之圣及死生之识的认知和参与凸显出来。

神道观的形成受原始文化、理性思维、学派主张、历史记忆与社会环境等受多种因素的影响，各要素所占比例不同，诸学派现实诉求不同，产生的神道观也就不同。先秦儒者的身份来源带有神秘色彩，天然地与鬼神世界、神秘信仰、宗教仪式相关联，这使得先秦儒家神道观有坚实的根基，并且其神道观一经产生就成为思想系统与学说理念中不可分割的一部分。随着先秦儒者文化职能迅速转化、学术理想融入世俗，再加之东周时期整个社会的理性觉醒，先秦儒家的神道观表现出特有的矛盾性：它既关注鬼神、谈天道天命，又立足人事、关心政治；它既带有神圣的光环，又从不沉迷于神祇故事。正是这种矛盾性，吸引人们不断探索先秦儒家神道观的内核精神，探析其神道设教的实践形式；也正是这种矛盾性，令先秦儒家总是婉曲地表达神道观念，在神话的书写中、在礼仪的展演中、在深刻的象征中展示神道观的意义和作用。从神道观的角度研究先秦儒家，不但有助于深入解析儒家精神特质及其对秦汉以来的政治传统、社会风貌、学术理念、心理信仰等方面的影响，而且有助于分析神灵信仰、神圣仪式与神秘象征之于儒家学说的价值，打破儒家精神领域与学术领域的屏障，明确其内在心理和外在表象之间的关系。

在“神话历史”视野中，一切文化成果都蕴含着神话的原型因素，不仅包括神话人物形象与神话故事情节，也包括人们以超自然的视角理解外部世界而产生的神话观念，因而，探讨中国先秦时期的文化风貌和学术思想就不可忽略神话发挥的重要作用。但是对“子不语怪力乱神”的误读，对“祭神如神在”的浅层理解，对尧、舜、禹等古帝圣王神性的避而不谈，对“黄帝四面”“夔一足”言论的过分渲染，以及上博简《子羔》等地下文献的埋没，使得先秦儒家论说中的神话因子被忽视了。要想真正理解先秦儒家，就需要充分考察先秦儒者论说中含括的神话因素，只有这样才能走进儒家秘不示人的精神世界，也才能更真切地认识中国早期神话的流变路径。在神话叙述与神话思维中，“天”与“鬼神”是极为重要的组成要素，也是被儒者竭力参悟和利用的部分。先秦儒家以天为参照考察宇宙万物，以天命为基点看待人世社会，以天道为指归参悟法则规律。在先秦儒家思考中，天命信仰和天道观念凝练为人世情怀、政治精神和价值准则的综合体，描绘并解说着世间万象，记录着儒者勾连天人的努力。如果说天道与天命是神道观念的基石，那么鬼神信仰便是神道观念的核心。先秦儒者在鬼神观念的支持下将虚悬一格的神秘世界与人生现实联系在一起，用以启发和指引人们的认识和行为，并维系社会秩序，成功地实现了神道设教。不同于属于意识层面的天命、天道与鬼神观念，先秦儒者塑造的圣人形象和书写下来的圣人传说则直接完成了对神话的留存和改造。先秦儒家以英雄神话为参照，以文化创造、德行彪炳、人神过渡为主要指向，完成了圣人崇拜的文化心理建构。先秦儒家所尊奉的圣人与神话英雄在身份性质、功业意识、道德准则三方面有诸多相同、相通与相关之处。在适当契机下，圣人与英雄两种身份会发生置换；经儒者改造后，圣人与英雄还会实现身份叠加。先秦儒家圣人观在英雄神话的叙述中闪现光芒，英雄神话在先秦儒家的圣人塑造中愈加生动鲜活。

中国素有“礼仪之邦”的美称和“制礼作乐”的悠久历史，对先秦儒家来说自原始宗教仪式和巫术活动发展而来的礼仪是展现其思想意识的重要载体，先秦儒者借助礼仪保留属于久远时代的文化特质，也潜移默化地改变礼仪的文化意涵。在儒家倡导、革新和推行的礼仪中，原有的沟通天地、交流人神的意义得以保留，还增加了“仁德”“王道”“圣智”“忠孝”等新元素。这样的礼仪系统比以往更灵活、更符合时代的需求，也更能彰显神道设教的现实作用。在礼典形式的变化中，先秦儒家生动展示了与神灵世界的沟通；在仪式内涵的变迁中，先秦儒家直观呈现了神道观的内容和特质。“乐”既包含在广义的“礼”中，又与狭义的“礼”共同发挥着宗教与社会作用。先秦儒家对音乐文化意蕴的深刻认知，对积极运用音乐感化心灵的强调，对音乐社会价值的格外肯定，是其他先秦诸子所不能比肩的。先秦儒者推动祭祀乐逐步发展为雅乐并成为乐教的主旋律，利用充分展现情感又极具原始神秘色彩的音乐，通过达至心灵的美感触动和驯化民情的教育来实现掌邦国施教化的职责，丰富了儒家神道设教的手段和方式。

当神秘思维演变为神圣思维，当神与神的关系变为人与神的关系，当巫觋信仰被学术理性代替，早期文化形态与思想意识总会发生一定程度的变形和流失，此时，将文化信息浓缩于具体而微的象征便凸显了其价值，关于世界、关于自然、关于自我的基本幻想和联想蕴含其中。分析学派论说中所用象征符号的意义和作用，便有助于深入研究学说的主张和内涵，特别是当这些象征从神话思维、神圣信仰、神灵意识生发而来时，它们更成为探究神道观念的关键。龙、凤与麟这三个瑞兽形象支撑起儒者思想中的物象世界，通过探索三者形象的形成过程，可以透视瑞兽崇拜的演变趋势，也可以知晓先秦儒家如何利用象征符号表达神道观念。龙、凤、麟形象在曲折发展中不断变形，逐渐成为美与力、礼与德的象征，随后又与帝王霸业产生关联，最大限度地被赋予了政治价值与社会意义。没有儒家的积极反馈，龙、凤、麟的崇信或许仍会延续，但不会如后来那般兴盛热烈；没有龙、凤、麟的参与，儒家的神圣或许有其他彰显形式，但不会让人们感受到如此的肃穆威严。所以，龙、凤、麟之于先秦儒家是偶然更是必然。活跃于先秦儒家物象世界中的不仅有祥瑞之兽，也有流动之水。先秦儒家将水与道德伦理、生活体验、政治秩序紧密联系在一起，使之成为哲思载体与神秘隐喻。先秦儒家赞叹水的生命力量，不但肯定水的创生之功，而且敬畏水的破坏之力，通过“生”与“灭”的表象深入考察水如何为生命循环和生机复起留下伏笔。当水能够起到彰显神迹或呈现神谕的作用时就更为儒者所重，儒家经典中被反复提及的河图与洛书便是例证。儒家观水、重水还因为水的自然属性与人类社会有诸多方面相通，通过类比可以将水所代表的自然世界的规律运用于人类社会的探讨之中。儒者以水为媒介，将学文、砺行的修己之功，复礼、继圣的时代理想，与论心知性、时空流转的精粹哲思完美圆融在一起。

神道观，曾被视为先秦儒家思想体系中未曾有过的内容或最微不足道的部分，儒学一尊地位的取得、经学的两千年兴盛，使研究者很少打破旧有框架去探寻理解儒家精神的新路径。儒家高度关注现实人生、积极参与政治生活，又使得观察者很少能穿透虚实之间的屏障进而贯通儒家的现实论说与形而上的哲思。事实上神道观是先秦儒家思想中不可或缺的内容，因神道观的存在，先秦儒家维系并提升了其学派的神圣性；因神道观的存在，先秦儒学入世论政、出世谈天实现了学说的完整；也因神道观的存在，先秦儒家才能够如此坚韧、如此包容，支撑并捍卫了自身理念，彰显了华夏文化的智慧与气度。透过先秦儒家神道观，可见儒家思想体系的博大精深与大巧圆融，可见儒家学说论见的兼及圣俗与天人协调，也可见儒家对政治秩序与社会伦理的倡导，还可见儒家对人文精神的弘扬与文化气质的塑造。考察先秦儒家神道观念不仅仅是对神道观本身的分析，亦是对儒家学术思想、信仰崇拜、文化理念、社会意识的交互关系的讨论。“儒家者流，盖出于司徒之官，助人君顺阴阳，明教化者也。”（《汉书·艺文志》）其所顺之阴阳，化自神道，其所明之教化，运于神道。从神道观的视角重新审视先秦儒家，我们看到了一个用神话述说历史与传统，用仪式昭明崇拜与信仰，用象征和隐喻彰示天道与情理的学派，看到了一群在剧变的社会里崇圣保民的超人，看到了穿透历史尘烟向着理想、希望无限延伸的光与影……

参考文献

（按作者姓氏拼音首字母顺序排列）

一　古籍及考释著作

（北魏）郦道元：《水经注校证》，陈桥驿校证，中华书局 2007 年版。

（汉）班固：《汉书》，（唐）颜师古注，中华书局 1962 年点校本。

（汉）韩婴：《韩诗外传集释》，许维遹校释，中华书局 1980 年版。

（汉）贾谊：《新书校注》，阎振益、钟夏校注，中华书局 2000 年版。

（汉）刘向：《说苑校证》，向宗鲁校证，中华书局 1987 年版。

（汉）司马迁：《史记》，（宋）裴骃集解，（唐）司马贞索隐，（唐）张守节正义，中华书局 2014 年点校修订本。

（汉）许慎：《说文解字》（附检字），（宋）徐铉校定，中华书局 1963 年影印本。

（晋）王嘉：《拾遗记校注》，（梁）萧绮录，齐治平校注，中华书局 1981 年版。

（清）郭庆藩：《庄子集释》，王孝鱼点校，中华书局 2012 年第 3 版。

（清）焦循：《孟子正义》，沈文倬点校，中华书局 1987 年版。

（清）刘宝楠：《论语正义》，高流水点校，中华书局 1990 年版。

（清）潘荣陛，（清）富察敦崇：《帝京岁时纪胜　燕京岁时记》，北京古籍出版社 1981 年版。

（清）皮锡瑞：《孝经郑注疏》，吴仰湘点校，中华书局 2016 年版。

（清）阮元校刻：《十三经注疏》（清嘉庆刊本），中华书局 2009 年影印本。

（清）孙希旦：《礼记集解》，沈啸寰、王星贤点校，中华书局 1989 年版。

（清）孙星衍：《尚书今古文注疏》，陈抗、盛冬铃点校，中华书局 2004 年第 2 版。

（清）孙诒让：《墨子间诂》，孙启治点校，中华书局 2001 年版。

（清）孙诒让：《周礼正义》，王文锦、陈玉霞点校，中华书局 2013 年第 2 版。
（清）汪继培辑：《尸子疏证》，魏代富疏证，凤凰出版社 2018 年版。
（清）王先谦：《荀子集解》，沈啸寰、王星贤点校，中华书局 2013 年第 2 版。
（宋）洪兴祖：《楚辞补注》，白化文等点校，中华书局 1983 年版。
（宋）朱熹：《四书章句集注》，中华书局 2012 年第 2 版。
（唐）欧阳询：《宋本艺文类聚》，上海古籍出版社 2013 年影印本。
陈奇猷校注：《韩非子集释》，上海人民出版社 1974 年版。
方向东：《大戴礼记汇校集解》，中华书局 2008 年版。
傅亚庶：《孔丛子校释》，中华书局 2011 年版。
高亨注译：《商君书注译》，中华书局 1974 年版。
高尚举、张滨郑、张燕校注：《孔子家语校注》，中华书局 2021 年版。
郭沫若主编，胡厚宣总编辑，中国社会科学院历史研究所编：《甲骨文合集》（一—十三），中华书局 1982 年版。
湖南省博物馆编：《马王堆汉墓研究》，湖南人民出版社 1981 年版。
湖南省博物馆、复旦大学出土文献与古文字研究中心编纂，裘锡圭主编：《长沙马王堆汉墓简帛集成》（一—七），中华书局 2014 年版。
黄怀信、张懋镕、田旭东：《逸周书汇校集注》（修订本），黄怀信修订，李学勤审定，上海古籍出版社 2007 年版。
黄晖：《论衡校释》（附刘盼遂集解），中华书局 1990 年版。
荆门市博物馆编：《郭店楚墓竹简》，文物出版社 1998 年版。
黎翔凤：《管子校注》，梁运华整理，中华书局 2004 年版。
李零：《楚帛书研究（十一种）》，中西书局 2013 年版。
马承源主编：《上海博物馆藏战国楚竹书》（一），上海古籍出版社 2001 年版。
马承源主编：《上海博物馆藏战国楚竹书》（二），上海古籍出版社 2002 年版。
清华大学出土文献研究与保护中心编，李学勤主编：《清华大学藏战国竹简》（三），中西书局 2012 年版。
《十三经注疏》整理委员会整理，李学勤主编：《十三经注疏》（标点本），北京大学出版社 1999 年版。
睡虎地秦墓竹简整理小组编：《睡虎地秦墓竹简》，文物出版社 1990 年版。
苏舆：《春秋繁露义证》，钟哲点校，中华书局 1992 年版。
吴九龙释：《银雀山汉简释文》，文物出版社 1985 年版。
徐元诰：《国语集解》（修订本），王树民、沈长云点校，中华书局 2002 年版。
徐中舒主编：《甲骨文字典》，四川出版集团、四川辞书出版社 2014 年第 3 版。
许维遹：《吕氏春秋集释》，梁运华整理，中华书局 2009 年版。
杨伯峻译注：《论语译注》，中华书局 1980 年第 2 版。
杨伯峻编著：《春秋左传注》（修订本），中华书局 1990 年第 2 版。
杨伯峻译注：《孟子译注》，中华书局 2010 年第 3 版。
杨朝明、宋立林主编：《孔子家语通解》，齐鲁书社 2013 年版。
杨树达：《论语疏证》，上海古籍出版社 2013 年版。
银雀山汉墓竹简整理小组编：《银雀山汉墓竹简》（一），文物出版社 1985 年版。
袁珂校注：《山海经校注》（增补修订本），巴蜀书社 1993 年版。
张双棣：《淮南子校释》（增订本），北京大学出版社 2013 年第 2 版。
朱谦之：《老子校释》，中华书局 1984 年版。
[日] 安居香山、中村璋八辑：《纬书集成》，河北人民出版社 1994 年版。

二　今人著作

蔡尚思：《孔子思想体系》，上海人民出版社 1982 年版。
曹书杰：《后稷传说与稷祀文化》，社会科学文献出版社 2006 年版。
晁福林：《先秦社会思想研究》，商务印书馆 2007 年版。
晁福林：《夏商西周史丛考》，商务印书馆 2018 年版。
陈建宪：《神祇与英雄：中国古代神话的母题》，生活 · 读书 · 新知三联书店 1994 年版。
陈来：《古代思想文化的世界：春秋时代的宗教、伦理与社会思想》，生活 · 读书 · 新知三联书店 2009 年版。
陈来：《古代宗教与伦理：儒家思想的根源》，生活 · 读书 · 新知三联书店

2009 年版。
成云雷：《先秦儒家圣人与社会秩序建构》，上海古籍出版社 2007 年版。
丁山：《甲骨文所见氏族及其制度》，中华书局 1988 年版。
丁山：《中国古代宗教与神话考》，上海书店出版社 2011 年版。
冯友兰：《中国哲学史新编》（1980 年修订本），人民出版社 1982 年第 3 版。
傅道彬：《诗可以观：礼乐文化与周代诗学精神》，中华书局 2010 年版。
傅佩荣：《傅佩荣的哲学课：先秦儒家哲学》，北京联合出版公司 2018 年版。
傅亚庶：《中国上古祭祀文化》，东北师范大学出版社 1999 年版。
葛兆光：《中国思想史》，复旦大学出版社 2001 年版。
顾颉刚等编著：《古史辨》（一—七），上海古籍出版社 1982 年版。
顾颉刚：《中国上古史研究讲义》，中华书局 2002 年新 1 版。
郭沫若：《中国古代社会研究》，人民出版社 1964 年第 2 版。
郭沫若：《十批判书》，东方出版社 1996 年版。
过常宝：《制礼作乐与西周文献的生成》，中国社会科学出版社 2015 年版。
何新：《诸神的起源：中国远古太阳神崇拜》，光明日报出版社 1996 年版。
何新：《龙：神话与真相》，时事出版社 2002 年版。
贺麟：《文化与人生》，商务印书馆 2017 年版。
姜广辉：《中国经学思想史》，中国社会科学出版社 2003 年版。
江林昌：《夏商周文明新探》，浙江人民出版社 2001 年版。
康有为：《新学伪经考》，中华书局 2012 年第 2 版。
李申：《中国儒教史》，上海人民出版社 1999 年版。
李申：《儒学与儒教》，四川大学出版社 2005 年版。
李学勤主编：《中国古代文明与国家形成研究》，云南人民出版社 1997 年版。
李学勤：《简帛佚籍与学术史》，江西教育出版社 2001 年版。
李泽厚：《中国古代思想史论》，人民出版社 1986 年版。
李泽厚：《由巫到礼 释礼归仁》，生活·读书·新知三联书店 2015 年版。
梁启超：《儒家哲学》，岳麓书社 2010 年版。
梁漱溟：《中国文化要义》，上海人民出版社 2011 年第 2 版。
廖名春：《〈周易〉经传十五讲》（第二版），北京大学出版社 2012 年版。
廖群：《先秦两汉文学考古研究》，学习出版社 2007 年版。
刘冬颖：《诗经“变风变雅”考论》，中国社会科学出版社 2005 年版。

刘学：《先秦诸子思维研究》，湖南人民出版社2009年版。
柳诒徵：《中国文化史》，蔡尚思导读，上海古籍出版社2001年版。
陆思贤：《神话考古》，文物出版社1995年版。
吕思勉：《先秦史》，上海古籍出版社2005年版。
吕思勉：《先秦学术概论》，岳麓书社2010年版。
罗安宪主编：《中国孔学史》，人民出版社2008年版。
马昌仪编：《中国神话学文论选萃》（上下编），中国广播电视出版社1994年版。
马承源主编：《中国青铜器》（修订本），上海古籍出版社2003年版。
茅盾：《茅盾说神话》，上海古籍出版社1999年版。
牟宗三：《道德的理想主义》，吉林出版集团有限责任公司2010年版。
庞朴等编：《先秦儒家研究》，湖北教育出版社2003年版。
庞朴：《儒家辩证法研究》，中华书局2009年版。
彭林：《中国古代礼仪文明》，中华书局2004年版。
彭兆荣：《人类学仪式的理论与实践》，民族出版社2007年版。
潜明兹：《中国神话学》，上海人民出版社2008年版。
钱穆：《国学概论》，商务印书馆1997年新1版。
钱穆：《中国学术思想史论丛》（一—八），生活·读书·新知三联书店2009年版。
钱逊：《先秦儒学》，辽宁教育出版社1991年版。
曲爱香、封太忠：《孔孟荀的天人观及其生态伦理》，吉林大学出版社2007年版。
上海大学古代文明研究中心、清华大学思想文化研究所编，朱渊清、廖名春执行主编：《上博馆藏战国楚竹书研究》，上海书店出版社2002年版。
上海大学古代文明研究中心、清华大学思想文化研究所编，朱渊清、廖名春执行主编：《上博馆藏战国楚竹书研究续编》，上海书店出版社2004年版。
沈文倬：《宗周礼乐文明考论》（增补本），浙江大学出版社2006年第2版。
宋镇豪：《夏商社会生活史》（增订本），中国社会科学出版社1994年版。
孙少华：《〈孔丛子〉与秦汉子书学术传统》，中国社会科学出版社2015年版。
孙作云：《孙作云文集（第3卷）·中国古代神话传说研究》，河南大学出版社 2003 年版。
谭佳：《断裂中的神圣重构：〈春秋〉的神话隐喻》，南方日报出版社 2010 年版。
汤一介：《儒学十论及外五篇》，北京大学出版社 2009 年版。
唐启翠：《礼制文明与神话编码：〈礼记〉的文化阐释》，南方日报出版社 2010 年版。
王博编著：《奠基与经典：先秦的精神文明》，北京大学出版社 2009 年版。
王博：《中国儒学史·先秦卷》，北京大学出版社 2011 年版。
王锷：《〈礼记〉成书考》，中华书局 2007 年版。
王国维：《观堂集林》（附别集），中华书局 1959 年版。
王国维：《古史新证——王国维最后的讲义》，清华大学出版社 1994 年版。
王青：《中国神话研究》，中华书局 2010 年版。
王孝廉：《水与水神》，学苑出版社 1994 年版。
王中江：《简帛文明与古代思想世界》，北京大学出版社 2011 年版。
王锺陵：《中国前期文化——心理研究》，上海古籍出版社 2006 年版。
闻一多：《闻一多全集》，生活·读书·新知三联书店 1982 年版。
闻一多：《伏羲考》，田兆元导读，上海古籍出版社 2006 年版。
吴天明：《中国神话研究》，中央编译出版社 2003 年版。
邢文编译：《郭店老子与太一生水》，学苑出版社 2005 年版。
修海林：《中国古代音乐美学》，福建教育出版社 2004 年版。
徐复观：《中国人性论史·先秦篇》，上海三联书店 2001 年版。
徐旭生：《中国古史的传说时代》，广西师范大学出版社 2003 年版。
徐中舒：《徐中舒文存》，江苏人民出版社 2015 年版。
许抗生、聂保平、聂清：《中国儒学史·两汉卷》，北京大学出版社 2011 年版。
许倬云：《西周史》（增补二版），生活·读书·新知三联书店 2012 年版。
杨朝明：《儒家文献与早期儒学研究》，齐鲁书社 2002 年版。
杨华：《先秦礼乐文化》，湖北教育出版社 1997 年版。
杨利慧：《神话与神话学》，北京师范大学出版社 2009 年版。
杨向奎：《宗周社会与礼乐文明》，人民出版社 1992 年版。
叶舒宪：《中国神话哲学》，陕西人民出版社 2005 年版。

叶舒宪：《神话意象》，北京大学出版社2007年版。
叶舒宪、唐启翠编：《儒家神话》，南方日报出版社2011年版。
于省吾：《甲骨文字释林》，中华书局2009年版。
袁珂：《古神话选释》，人民文学出版社1979年版。
袁珂：《中国神话通论》，巴蜀书社1993年版。
袁珂：《中国神话史》，北京联合出版公司2015年版。
苑利主编：《二十世纪中国民俗学经典·神话卷》，社会科学文献出版社2002年版。
詹鄞鑫：《神灵与祭祀：中国传统宗教综论》，江苏古籍出版社1992年版。
张立文主编，陆玉林著：《中国学术通史（先秦卷）》，人民出版社2004年版。
赵沛霖：《先秦神话思想史论》，学苑出版社2002年版。
郑良树：《诸子著作年代考》，北京图书馆出版社2001年版。
中国哲学编辑部编：《中国哲学》（第一辑），生活·读书·新知三联书店1979年版。
朱天顺：《中国古代宗教初探》，上海人民出版社1982年版。
［奥］弗洛伊德：《图腾与禁忌》，杨庸一译，中国民间文艺出版社1986年版。
［德］恩斯特·卡西尔：《神话思维》，黄龙保、周振选译，柯礼文校，中国社会科学出版社1992年版。
［法］列维·布留尔：《原始思维》，丁由译，商务印书馆1981年版。
［韩］具隆会：《甲骨文与殷商时代神灵崇拜研究》，中国社会科学出版社2013年版。
［美］艾兰：《水之道与德之端：中国早期哲学思想的本喻》（增订版），张海晏译，商务印书馆2010年版。
［美］艾兰：《早期中国历史、思想与文化》（增订版），杨民等译，商务印书馆2011年版。
［美］本杰明·史华兹：《古代中国的思想世界》，程钢译，江苏人民出版社2004年版。
［美］米尔恰·伊利亚德：《神圣的存在：比较宗教的范型》，晏可佳、姚蓓琴译，广西师范大学出版社2008年版。

[美] 杨庆堃：《中国社会中的宗教》，范丽珠译，四川人民出版社 2016 年版。
[美] 张光直：《美术、神话与祭祀》，郭净译，生活·读书·新知三联书店 2013 年版。
[美] 张光直：《中国青铜时代》，生活·读书·新知三联书店 2013 年版。
[日] 池田知久：《道家思想的新研究——以〈庄子〉为中心》，王启发、曹峰译，中州古籍出版社 2009 年版。
[英] 爱德华·泰勒：《原始文化：神话、哲学、宗教、语言、艺术和习俗发展之研究》（重译本），连树声译，谢继胜等校，广西师范大学出版社 2005 年版。
[英] 胡司德：《古代中国的动物与灵异》，蓝旭译，江苏人民出版社 2016 年版。
[英] 杰克·古迪：《神话、仪式与口述》，李源译，中国人民大学出版社 2014 年版。
[英] 詹姆斯·乔治·弗雷泽：《金枝》，赵昍译，陕西师范大学出版总社有限公司 2010 年版。

三　主要研究论文

常金仓：《古史研究中的泛图腾论》，《陕西师范大学学报》（哲学社会科学版）1999 年第 3 期。
常森：《孔子天命意识综论》，《孔子研究》1999 第 3 期。
晁福林：《试论春秋时期的祖先崇拜》，《陕西师大学报》（哲学社会科学版）1995 年第 2 期。
陈剑：《上博简〈子羔〉、〈从政〉篇的竹简拼合与编连问题小议》，《文物》2003 年第 5 期。
陈梦家：《商代的神话与巫术》，《燕京学报》（十周年纪念专号）1936 年总第 20 期。
程宜山：《论儒家哲学中的圣人崇拜》，《东岳论丛》1991 年第 6 期。
傅光宇、张福三：《试论龙崇拜与古代国家的形成》，《思想战线》1981 年第 4 期。
高有鹏：《中国神话研究的世纪回眸》，《中国文化研究》1998 年第 4 期。

顾希佳：《关于礼仪起源几种成说的辨析》，《唐都学刊》2001 年第 2 期。
郭殿勇：《论龙的起源与演变关系》，《内蒙古社会科学》（文史哲版）1996 年第 4 期。
过常宝：《“风”义流变考》，《北京师范大学学报》（社会科学版）1998 年第 2 期。
韩东育：《从周代社会结构看“礼”的社会功能》，《东北师大学报》（哲学社会科学版）1986 年第 3 期。
何长文：《巫与圣的文化关联》，《北方论丛》2004 年第 3 期。
何星亮：《龙：图腾——神》，《民族研究》1993 年第 2 期。
何星亮：《中国龙文化的特征》，《思想战线》1999 年第 1 期。
侯玉臣：《论夏商周三代的天命理论》，《甘肃社会科学》2005 年第 4 期。
吉成名：《龙崇拜起源新论》，《民俗研究》2000 年第 1 期。
姜广辉：《郭店楚简与〈子思子〉——兼谈郭店楚简的思想史意义》，《哲学研究》1998 年第 7 期。
李炳海：《楚辞与东夷族的龙凤图腾》，《求索》1992 年第 5 期。
李炳海：《中国古代神话演变的基本趋势》，《延边大学学报》（社会科学版）2003 年第 1 期。
李炳海：《从神坛灵域走向人间世俗——再论中国古代神话演变的基本趋势》，《社会科学战线》2003 年第 4 期。
李禹阶：《史前中原地区的宗教崇拜和“礼”的起源》，《中国史研究》1995 年第 1 期。
刘宝才：《先秦思想史上的阴阳五行学说》，《人文杂志》1986 年第 3 期。
刘惠萍：《中国现代神话学研究的学术反思》，《民间文化论坛》2005 年第 2 期。
刘茜：《论孔子的鬼神观》，《四川大学学报》（哲学社会科学版）2004 年增刊。
刘书惠：《从祭祀乐到雅乐——先秦儒家乐教传统的文化意蕴》，《中南大学学报》（社会科学版）2011 年第 2 期。
刘书惠：《神话与仪式：先秦儒家祭祀礼的原始意蕴》，《浙江师范大学学报》（社会科学版）2011 年第 3 期。
刘书惠、杨栋：《先秦儒家圣人观新论——尧、舜、禹的圣人身份与英雄命运》，《名作欣赏》2014 年第 2 期。
刘书惠：《巫术信仰与理性精神的交融：出土简牍中的复生故事》，《文艺评论》2022 年第 2 期。
刘书惠：《中国早期复生故事的文学书写——以出土简牍为中心》，《哈尔滨工业大学学报》（社会科学版）2022 年第 4 期。
刘书惠、杨栋：《清华简〈赤鹄〉篇的性质及文化背景》，《民族文学研究》2022 年第 6 期。
刘毓庆：《中国文学中水之神话意象的考察》，《文艺研究》1996 年第 1 期。
刘宗迪：《华夏上古龙崇拜的起源》，《民间文化论坛》2004 年第 4 期。
陶思炎：《论先秦诸子的鬼神观》，《史学月刊》1990 年第 1 期。
王晖：《古史多重证据法与古文献传说资料的史料价值》，《陕西师范大学继续教育学报》2002 年第 2 期。
王晖：《古文字中“麐”字与麒麟原型考——兼论麒麟圣化为灵兽的原因》，《北京师范大学学报》（社会科学版）2009 年第 2 期。
王顺达：《论原始儒家的“圣人”理想》，《西南师范大学学报》（人文社会科学版）2002 年第 5 期。
王中江：《儒家“圣人”观念的早期形态及其变异》，《中国哲学史》1999 年第 4 期。
吴予敏：《巫教、酋邦与礼乐渊源》，《北京大学学报》（哲学社会科学版）1998 年第 4 期。
夏静：《乐教之为“六艺”先》，《中国文化研究》2007 年第 4 期。
杨隽：《〈礼记·乐记〉与孔子的“兴观群怨”》，《北方论丛》2005 年第 6 期。
杨群：《从考古发现看礼和礼制的起源与发展》，《孔子研究》1990 年第 3 期。
叶舒宪：《“猪龙”与“熊龙”——“中国维纳斯”与龙之原型的艺术人类学通观》，《文艺研究》2006 年第 4 期。
叶舒宪：《中国的神话历史——从“中国神话”到“神话中国”》，《百色学院学报》2009 年第 1 期。
张富祥：《殷礼与周礼之间——孔子创立儒学的地域文化背景》，《光明日报》2003 年 9 月 2 日史学版。

赵沛霖：《孔子发现和肯定神话历史化的重大意义》，《贵州社会科学》1995年第3期。
赵沛霖：《论中国神话的历史命运》，《天津师大学报》（社会科学版）1997年第1期。
浙江省文物管理委员会、浙江省博物馆：《河姆渡遗址第一期发掘报告》，《考古学报》1978年第1期。
周新芳：《先秦时期的“圣化运动”》，《东南文化》2003年第9期。
朱承：《〈礼记·乐记〉与儒家政治美学》，《人文杂志》2009年第4期。
诸葛忆兵：《畏天命敬鬼神——论孔子的“天命”观和鬼神观》，《云南社会科学》1995年第1期。

索　引

后　记

拙著即将付梓，笔耕暂可停歇，满怀期待的同时心头更萦绕万千思绪，是兴奋？是忐忑？是心怀感激？还是不免遗憾？分不明也说不清，似乎什么都有，就那样紧紧密密地缠绕在一起，盘绕成柔韧却有力的枝蔓将我的心虚拢着再一点点托起，托到树梢、托到山巅、托到云端，托到年少时踌躇满志的学术梦境里，托到不惑时山水迢迢的理想征途上。

怎能不兴奋呢？当得知自己的书稿入选中国社会科学博士后文库时，喜悦震动着我的神经，幸福冲击着我的大脑，以往那些迷茫的、落寞的、彷徨的片段好似在一瞬间消失了，而那些执着的、真挚的、竭力的坚持也好似找到了喷薄的出口。被看见和被肯定总是让人感到愉悦和温暖，而今我正有幸在我无比热爱和崇仰的领域里经历着这一切，此间欢喜言之不尽。

怎能不忐忑呢？本书是在博士论文的基础上修改而成，从最初完稿到如今成书，不时修改又几番搁置，一点点建立又一次次打破，其中的困顿与纠结、自疑与自洽已不足为外人道也。它沉睡得有些久了，十余载后再次醒来时面容已改、形容已换，它不知道将面对的是鼓励与赞许，还是否定和批判，难免有些战战兢兢、忐忑不安。

自然是心怀感激的。感谢我的博士导师曹书杰先生。恩师治学态度严谨、视野宏阔，对学生谆谆教导、时时劝勉，因为先生的诲人不倦和因材施教，我才有幸领略文献研究与文学研究的学术风采，因为先生的循循善诱和有教无类，我才能抛去自己的冥顽无知并懂得勤奋向学。恩师为人正直磊落、热忱豁达，在生活中如父亲般关心爱护着他的学生，桃李天下均思其恩，五湖弟子俱念其情。在恩师的指导和帮助下，我顺利完成了博士论文，为此书的最终形成奠定了坚实的基础。感谢我的博士后导师刘冬颖教授。刘老师有学人的勤恳和追求，有诗人的文笔和感悟，还有女性特有的温婉和魅力。我能够鼓起勇气将博士论文拿出来再次修改并得机付梓，离不开刘老师的悉心指导和关怀鼓励。求学道路上得遇二位老师何其有幸！感谢中国社会科学博士后文库评审专家对书稿的认可，对青年后学的鼓励提携让我感铭于心。

感谢我的父母。赐予我生命，给予我力量，养育我成长，他们的勤劳坚毅、质朴踏实深深影响着我，让我感受到了最无私的爱。他们的爱如同一盏映在窗口的灯火，温暖而不息，照亮我前行的路。感谢我的爱人。相知相伴近二十载，我们共同感受过青春的青涩美好，一同经历过成长的坎坷阵痛，无论何时都没有放开彼此双手，无论何事都坚定地站在对方背后。我的爱人，是我生命中的确幸。感谢出现在我生命中，给我温暖和帮助的所有人，感谢发生在我身边，赋予我能量和机遇的所有事。

遗憾也定是有的。受自身学力所限，书中还有一些问题没有阐释透彻，也定然存在不少错误，虽心知目见但仍没有修改成理想和满意的样子。缺憾之处自当日后勤勉弥补，也请诸位方家不吝批评指正。

最后仍是感谢，感谢所有启予心智、发予思维的前贤先辈们，感谢所有提携和照拂我的师长和领导们，感谢责任编辑韩国茹对本书付出的辛劳。

长路漫漫其修远，自行久久不倦怠。愿于学海劈波斩浪，愿缘书径砥砺前进。

刘书惠

第十一批《中国社会科学博士后文库》专家推荐表 1

《中国社会科学博士后文库》由中国社会科学院与全国博士后管理委员会共同设立，旨在集中推出选题立意高、成果质量高、真正反映当前我国哲学社会科学领域博士后研究最高学术水准的创新成果，充分发挥哲学社会科学优秀博士后科研成果和优秀博士后人才的引领示范作用，让《文库》著作真正成为时代的符号、学术的示范。

<table>
<tr><td>推荐专家姓名</td><td>曹书杰</td><td>电　　话</td><td>18643110754</td></tr>
<tr><td>专业技术职务</td><td>教授</td><td>研究专长</td><td>先秦文学与文化、中国古典文献学</td></tr>
<tr><td>工作单位</td><td>东北师范大学 文学院古籍所</td><td>行政职务</td><td>无</td></tr>
<tr><td>推荐成果名称</td><td colspan="3">神话、仪式与象征：先秦儒家神道观研究</td></tr>
<tr><td>成果作者姓名</td><td colspan="3">刘书惠</td></tr>
</table>

（对书稿的学术创新、理论价值、现实意义、政治理论倾向及是否具有出版价值等方面做出全面评价，并指出其不足之处）

刘书惠博士的书稿在神话传说、礼典仪式和隐喻象征的多维视域下，综合考察先秦儒家神道观，视角独特，结构合理，具有一定的创新性和研究意义。

书稿围绕先秦儒家“神道观”这一主题，分别从天命观与天道观、鬼神思想与神道设教、礼乐转变、圣王崇拜、瑞兽象征及流水隐喻等方面，讨论先秦儒家神道观的具体内容和表现形式，更深入挖掘其中蕴含的神圣信仰与文化意涵等。该书稿既有相关观点和思路的直观展示，也有关于历史背景、文化传统、学术理念的深入思考，逻辑清晰、表述流畅。书稿立足于文献，文献资料的选取充分有效，并且适当运用了出土文献，更好地支持了论证过程也使研究结果更为可靠。该书尚有不足之处，需要进一步修改完善。如，绪论部分对所用文献资料情况的说明应与论述内容相结合，并做适当地增删调整；应更为深入地分析神道观演变历程与文化背景变迁之间的关系。

该书研究目标明确具体，方法恰当。书稿坚持正确的政治方向，符合学术规范，达到了出版水平。特此推荐。

签字：曹书杰

2022 年 3 月 20 日

说明：该推荐表须由具有正高级专业技术职务的同行专家填写，并由推荐人亲自签字，一旦推荐，须承担个人信誉责任。如推荐书稿入选《文库》，推荐专家姓名及推荐意见将印入著作。

第十一批《中国社会科学博士后文库》专家推荐表 2

《中国社会科学博士后文库》由中国社会科学院与全国博士后管理委员会共同设立，旨在集中推出选题立意高、成果质量高、真正反映当前我国哲学社会科学领域博士后研究最高学术水准的创新成果，充分发挥哲学社会科学优秀博士后科研成果和优秀博士后人才的引领示范作用，让《文库》著作真正成为时代的符号、学术的示范。

推荐专家姓名	刘冬颖	电　　话	13134519090
专业技术职务	教授	研究专长	先秦两汉文学
工作单位	黑龙江大学 文学院	行政职务	无
推荐成果名称	神话、仪式与象征：先秦儒家神道观研究		
成果作者姓名	刘书惠		

（对书稿的学术创新、理论价值、现实意义、政治理论倾向及是否具有出版价值等方面做出全面评价，并指出其不足之处）

先秦儒家思想与学说长久而深远地影响着中国文化风貌，以往对先秦儒家的研究主要集中在政治理念与社会、人性之说，很少注意到其中蕴含的超自然因素。该书则以神话、仪式、象征为切入点，从原始文化的遗存和改造、神话思维的延续和变形、鬼神信仰的展现和蕴含等角度解读先秦儒家神道观，对其精神领域的神圣信仰进行综合研究，同时考察先秦儒家神道观如何作用于社会文化、学术传统与时代精神，进而凸显先秦儒家在沟通人神、神道设教等方面的独特性及重要作用。该书视角新颖，从主题选择到具体问题研究都具有一定的创新性。

该书从不同层面综合解析先秦儒家神道观的内容、特点、表现形式和深刻意涵，研究视野开阔，文献资料丰富且运用合理，论证也较为充分。书稿尚有不足之处，还需进一步修改和完善。例如，对新出土文献的运用还稍显不足，一些相关文献没有补充进来；对天命观与天道观的演变过程的论述应更加细致。

本书政治方向正确，符合学术规范，已达到出版水平。特此推荐。

签字：刘冬颖

2022 年 3 月 21 日

说明：该推荐表须由具有正高级专业技术职务的同行专家填写，并由推荐人亲自签字，一旦推荐，须承担个人信誉责任。如推荐书稿入选《文库》，推荐专家姓名及推荐意见将印入著作。